◇江苏省高校哲学社会科学基金项目(08SJB7100048)
◇扬州大学出版基金资助

社会转型期大学生越轨行为研究

王　琴　著

东南大学出版社
SOUTHEAST UNIVERSITY PRESS
·南京·

图书在版编目(CIP)数据

社会转型期大学生越轨行为研究/王琴著.—南京:东南大学出版社,2015.12

ISBN 978-7-5641-6307-5

Ⅰ.①社… Ⅱ.①王… Ⅲ.①社会转型期—大学生—越轨社会学—研究—中国 Ⅳ.①G645.5

中国版本图书馆CIP数据核字(2015)第314225号

书　　名	社会转型期大学生越轨行为研究
著　　者	王　琴
出版发行	东南大学出版社
社　　址	南京市四牌楼2号　邮编:210096
网　　址	http://www.seupress.com
出 版 人	江建中
印　　刷	江苏凤凰数码印务有限公司
排　　版	南京新翰博图文制作有限公司
开　　本	700 mm×1 000 mm　1/16　印张 12　字数 220千
版　　次	2015年12月第1版　2015年12月第1次印刷
书　　号	ISBN 978-7-5641-6307-5
定　　价	38.00元
经　　销	全国各地新华书店
发行热线	025-83790519　83791830

序一

大学生越轨行为是一个客观存在，一直是高校、家庭和社会各界十分关注的现实问题。这不仅仅是高校要面对的问题，也是整个社会和家庭面临的问题。研究大学生越轨行为的发生、发展、类型特征与控制、引导，是大学生思想政治教育的重要内容，是高等学校教育工作者的重要责任。

随着高等教育规模的扩大，在校大学生人数的急剧增加，大学生越轨行为日益凸显，给大学生的健康成长带来了消极影响，对高校的思想政治教育工作提出了新的挑战。作者选择在“中国社会转型期”这个宏观背景下，综合运用社会学、教育学、心理学、法学等学科的理论和方法，深入观察、思考和分析大学生越轨行为，提出了“原因结构论”、“越轨的正功能论”，并用来解释、分析问题和提出对策，思路独特，观点明确，让人耳目一新。

作者自参加工作以来一直在高校工作，历经多个工作岗位的锻炼，始终坚持结合自己的工作，从不同角度聚焦校园内的越轨行为，历经辛苦完成了这本书稿，长期的耕耘换来了收获的喜悦。书中的观点，不一定很全面，许多内容还有待进一步充实和完善。但是，这部饱含作者心血的作品，能够引发更多人对大学生越轨行为的关注和思考，给后面的研究者带来启发，进一步推动问题的研究和解决。

最后，真诚祝愿作者在学术的道路上取得更多的成果。

是为序。

刘延庆

2015 年 12 月，扬州

（刘延庆，扬州大学党委副书记、纪委书记，教授、博士生导师）

序二

肇始于上世纪70年代末的“经济体制改革”在实践中渐次引发了社会管理体制、司法体制和政治体制的改革，它不仅在物质层面给中国带来了革命性的变化，在精神层面和心理层面也带来了一场“解构—重构”的历程，这让绝大多数的个体和群体在这一过程或是这一过程的某个阶段，产生了或多或少的不适应感，引发了失德、违规、违纪甚至犯罪等不同程度的“越轨”行为。

心理学、法学、社会学等诸多学科，都将“越轨”纳入了自己的研究范围，从不同侧面、不同角度对“越轨”的定义、发生原因、功能分析做了既深刻而又带有学科偏颇的研究，而这是2005年作者“社会转型期大学生越轨问题研究”的学术起点，她提出对越轨发生的原因是结构性的而不是某个单个原因所能解释并命名为“原因结构”，对于大学生越轨行为具有较强的解释力，随后她用某个地区、某个高校和某个检察院的实际案例，验证了自己的理论假设并总结出当时大学生越轨行为的特点、发生的原因，提出越轨具有一定的“正功能”，学校应当通过发挥越轨的正功能来建设和谐校园，通过克服越轨的负功能来提升高校教育的水平。当时以“余论”的方式，为未来研究准备了一个框架“适度社会化”，设想对大学生在“校园—社会”的过渡进行进一步的研究。

作者在取得教育学(学校心理健康教育方向)的硕士学位后，拓展了研究视野，比如说从高校后勤管理社会化角度研究防止越轨和适应社会的问题、研究研究生学术失范问题、研究高校工程腐败问题和高校职务犯罪以及对大学生行为影响问题——实践上是将大学生越轨研究扩展为“高校越轨研究”，将一般越轨行为扩展为失德、违纪、违法多角度多层次的越轨研究。

难能可贵的是，在三年的研究生之后，作者将自己对于“大学生越轨”这一学术兴趣主题又持续了10年，并以此拓宽视野提升学术高度，在这过程中主持了省教育厅高校社科项目《大学生越轨行为研究》课题，发表了10多篇论文，特别是作者在后续的研究中，用新的数据与原先的分析进行对比，在此基础上加深了原先的研究，让自己的研究结果更具说服力。

作者能够取得这些成就，或许与其自身的教育背景和职业经历相关：她学习的第一个专业是“刑事侦察学”，一个发现犯罪这一最严重的“越轨”行为的专业；其后法学本科学习，后来又攻读学校心理健康教育专业方向的教育学硕士。她历经高校的安全保卫、研究生管理和高校纪检监管等工作岗位，对于高校内部的各种越轨行为可以从不同的角度进行观察并取获得第一手资料。

十年前我作为答辩专家审阅了作者由陈家麟教授指导的学位论文，如今应其之邀通阅了深入研究后体量增加了一倍的书稿，觉得这是对我昔日尊敬的同事陈家麟教授最好的怀念。因此受作者之邀，欣然提笔写了以上文字，为诸位了解本书、了解作者做个介绍。

是为序。

薛晓阳

2015年12月，扬州

（薛晓阳，扬州大学学报编辑部主任，教育科学学院教授、博士生导师）

目　录

导　论

所谓“社会转型”指的是“社会结构和社会运行机制从一种形式向另一种形式转换的过程，我们通常所说的社会转型是指从传统社会向现代社会转换的过程，就中国的情况而言，就是从传统社会向社会主义现代化社会转换的过程。”[①]中国的社会转型始于 1840 年的鸦片战争，但是转型的速度一直很缓慢，以 1978 年底中国共产党十一届三中全会决定进行经济体制改革为标志，中国进入了举世公认的，也是本书特指的“社会转型期”。30 多年来，中国由典型的实行计划经济体制的社会主义的国家转型为初步成熟的社会主义市场经济体制的国家，即使是存在意识形态偏见的欧美国家，也已接纳中国进入世界贸易组织并开始提前考虑中国的“市场经济地位”。国际货币基金组织（IMF）在 2015 年北京时间 12 月 1 日凌晨 1 时公布，将人民币正式纳入特别提款权（SDR）货币篮子，且权重占比超过日元和英镑，位于美元、欧元之后成为 SDR 篮子第三大货币。

随着经济体制的转型，与之对应的上层建筑领域的各项社会制度也发生了深刻的变化，社会心理也发生了剧烈的变革，“信仰危机”、“精神污染”、“价值多元”、“道德重建”、“诚信建设”等等在转型期中相继出现的新名词从某个侧面反映了中国社会的社会心理和个体心理在这一过程所承受的不断的冲击。“红二代”、“官二代”、“富二代”、“民二代”以及“宝马女”、“跑车男”则提示社会的碎片化，每个人被贴上不同的标签并依此被评价。

社会转型意味着制度的转换，但人们的思想与行为均具有强烈的惯性，因此常常有“心灵跟不上脚步”的现象。在制度转换的过程中，无论是群体还是个体，都会呈现出某种“不适应”，规模性的“失范”成为不可避免的社会现象，这种对于制度的偏离就是通常所说的“越轨”。事实上，在任何时代的任何社会中，“越轨”都是一种难以避免的社会现象，只是“转型期”的越轨现象更为严重。我国目前正处于社会转型时期，我们的社会中也存在着许多越轨现象，这是因为社会结构、社会体制、社会观念都处在一个转化的过程中，新旧体制、新旧观念之间的矛盾和冲突极易造成大量的社会失范现象。社会转型期社会控制弱化，国家对社会的控制力度不断减

---

① 郑杭生：《中国社会转型中的社会问题》，中国人民大学出版社 1995 版，第 1 页。

弱，社会生活中许多领域出现了失控现象。值得注意的是，在社会转型期，新的价值体系处于创建之中，许多方面很难凝聚社会共识，"越轨"的评价标准可能会很含糊，因此，即使被判定为"越轨"者，有时也可能不会被谴责，更遑论被矫正。

大学生是一个特殊的群体，他们是学校与社会连接处的特殊人群，在任何一个国家，大学生都是国家未来建设的骨干力量，也是国家未来的管理者和领袖人物的主要发源地。在中国，大学生在 20 世纪 70 年代末被称之为"天之骄子"，当时的大学教育是典型的"精英教育"，大学生一毕业就自然取得"国家干部"身份，进入主流社会。而到了 90 年代末，仅仅是短短的 20 年，以高校"扩招"为标志，大学教育迅速由"精英教育"转化为"平民教育[①]"，大学教育逐步进入普及化阶段，2014 年大学生毕业人数超过 700 万人，大学毕业与失业往往紧密相连，大学生进入公务员序列、法律界等行业必须通过严格的资格考试等残酷的竞争才能取得入门资格，大学生在就业竞争中不再像 30 多年前的毕业生那样拥有优越感，且对未来时刻存有一份忧虑感。也正是在这一大的社会背景下，大学生越轨开始成为"问题"，并成为多学科的研究对象。

第一节　越轨研究概述

"名不正则言不顺[②]"。"正名"是中国学术研究的起点，同时也可以避免各说各话的无谓争论。中外学者对于大学生越轨行为的研究活动一直存在，这些研究活动覆盖了与本书选题相关的绝大部分领域，兹将与该主题相关的研究成果综述如下：

一、何为"越轨"

研究者由于研究的角度和所依据的理论背景不同，对于越轨的定义也不尽相同，举其要者，如：①"从严格意义上讲，越轨是指任何与公认的社会规范相背离、违

① 1973 年美国学者马丁·特罗向世界经合组织的学术会议提交了题为《从精英教育向大众高等教育转变中的问题》的论文，将高等学校在校人数占该国适龄人口在 15%以下的阶段称为"精英教育"阶段，15%～50%的是"大众高等教育"阶段，超过 50%的是"普及高等教育"阶段。国务院批转的教育部《面向 21 世纪教育振兴行动计划》确定到 2010 年，我国高等教育的入学率达到 15%，即进入"大众高等教育"阶段（参阅周川主编：《简明高等教育学》，河海大学出版社 2002 年 8 月第 1 版，第 191-192 页）。本书以 1999 年高校扩招为界，将此前称为"精英教育"阶段，此后称为"平民教育"，是考虑到我国高校毕业生的就业及待遇等方面发生了巨大变化，社会及学生对于"大学生"这一身份的认识、态度亦有巨大的转变，结合本书研究目的而作此划分。

②《论语·子路》：名不正，则言不顺；言不顺，则事不成。

背一个群体或组织的标准行为或社会期待的行为[①]。”②“所谓越轨行为，是指社会群体或个体偏离或违反社会规范的行为。依据社会规范对当时社会进步的促进或抑制作用，可以把越轨行为分为创造性越轨行为和破坏性越轨行为[②]。”③“越轨行为被某一特定社会集团成员们判断为违反他们的价值观念及社会规范的行为[③]。”④“所谓越轨行为，就是指偏离或违反社会行为规范的行为[④]。”⑤“越轨行为，又称偏离行为，是指那些超出常规，违反社会规范的社会行为，是社会成员对其所属群体、社会或文化体系的行为模式或社会期待的偏离[⑤]。”⑥“越轨行为，即脱轨、逾矩、异常、偏差，是指脱离社会生活的正常轨道，偏离社会行为规范和文化价值观的行为[⑥]。”

概言之，上述诸定义的共同点在于把“越轨行为”界定为与一定标准的背离。其隐含着是“越轨者”主动偏离公认的行为标准。

近来的研究者注意到“被越轨”的现象，贝克尔写道：“当特定社会规范得以实施以后，那些违反规范的人就会被群体视为异类并受到排斥，成了局外人(outsider)。”“但是对于被规范定义为局外人的社会成员来说，他可能并不认同这种规范，或者认为使用这种规范的人无权对他做出评判。于是这也就成为局外人的第二层涵义，也就是说那些违反规范者会将那些实施规范者视为局外人[⑦]。”这一视角对于越轨行为的分析似乎更具价值中立性。

二、越轨行为的分类

对越轨行为的分类，由于研究者目标取向不同，相差很大：有的将具体行为列举为“厌学风严重，甚至无故旷课、酗酒赌博、打架斗殴、破坏公物、考试作弊等。[⑧]”“大学生越轨行为的表现形式多种多样，本文主要从三个角度对其进行划分：①个体越轨行为和群体越轨行为；②故意越轨行为和过失越轨行为；③违俗行为、违德

---

① 王在山：《“越轨”的社会标签理论及其对预防违法、犯罪现象的启示》，《青年研究》1999 年第 6 期，第 48 页。

② 乐国安：《越轨行为诱因辨析》，《社会学研究》1994 年第 5 期，第 104 页。

③ 周瑜丽：《当前大学生越轨行为剖析》，《广西师院学报(哲学社会科学版)》1997 年第 2 期，第 109 页。

④ 辜伟节、耿传安：《班主任矫正学生越轨行为的艺术》，《河南教育》1995 年第 5 期，第 30 页。

⑤ 周维德：《从越轨行为理论到青少年越轨行为——班杜拉社会学习理论及其启示》，《兰州学刊》1999 年第 6 期，第 34 页。

⑥ 席斌：《大学生越轨行为探微》，《绵阳经济技术高等专科学校学报》1999 年 6 月第 16 卷增刊，第 47 页。

⑦ [美]霍华德・S・贝克尔著，张默雪译：《局外人：越轨的社会学研究》，南京大学出版社 2011 年 2 月第 1 版，第 1 页。

⑧ 毕天云：《大学生越轨行为的社会学分析》，《山西财经大学学报・高等教育版》1999 年第 4 期，第 54 页。

行为、违纪行为、违法行为和犯罪行为”。“越轨行为包括3大类，9种现象：第一类是涉及校规校纪中与学习有关的违纪问题，如旷课、迟到早退、考试作弊等；第二类是涉及个人生活态度和个性行为的问题，如酗酒、赌博、打架斗殴等；第三类是涉及违反伦理道德和性道德方面的违纪问题，如留宿异性、看淫秽制品、小偷小摸行为等。”“一般来说，越轨行为可划分为机能性越轨、习俗性越轨和伦理性越轨三大基本类型。……大学生中最常见、最大量、最主要的越轨行为是伦理性越轨。其突出表现为：违反特定的道德、纪律、法律这三个层次的社会规范①。”

虽然研究者对越轨的分类在具体项目方面差异很大，但是在大的方面多数分为三个层面：

① 道德方面的越轨——大学生公德意识淡漠化，公德行为弱化，突出地表现在道德自律与道德他律的矛盾上。

② 违纪方面的越轨——大学生在旷课、迟到、考试作弊、打群架、小偷小摸、赌博等等方面存在不同程度的违纪行为，其中以迟到、旷课、考试作弊和酗酒等最为严重。不同类别的学校学生违纪状况不同。

③ 违法犯罪方面的越轨——大学生违法犯罪具有明显的上升趋势。其犯罪类别主要集中在盗窃、人身伤害、诈骗、性犯罪②。

这种分类法能够取得较大程度共识的根本因素在于，“失德-违纪-违法（犯罪）”是一个“严重程度”逐步增加的关系。

三、大学生越轨行为的特点

大学生作为一个年龄相差有限、认知水平较高的群体，其越轨行为与其他社会成员的越轨行为有一定差异，其特点是③：

（一）越轨行为的广泛性和复杂性

从类型上看，主要有以下几类：一是违反校规校纪，如缺勤、考试作弊、酗酒闹事等，此类行为比例较大。二是违反社会道德规范和行为准则，如打架斗殴、破坏公物、赌博、不正当性关系等。三是违反法律法规，如盗窃、吸毒贩毒、卖假钞、走私等，此类行为比例较小。四是违反社会政治生活准则，如组织或参与反动社团和邪教组织，有反对现行政治制度、反党反社会的言行等。五是反对现存的礼仪习俗和行为规范，如不满意某些规则或管理措施而起哄甚至聚众闹事等。大学生越轨行为涉案范围大，具有一定的社会性和智力优势，性违法和性犯罪有所增加。

---

① 张明德，刘长顺：《首都大学生越轨行为的调查》，《青年研究》1999年第8期，第5页。

② 刘洁，徐宝华：《中国当代大学生犯罪问题研究》，《安徽大学学报》1999年第2期，第98页。

③ 王先达：《论大学生越轨行为及其影响》，《黔南民族师专学报》2000年第2期，第62页。

（二）越轨行为的人数呈上升趋势

随着我国高等教育体制的改革，高校办学规模迅速扩大。大学生基数增加，有越轨行为的人数也随之增加。这些年一方面受社会大环境的影响，许多不良社会风气、陈规陋习传入校园，使学生不同程度地受到“传染”；另一方面，随着改革开放的深入，西方某些腐朽的思想观念随之侵入，一些大学生鉴别能力、抵御能力差，难免被侵蚀，使违反社会规范的人数呈上升趋势。

（三）大学生越轨行为手段的多样化与高科技化

大学生越轨行为，除了青少年越轨行为通常的特性外，其手段方面具有较强的地域、年级、专业特点，从总体上看呈现出多样性。同时，由于这一人群在同年龄层次中具有文化、技术方面的优势，其越轨行为也越来越多地使用高科技手段，如考试作弊时使用先进的通信手段，某些公共性考试如英语等级考试试题泄密时往往瞬间就通过网络在全国范围内传播，造成考试组织单位巨大的损失。

四、大学生越轨行为原因的研究

（一）客观因素——社会生活环境影响[①]

1. 家庭不正确的教养方式

家庭是人生的第一课堂和永久的课堂。家庭教育的正确与否，直接影响到大学生选择的行为是否符合当前社会规范的要求。据对部分越轨大学生的调查，30％的越轨学生来自残缺家庭或父母有不良行为的家庭；80％的越轨学生家庭教育存在着这样或那样的缺陷，如教育方法简单、粗暴，父母对子女疏于管教、放任自流，经常打骂或过分溺爱，从小灌输自私自利思想甚至反社会的思想意识等。正是在这样的家庭教育环境中，他们逐步形成了各种不健全、不健康的个性心理品质。这部分学生一旦受到社会、学校等外在不良意识的刺激和影响，就容易做出一些与社会规范和要求格格不入的事情，即与社会规范、道德准则相背离的行为，导致越轨。

2. 学校的教育方法方式失当

(1) 一些高校对新形势下思想政治教育工作的新方法、新途径、新内容研究不够，对学生中出现问题的反应速度缺乏机敏性，工作内容缺乏针对性，工作方法缺乏前瞻性，工作效果缺乏实效性。

(2) 有的学校思想政治工作口头上重视，行动上忽视，特别是忽视对学生进行有效的品德教育，创造有利于学生形成良好品德的文化氛围，导致了部分学生放松

① 蔡楷有：《大学生越轨行为的原因及其控制》，《西南民族学院学报（哲学社会科学版）》2002 年第 5 期，第 248-250 页。

了自我要求、自我约束，一些学生的思想因缺乏必要的伦理道德规范的约束而偏离健康的轨道，造成道德品德方面的越轨行为。

(3) 学生管理工作被动，为大学生的越轨行为留下了缺口。

(4) 学校管理工作上存在的漏洞，为大学生越轨行为创造了条件。

3. 社会文化的负面影响

随着社会的开放和大众传播媒介的迅猛发展，大学生的人生观、价值观、是非观等发生了急剧的变化，呈现出多元性、冲突性、模糊性，不同程度地导致了社会是非观念的模糊、混乱，甚至颠倒，特别是当前社会生活中的享乐主义、拜金主义、极端个人主义以及各种腐败现象、不正之风都给大学生留下不良的影响，影响到大学生的思想行为。大学生越轨行为受小说、电视、电影，尤其是有些录像片中武侠、色情、赌博等内容的影响。

(二) 主观因素——大学生自身的缺陷

客观影响因素必须通过主观因素才能共同导致大学生的越轨行为。国内有学者指出了大学生越轨的自身方面的一些原因[①]。

1. 大学生的情绪(冲动性与不稳定性)。

2. 大学生的自尊心理(过分的虚荣心)。

3. 大学生的心理变态(扭曲的自我意识)。

4. 大学生法律意识淡漠(失衡的知识结构)。

(三) 解释越轨原因的理论[②]

分析越轨行为的原因有多种学术观点："鬼使神差"说、"上帝惩罚"说、"体质变态"说、"超我失控"说、"挫折—侵犯"说、"控制缺乏"说[③]。家庭教育不当、社会交友不良；学校教育的失误和管理不利；学生个人的人格缺陷等心理不健康因素。乐国安的论文在这一主题上归纳中外的主要学说，他认为中国的孟子和管子强调从社会政治经济方面挖掘越轨行为的原因，荀子则是从人的心理品质的角度分析越轨的原因，几乎同时代的苏格拉底是颅相说的发端，柏拉图则强调人性的作用。近一百年来的学说主要包括：①天生犯罪论。这是C・龙勃罗梭为代表的主张，其继承者多从生物学角度提出有关犯罪的理论。②社会失范论。这是迪尔凯姆从社会学角度的解释。③亚文化群体论。以社会学家林德为代表。④模仿论。塔尔德和班杜拉分别是社会学和心理学方面的代表。⑤标签理论。贝克尔于1963年提出。

① 池忠军，万国海：《大学生犯罪原因之探讨》，《青少年犯罪问题》1995年第3期，第34-35页。

② 关于这些学说的具体内容本书将在第二章中叙述。

③ 王在山：《越轨的社会标签理论及其对预防违法、犯罪现象的启示》，《青年研究》1999年第6期，第47页。

⑥社会冲突论。⑦随异交往论。萨瑟兰为代表。⑧精神分析论。弗洛伊德首创的理论;⑨挫折——侵犯论。多拉德为代表。⑩操作强化论。斯金纳首创[①]。

上述分析的共同点是他们大都是以越轨只具有负功能为前提进行的分析。

五、越轨行为对策

研究社会问题的目的在于解决问题。关于大学生越轨行为的对策一般归纳为"控制"和"引导"两个方面。蔡楷有认为对大学生越轨行为的控制途径包括"社会控制"和"自我控制"。"所谓社会控制,是社会运用各种力量使社会成员承认并遵守社会行为规范,纠正自己的不良行为和反社会行为,维护社会秩序的一种影响过程。而对大学生越轨行为的社会控制,就是社会、学校或其他团体对大学生中偏离社会规范的越轨所采取各种有效的控制手段,包括强制和非强制的手段。""越轨大学生的自我控制是指越轨大学生通过对正确规范的学习、理解,将其内化为自己的观念,并自觉运用这种观念来控制自己的冲动,约束自己的行为,激起羞耻心,重塑社会责任感,使越轨大学生通过自我教育、自我修养、自我完善、自觉地改正自己的认识和行为偏差。"对大学生越轨的引导则包括三个方面的内容:①掌握大学生越轨后的心理状态;②引导大学生积极参加社会实践活动;③对越轨大学生进行心理咨询[②]。方巍基于亚文化分析研究,提出的对策是:首先必须严处校园内学生的各种越轨行为;其次,必须重视主导社会的价值重建工作,克服转型过程中的价值失范状况,为青年文化的发展确立核心;第三,务必加强社会制度对青年的吸纳能力,为减少偏离行为创造条件;第四,应该正确处理校园青年文化建设中的各种关系,促进其健康发展,并对各种学生群体的社会化提供正确的导向功能;最后,加强对大学生越轨亚文化的引导,也应该重视大学生个体心理层面的某些问题[③]。陈世宜等人认为对大学生越轨行为的调节与控制在于:①重视校园文化建设,为大学生创造良好的外部环境;②加强大学生世界观、人生观和价值观教育;③从严治理,增加大学生越轨行为实现的难度[④]。

综之,上述对策主要包括:①大力发展生产力,创造减少违法犯罪的物质基础;②加强法制教育,提高大学生法律意识和法制观念;③优化大学生成才的社会大环境和校园小环境;④进一步加强和改进高校思想政治工作,保证及时、有效预防大学生越轨行为的发生。

---

① 乐国安:《越轨行为诱因辨析》,《社会学研究》1994 年第 5 期,第 104-107 页。

② 蔡楷有:《大学生越轨行为的原因及其控制》,《西南民族学院学报(哲学社会科学版)》2002 年第 5 期,第 248-250 页。

③ 方巍:《大学生越轨行为亚文化分析》,《当代青年研究》1997 年第 6 期,第 31-33 页。

④ 陈世宜,王利福:《大学生越轨行为探析》,《辽宁高等教育研究》1997 年第 5 期。

第二节 越轨研究的基本原则

任何社会都无法避免越轨行为的存在，社会转型期的越轨则更为频繁。我国正处于社会转型期，虽然改革设计者一本中庸的传统坚持渐进的准则，但是在社会行为自身的惯性和改革中人们要求不断改革的"改革饥渴症"的推动下，旧的社会秩序迅速解体而新的秩序尚在凝聚共识的过程之中。人们的价值观也处于转换过程之中，社会成员的认同感下降，这一特殊的历史时期给人们的心理带来了空前的压力，这种压力施加于社会各人群，大学生也不例外。各种人群、各个个人都在这种纷乱的价值中寻求自我的实现和自我满足的途径，"越轨"便是其中的一种选择。

无论是在"精英教育"还是"平民教育"体制下，大学生都是被社会重点关注的一个社会群体。应该说，在现今高等教育平民化的体制下，研究大学生群体的现实意义更为重大，因为几乎每一个家庭都与"大学生"这一群体有或多或少的联系，这一群体将是未来社会的领导者、精英层和主导阶层，他们的行为将决定国家、民族的未来，高校担负着将他们培育成符合国家、民族发展要求的社会主义建设者、接班人的责任。基于此，"越轨"研究原则的确立与坚守更显重要，我们认为研究原则至少应当包括以下两个方面：

一、科学解释

既往的研究者往往囿于专业背景仅限于从教育学、法学、社会学或是心理学某一专业角度对大学生越轨现象进行研究，因此其结论缺乏说服力，往往将某一"条件" 或是"因素"人为地强化为"原因"。由此得出的结论虽然从学科角度看具有一定的真理性，但对于具体政策的制定或对策的确定则往往缺乏直接的指导作用。本书旨在通过大学生越轨行为原因的跨学科视野的观察和综合分析，证明当前单一学科对该主题研究存在着盲人摸象般错误的可能。大学生越轨的原因是一个结构体，任何一个组成部分都既不是充分条件，也不是必要条件，而是综合作用才成为真正的"原因"。本书的研究结论对于丰富与大学生越轨相关学科的相关研究具有直接的作用，在方法论上具有一定的突破性意义。

二、正确面对

大学生越轨行为的普遍存在并严重到被称之为"问题"是一个严峻的客观现实，这一"问题"长期以来没有得到足够的重视和正确地对待，甚至在某些地方某些学校被人为地隐饰。不容讳言的是，不断攀升的大学生越轨现象既反映了理论的贫乏，也反映了对策无力的困惑。

本书在对首创的“原因结构”学说分析的基础之上，提出越轨的“正功能”在大学生越轨研究方面具有革命性的意义，对于解释当前大学生越轨现象并正确确定对策具有重要的指导意义。本书主张：我们不应当一味地试图“消灭”越轨现象，而是要善用越轨的正功能，促进大学生心理的健康发展。

第三节 越轨研究的基本方法

方法论处于教育心理学研究方法体系的最高层次，它从属于一般科学方法，规定着学科研究应遵循的基本原则，是研究方式和具体方法的理论与逻辑基础。本书针对研究课题，拟采取以下研究方法：

(1) 运用教育学、心理学、社会学、法学等学科研究方法进行跨学科综合研究。

单一学科研究对于“越轨行为原因”这一复杂问题的解释总是不可避免地带有片面性，因此只有跨学科的研究才可能具有充分的解释力。

(2) 运用教育统计手段进行实证研究，将定量研究与定性研究相结合。

定量研究是基于鲜活的实例进行的，相较于思辩的定性研究，本身就具有较强的说服力，但是，定量研究囿于资料的搜集的范围、时空，往往存在解释力不足的问题，需要通过定性研究，提升理论高度，增强解释力。

(3) 对个案的研究将采用质的研究方法。

(4) 理论研究与经验研究相结合。通过对国内外越轨行为理论的总结并结合中国的实际，综合分析大学生越轨行为。

(5) 比较研究指对一个或多个社会现象进行比较、探求其异同的方法。历史比较、跨文化比较、类型比较、实验法、共变法等都应用比较的思维方式。个案法是对少数单位(个人、群体、社区或事件等)的各种特征进行深入、全面的考察与比较的方法，本书将综合运用这些方法研究大学生越轨行为的本质特征和发展过程。

当然个别学校、地区和司法机关的案例可能蕴含着太多的偶然性，如何通过定性研究弥补这一缺陷？由于越轨问题涉及较广，原因也是错综复杂，需要从教育学、伦理学、社会学、心理学、法学、管理学等角度加以分析和综合，有的问题的根源具有深层次性，有着其社会根源，因此研究者只能就问题本身提出自己的见解和解决途径，但要从根本上彻底解决问题症结就不是一本书或一项研究所能胜任的了。

第四节 越轨对策的价值取向

理论研究的魅力就在于通过创新解释问题，实践的力量则在于通过方法的创新解决问题。对于转型期大学生越轨行为，是既往理论无法全面解释的，中国大学生的越轨问题，也不是国外的理论能够准确解释的。我们需要通过理论创新和方法创新解决我们所面对的时代问题。

本书基于对某校、某地区和某司法机关学生越轨行为处分（处理）的资料统计的实证分析以及两个个案的分析，归纳出社会转型期大学生越轨行为的原因、行为特征、类型。同时通过实证研究进行理论思考，通过跨学科研究克服过去研究中存在的纯思辨研究而导致研究成果缺乏实用性、单一学科研究而导致结论易片面的不足。

本书的创新价值主要表现在：

一、理论创新

（一）越轨的积极意义

越轨（deviance）在传统文化中被赋予的是消极的意义，因此在目前已形成的研究成果中往往强调的是越轨行为的负面影响和消极作用，在大学生越轨行为的研究中很少注意其积极性。我们应当看到在价值多元化的今天，越轨往往是一种理性的选择，作为对主流行为模式的革新（innovation）或反抗（rebellion），越轨对于推动社会变革和进步具有重要意义。

（二）原因结构论

过去对大学生越轨行为的原因探究往往满足于寻求一个特定的或是所谓“根本”的原因。本书提出大学生越轨行为是“以个体心理主导的，社会、家庭及交际圈交互影响”的结果。过分强调社会、家庭和生活环境的因素缺乏说服力，无法回答“为什么越轨者只是少数人”的提问，同时这种舆论环境会养成大学生推脱个体责任，不愿自省的不良心理和习性。单纯强调个体心理是越轨行为原因，实质上是“天生罪犯”这一臭名昭著的法学（犯罪学）命题的现代翻版，回避转型期社会价值混乱对个体的影响，不利于社会的变革和进步。同时，人与其生活的环境是一个互动的过程，认识到这一点，才能克服过去研究中静态、单向地研究导致的结论的片面性。

（三）教师群体心理健康与学生越轨行为的关系

教师与学生是密切互动的一个特殊群体，虽然从理论上没有人否认教师对学生行为的影响力，但是在研究大学生越轨行为时，高校教师被集体默认为不会有消极影响。事实上这是一个虚假的前设。高校教师的心理健康问题在当今已是不容忽视的社会现象，个别教师自身也存在越轨的问题，研究这一群体对学生的影响也是本书的创新之处。事实上，政府有关部门近年来强调高校讲台的政治功能，也是对于“教师—大学生”互动关系的重要性有了新的重新估计和重视。

二、方法创新

既往关于越轨的研究，往往是相关学者以单一学科研究的视野和研究手段进行有关研究，其结论具有天然的偏狭性，不容易直接应用到具体的实践中去。本研究则有创新：

（一）运用教育学、心理学、社会学、法学等学科研究方法进行跨学科综合研究。充分发挥各学科研究方法和理论范式的应用，提高对问题的解释力，确保相关对策建议的有效性。

（二）运用教育统计手段进行实证研究，将定量研究与定性研究相结合，既能直观地反映问题，也有利于对策建议的精准、实用。

（三）对个案的研究将采用质的研究方法。这有利于发挥“解剖麻雀”以小见大的功效。

本书试图通过理论创新和方法创新，一方面能够解释传统理论能够解释的社会现象；另一方面，能够解释原有理论无法解释或解释不清的社会现象。解释新出现的问题，能够为相关部门的决策提供理论依据。

本书将通过对“越轨”进行定义和分类，随之介绍诸学科的解释，在实证分析的基础上，提出本书核心理论“越轨原因结构论”，说明越轨原因的复杂结构，并提出“越轨正功能”的见解。最后提出社会转型期大学生越轨行为对策，并指出高校毕业生应当适度社会化的问题，留待后续研究。

第一章　越轨的界定及其分类

本书旨在对于社会转型期中国大学生越轨问题的成因、特点进行研究并据之提出对策建议，对于“越轨”作出界定是本书的逻辑起点，而对于越轨行为进行适当的分类，则是相关研究的重要手段。

第一节　越轨的定义

“轨”在现代汉语中主要有 4 种含义：①路轨；②轨道；③比喻办法、规矩、秩序等；④依照、遵循[①]。与本书最相关的含义是第 3 种含义，即比喻意义上讲的办法、规矩和秩序等。与此义相关的常用词的“轨范”，指“行动所遵循的标准[②]”。“越轨”是一个衍生词，是与“轨范”相对应的矛盾概念，其中的“越”是指“不按照一般的次序；超出（范围）[③]”。“越轨”在文学含义上是指“（行为）超出规章制度所允许的范围[④]”。

教育学、心理学、社会学、法学等学科对于“越轨”基于本学科研究目的提出了许多定义，本书在《导论》中关于研究综述的部分对此作了简要的介绍。通过对这些定义的分析，我们可以发现诸多的定义尽管在表述上有较大差别，但是下列特性是被普遍接受的：

(1)“越轨”是对行为的评价；

(2)“越轨”是对某个或某些评价标准的偏离、违背甚至是反对；

(3)“越轨”是非行为人的评价。

综合上述共识并将它们确定为“越轨”的特性，我们可以给“越轨”下一个简单

---

①② 中国社会科学院语言研究所词典编辑室编：《现代汉语词典（修订本）》，商务印书馆 1996 年 7 月修订第 3 版，第 475 页。

③ 中国社会科学院语言研究所词典编辑室编：《现代汉语词典（修订本）》，商务印书馆 1996 年 7 月修订第 3 版，第 1557 页。

④ 中国社会科学院语言研究所词典编辑室编：《现代汉语词典（修订本）》，商务印书馆 1996 年 7 月修订第 3 版，第 1558 页。

的描述性的定义：

越轨，是被他人认为与某个(些)标准不相符合的行为。就大学生而言，其越轨行为是指大学生违反国家、教育机构、学校和班集体的规章规定和约定俗成的行为规范的行为。

上述定义回避了价值判断，可以最大限度地减少争议。对于这一概念进一步的解释是：

一、关于越轨的评判主体

“越轨”是他人对行为人行为的价值评判。①“他人”可能是某个个体，如教师、校长；也可能是一个组织，如合议庭、某个评比小组；还有可能是一个群体，如全班同学。一般而言，评判主体是个体或是较少的个体时，如果该个体不具有道义上的权威性或个人魅力，其评判的结果往往得不到普遍的接受，如果强制性地依据该主体的评判对“越轨”者作出处理，其结果可能是负面的。比如基于某班主任的偏见通报批评“不文明”的学生，可能会损害学生对学校评比的信任。复数主体，特别是众多人组成的评判主体的评判结果往往会对行为人形成巨大的压力，这就是我们为什么强调应当充分发挥学生团体作用的原因所在。②根据评判主体与行为人之间是否存在制约关系，可分为平等关系和不平等关系。学校、教师、法庭与大学生是不平等的关系，他们的评判结果是强制性的；大学生之间也可能相互评判，这种评判不具强制力，但道义力量而产生的对行为的拘束可能比外在的，不平等的关系下的强制性评判更有作用。马加爵即使面对司法机关的强制措施甚至是死刑判决也没有能震撼他的心灵，而同学间仅仅是打牌过程的不公平评价，却使他产生强烈的耻辱感和愤怒就是一个典型的事例。

由于评判主体是外在的，是他人，而不是行为人。评判主体是否能够“理解”行为人的行为逻辑将影响到其评判结果的公正性、被行为人接受的可能性，甚至影响到评判结果的效力。评判主体的评判活动可能会受到评判主体认知水平、道德水准甚至是情绪等因素的影响。一个不真正懂得学生心理的教师并不能准确评判学生的心理健康水平，更不可能提供高质量的心理咨询意见。我国自1984年一些留学归国人员在大学生中发起心理咨询活动以来，据不完全统计，至1998年，全国1080所普通高校中60%～70%的高校开展了心理咨询活动[①]。从统计数据看似乎形势一片大好，但行内人心知肚明高校中从事心理咨询的合格人员的真正比例，不合格的评判主体从事评判工作又怎么可能以其昏昏使人昭昭？我们应当对于评判主体的合格性问题予以充分的重视，注意到由于评判主体不合格导致的评判结果

① 郑莉君：《中国心理健康教育的回顾与展望》，《内蒙古师大学报(哲社版)》2000年第4期，第64-69页。

的不可信问题。比如说，有研究者“对部分地区的教师(包括各科任课教师)进行了调查，结果发现，教师在判断学生心理健康问题时，对学生厌学问题，有31.25%的教师将其视为差生，15.62%的教师将其视为思想问题，只有9.38%的教师模糊地将其视为心理问题；对人际交往中的退缩行为有6.25%的教师认为不算什么问题，6.95%的教师认为有私心，其余的人认为是性格内向，但不认为多严重；对自我中心问题有18.75%的教师认为不是问题；对攻击性行为有34.37%的教师认为是道德品质差[①]。”该研究人员由此得出结论说“从这些数字中我们可以看出，教师对于学生心理健康标准的认识仍然存在着偏颇[②]”。事实上，这种偏颇并不仅仅存在于心理健康这一范围内。

评判者对于行为人要持“同情性理解”的态度，尽力去理解行为人的行动逻辑，以此态度作出的评判结果才能最大程度地被行为人所接受。我国刑事审判实践中上诉率，亦即不愿意接受一审判决结果的比率相当高，而在青少年犯罪的审判中，由于强调尊重当事人人格，注重感化，邀请人民陪审员参与审判活动，其上诉率就比较低。在英美法系国家，完全由非专业人士组成的陪审团决定是否有罪，其结果往往都能被被告人所接受，这其中一个重要因素就在于审判者，也就是评判者对于被告人的理解程度不同。我国青少年犯罪审判制度中的成功因素应当被创造性应用于大学生越轨行为矫正制度的其他层面之中。同样的，教师、家长觉得学生“不听话”时，学生往往也觉得他们“不懂”自己。

评判者的不公正的可能性在任何时候都应当被考虑。“当我们确定某人或某些团体为‘越轨者’时，我们在强化自己的地位并简单化‘我们’对‘他们’的关系：忽视、擦拭、消除或复原他们。通过谴责或控制异见者我们让自己相信自己是正常的。‘越轨’是与权力相关的现象：胜利者是好的、正常的；失败者是病态的、疯狂的(他们通常接受这样的标签)”[③]。

二、关于越轨与标准的关系

“越轨”，必须首先有一个“轨”的存在，也就是要有一个预设的标准。成都某高

① 申继亮，王凯荣：《论教师的心理健康教育能力的构成》，《北京师范大学学报(人文社科版)》2001年第1期，第12-19页。

② 申继亮，王凯荣：《论教师的心理健康教育能力的构成》，《北京师范大学学报(人文社科版)》2001年第1期，第12 19页。

③ Robert·O·Keeb ：《Introduction to the Sociology of Deviance：Otherness，Order and Social Control》，2007-1-29，http://www.umsl.edu/~rkeel/200/intrdev.html。

校将在教室内接吻界定为"非法性行为[①]"并将当事学生开除的消息在平面媒体报道后，在平面媒体和网络上都引起了热烈的讨论。9月16日至9月23日一周内共有6 823人参与《人民网》的调查，33.9%的人认为"学生应受处罚，但不致开除"；42%的人"赞成学校做法，应严格管理"；24.1%的人认为"都是成年人，学校无权干涉"。其实问题的症结并不在于大家的认识差距，而是在于：①学校此前有无关于将教室接吻明文规定为"非法性行为"？这是现代法制社会"法不禁止即自由"、法律一般不得溯及既往原则的基本要求。②学校有没有权将教室接吻界定为"非法性行为"？③学校在什么的情形下可以对学生予以"开除"？由于媒体关心的"轰动效应"，所以尽管《人民网》的专题搞起了"正方"、"反方"，似乎讨论得很热闹，但是正如由于首先将"正方"、"反方"深入国人之心的大学生辩论赛一样各方自说自话，没有人去确定立论的标准，这场讨论注定在讨论到新的话题时自然销声匿迹。作者也注意到有人在关心这案例后面的规则问题，"大学生因接吻就要被学校开除，这样的规定已经不适用当前的学生管理工作。"北京某高校一位学生处负责人说。

在很多高校学生管理工作人员看来，1990年制定的《普通高校学生管理规定》明显与现实相抵触。"国家对学生的管理规定多年没有调整，老办法的确不适应新的形势，而新规定还没出台。"一位高校学生工作处负责人说[②]。记者访问的对象确实是有思想的专业人士，事实上有关高等教育中的许多"热门话题"都因没有评判标准而没有结果，许多"话题"能够"热门"也都是因为没有标准或是标准过时而生成。

孙志刚[③]的死令人扼腕，但以其一命换来的立法者初始救助流浪人员的"好心"异化为践踏人权的收容制度被废止却是中国法制建设和人权事业的幸事。但愿这一对大学生情侣的失学能够换来中国高校管理事业的法制化和人性化，也希望高校管理学、教育学、社会学、心理学的学者能够以此案为例，时刻反思那些"越轨"行为背后的"轨"是不是值得去维护的对象。

三、关于越轨的存在形态

"越轨"只能是指向行为，而不能只是思想。但越轨包含着思想的因子。"越轨行为是指超出组织或社会的边界……常常我们会与他人不一致，但不会将他人标定为越轨者，越轨不是简单的行为，它涉及到道德判断力，越轨与判断者的道德判

① 王京：《大家谈教育：大学生教室接吻应如何管理？》，2004-9-23，http://www.people.com.cn/GB/jiaoyu/1055/2803997.html。

② 原春琳：《学生违规性行为的处理让校方头疼：高校学生管理工作者呼唤新规出台》，《中国青年报》2004年9月14日，第7版。

③ "孙志刚事件"详见本书第六章第二节之三"推动新规则的建立"注释。

断相关。实际上,任何行为都可能被认为是越轨"①。

从理论上,只有行为能够成为惩罚的对象,但是"思想"可以成为教育的内容。这就需要高等学校的管理者和担负教育工作的人员能够辩证地理解这对矛盾。我们不能惩罚学生的思想,但是这并不妨碍我们关心支配行为背后的思想的内容,也只有关心行为背后的思想,才能从根本上矫正越轨的行为。比如说,教师不能将学生的日记,或是不公开的习作作为惩罚的依据,也不应依据其他学生对言论的告密而施以制裁。

第二节 越轨的类型

本书提出了"越轨,是被他人认为与某个(些)标准不相符合的行为"的定义,也就是说"越轨"是以"某个(些)标准"为参照物而得到的结论,在这里"某个(些)标准",就是我们对"越轨"进行分类的"规则体系",对于规则体系里的不同类型规则的偏离,就构成了不同类型的越轨行为。

一、规则体系

从逻辑的角度看,划分作为一种研究方法,只要依据的标准是统一的,划分就是"科学"的,但并不是所有的划分都是"有用"的。我们没有必要穷尽所有的划分方法,关键是研究手段能否有效地服务于研究目的。越轨是外在的表现形式,其实质是对规则的违反,因此,对于越轨的分类,仅仅从外在的行为形式进行,就不可能触及问题的实质。同样是秘密取得他人财物,在数额极小时是道德越轨,较小时是纪律越轨,而数额较大时则是法律越轨,如果仅从"盗窃"的外部形式是看不出来的,一块面包的体积远大于一张百元人民币,而价值远小于后者。但是在盗窃的难度上完全取决于具体情况,同样的盗窃行为被发现的后果是不一样的。以此为例,我们认为越轨类型的划分不能主要依据其形式来进行。越轨的实质意义在于其违反了行为人应当遵守的规则体系。

从大学生应当遵守的规则层面看,这些规则根据约束的力度和规则体系的来源,可以分为三大类:①道德规则;②纪律规则;③法律规则。

(一) 道德规则

道德规则是任何一个人群必须具有的最低规则,也是对个体约束力最低规则。道德规则源于人们长期共同生活积累的规则,"是社会意识形态之一,是人们共同

① Russ Long:《Deviance》2004-4-18, http://www.delmar.edu/socsci/rlong/intro/deviance.htm。

生活及其行为的准则和规范。道德通过社会或一定阶级的舆论对社会生活起约束作用①。”

道德规则存在于相互关联的人与人之间。因此，道德规则具有多样性。全社会有全社会的道德，作为大学生也有其特定的道德内容，在一个学校、一个班组内部也有道德的特定规范。只有认识到道德的层次性、道德内容的特定性，才能够真正了解大学生内在生活的丰富性。

由于道德规范的具体内容总是与特定人群相关的，同时道德规范通常具有模糊性，这个世界上不存在“道德法典”的颁行。换言之，对于道德规范而言，每一个人都是“立法者”，其内容只要是大多数人接受而非全部接受的有关规范就“进入”或是“修改”了道德规范体系。这样一来，当一个大学生被设定为不同人群的成员时，他就会受到不同道德规范的约束，而这些规范往往会发生冲突，甚至是矛盾的，该大学生就因而陷入了“道德困境”。比如说，当一个大学生在毕业阶段进行职业选择时，家乡的规则是独子应当回乡伺候父母(子曰：“父母在，不远游”)，同学可能邀其共赴某地创业，老师希望他留校，女朋友希望能一起到她的家乡，还可能因为宗教的原因，他不能和不信教的女朋友结婚，等等。过去我们习惯于用最普遍的道德规则，如个人与祖国的关系来要求大学生，而漠视甚至否定个人道德关系的特殊性，不承认个人的“道德困境”的存在，因而人为制造了许多不幸甚至是悲剧。

全民道德建设、学校道德建设都已经提出。辜洪铭曾经这样描述上个世纪初的欧洲：“战争各国中人人都盼望和平，但却没有人有力量去创造和平、制止战争，事实上又正是这一点，使得欧洲人民看不到实现和平的道路，从而对和平绝望②。”我们如果套用一下这个句型，来描述我国当代道德建设中的问题，我们可以说每个人都希望道德社会的来临，但似乎每个人都无能为力，正因为如此大家都对道德的现状感到失望，甚至是绝望。当初辜洪铭幻想欧洲人将其对和平与战争决定权交给统治者、军人和外交家从而实现和平，以其个人的局限性，他只是从战争环境下看到了独裁胜过民主的效率，因而提出了荒唐的主张。在道德建设的过程中，实现道德建设的目标，同样不能寄希望明君贵族，而只能依靠全体国民，依靠他们自身的道德进步。在这事关中华民族未来的道德建设的活动中，不能奢望毕其功于一役，同时要认识到这场道德建设应当在各个层次中进行，最终才能将民族道德大厦建立在坚实的基础之上。

---

① 中国社会科学院语言研究所词典编辑室编：《现代汉语词典(修订本)》，商务印书馆 1996 年 7 月修订第 3 版，第 259 页。

② 辜洪铭：《中国人的精神》，海南出版社 1996 年 1 月第 1 版，第 160 页。

(二) 纪律规则

将“纪律”解释为“政党、机关、部队、团体、企业等为了维护集体利益并保证工作的正常进行而制定的要求每个成员遵守的规章、条文。[①]”不是十分准确。我认为,纪律实质上是国家赋予团体对其成员的管理权。它是对特定人群具有约束力的行为规范的总和。

第17届世界刑法学大会通过的第三项决议就是关于纪律处分的。该决议表明“纪律”作为现代社会一个规则体系的权威性得到了全球范围内的共识。

学校制定的纪律规则的合法性是当前争议最大的问题。如果学校依据其纪律而作出的处分总是被法庭所否决,就应当考虑到这些规则本身的变革问题。在学位、学籍等多种纠纷中我们都看到了这个问题。

(三) 法律规则

法律是一个社会中最具约束力的行为规范。法律被定义为以国家强制力保证实施的行为规范的总和。大学生越轨问题的研究中,过去的研究主要集中体现在刑事法律规范的研究,集中在“青少年犯罪”的主题下,应该讲是不够全面的。一方面,大学生也是全体公民的组成部分,对于任何法律规范的违反,都应当纳入“越轨”的视野;另一方面,任何对于教育目标的偏离,都是一种越轨,都应当分析是个体原因还是教育体制的原因导致了这种分离。在现代政治思想观念中,宪法是一国国民共同生活的最根本的约定,我们的教育制度不可能,也没有必要把每一个大学生都培养成为共产党员,但是我们的高等教育制度认可“合格的”大学生不应该只是在知识方面通过了考试的人,应当包括对宪法的认可和遵守。民法是一国民众生活的最基本的规范,比如说最典型的在大学生贷款问题方面,“借钱还钱”是民法的要求,而大学生毕业后不按期甚至不还贷款成了相当普遍的现象,虽然此时他们已经不是“大学生”,但问题的根源还是作为大学生时期的因素在起作用。刑事规范是一个社会能够容忍的最低控制线,违反它必然要受到制裁,对此过去的研究已经较为充分。

二、越轨行为的分类

依据前述规则体系的划分,我们可以将越轨行为相应地划分为道德越轨、纪律越轨和法律越轨三种类型。

(一) 道德越轨

对于道德越轨,各研究者基于对道德体系的理解,具体内容的归纳有较大差

① 中国社会科学院语言研究所词典编辑室编:《现代汉语词典(修订本)》,商务印书馆1996年7月修订第3版,第598页。

别。值得肯定的是北京化工大学张明德等同志承担的北京市培养跨世纪理论人才百人工程研究项目《首都大学生越轨行为的调查与研究》的研究方法。他们不仅仅从外在的道德越轨进行研究，而是首先要求受访者根据自己的理解对道德要领作出解释。这一研究方法的引入揭示出个体对道德的理解偏差而导致的道德越轨和个体道德认知与实践的偏离两种不同性质的道德越轨现象[①]。对于前者，通常只要加以观念教育，就能达到矫治的目标，应当更多地采取"不知者不为罪"的宽容态度；而对于后者，需要具体分析具体道德越轨行为背后的原因，应当采取适度的措施，才能达到矫治的目的。道德越轨具有相当的模糊性，相应地，对道德越轨的矫治方法也应当是灵活的。

（二）纪律越轨

纪律越轨的分类，必须以纪律规范为依据。纪律规范的实质，是国家对于高等教育机构内部管理的一种授权，因此，从完善国家法制的角度，应当将大学生与高等教育机构间关于是否违反纪律规范以及制裁的适当性，甚至是纪律规范本身是否有约束力交付司法审查。纪律越轨的形式应当是明文规定，特别要强调是事先规定的。前述某高校将教室内拥吻定性为"非法性行为"引发争议和诉讼，一个重要的原因是并没有事前的明文规定。在我国，由于长期的封建统治秩序下"法藏官府、威不可测"的统治术的影响，管理者往往只愿意"原则"方面列出要求，具体内容往往是"法随口出"，这与现代法治精神是相违背的。高等教育机构应当模范地尊崇法治，在纪律规范的制定和执行方面严格依照法治的精神进行。

（三）法律越轨

大学生法律越轨在宪法层面主要是受西方政治思潮的影响，反对中国共产党的领导；在民事法律层面主要是违反诚实信用原则，近年来还有对婚姻制度的违反，与已婚人士同居或保持不正当的性关系等；在刑事法律规范方面，常见罪名主要是盗窃、人身伤害类。大学生犯罪与大学生身份的相关性较为明显。首先是与金钱的相关性。大学招生政策变革后绝大部分学生仍然是年轻人，他们没有独立的经济来源，高校收费高，同时贷款制度、奖学金制度很不完善，虽然大部分大学生已经接受了在学期间自行寻求经济来源的观念，但是由于我国绝大部分学校没有实行完全的学分制，能力、时间和就业渠道都对大学生自行解决学习费用的来源形成了制约。如果家庭又不能为他们提供资助，极易诱发越轨行为，甚至有女大学生

---

① 张明德，刘长顺：《首都大学生越轨行为的调查与分析·总论》，1999-11-18，http://www.bjpopss.gov.cn/bjpopss/cgjj/cgjj991118e.htm。

从事卖淫活动[①]。除了因经济困难诱发的越轨行为以外，贪图享受也是因金钱而越轨的重要诱因，一些大学生为维护自尊或是虚荣，盲目攀比，在无法获得必要的金钱支持的情形下而越轨。

学校有形和无形的围墙都在消失，学校不再是独立于社会的象牙塔，不少教师也在逐利，成为知识掮客。殷辂[②]先生斥之为"学弊"。学术腐败对教师、学生都已经形成相当的压力，比如说殷辂先生就是在众多好心人的劝说下放弃了以《学弊》作为博士论文的初衷。

大学生因为特殊的年龄阶段，生理和心理特点而存在的冲动、不冷静也是越轨行为，特别是暴力型越轨行为的重要诱因。

法律越轨与国家法律规范密切相关，其特点是类型明确，制裁规范清晰。

越轨的分类不具有唯一性，只要相关的分类能够揭示出越轨的某一方面的特点，或是有利于总结相应的对策，其分类都是有意义的。

关于"越轨"的定义，本书为避免争议，能够融合绝大部分观念，作最简化的定义为"被他人认为与某个(些)标准不相符合的行为"。这样的定义同时也考虑到学术研究的"价值中立"原则。本书的后续研究也将证明"越轨"本是一个带有贬义的词，但在实践中它同样孕育了变革的种子，是有其积极的因素的，我们借用社会学术语称之为"正功能"。

---

① 陈娟等:《兜里缺钱打工嫌累:一女大学生竟卖淫》,《扬子晚报》2004年9月13日,第A7版。

② 某校社会学博士研究生,其代表性观点可参阅 http://www.1911.cn/Article_Show.asp? ArticleID=2451。

第二章　越轨行为的诸学科解释

由于各学科关注的问题的不同和采取的研究手段、研究方法的不同，不同学科对于同一社会现象会有不同的理论解释和不同的研究方法和路径。通过多学科对同一社会现象不同解释的考察，有助于我们更全面地了解研究对象的特性并更准确地采取相应的对策，更妥善地解决问题。对于越轨问题，教育学、心理学、社会学、生物学和法学等研究者均从不同侧面提出了不同的理论解释。本章将概要介绍这些学科的研究成果，作为本书以后章节理论研究的起点。

第一节　教育学解释

教育从广义上讲指的是：凡是增进人们的知识和技能，影响人们的思想品行的活动，都是教育。教育的狭义定义主要是针对“学校教育”，指教育者根据一定的社会或阶级的要求，遵循教育者身心发展规律，有目的有计划有组织地对受教育者身心施加影响，把他们培养成为一定社会或阶级所需要的人的活动。

教育是一种社会现象，它的发生发展受社会发展规律的支配。同时教育作为社会精神文化的传播活动，与一定的社会文化有着密切的联系。任何教育均有一定的社会功能，吴康宁先生运用“发展逻辑”，将教育的社会功能理论分为三种，即“唯正向功能论”、“有条件的正向功能论”及“负向功能论”①。《学会生存》一书序言中指出，一方面教育推动着、伴随着、决定着社会与政治的发展及技术与经济的发展；一方面教学活动本身如同司法活动一样，倾向于重复过去，倾向于形式化、公式化。这双重特性在迅速变革的时期尤为显著。于是教育看来既是反社会改革的，同时又是推动社会变化的。②

当代人类社会正经历着一场前所未有的重大变革：经济的全球化、科学技术的日新月异和知识经济的兴起。从世界范围看，当代高等教育的改革和发展呈现出

---

① 吴康宁：《教育社会学》，人民教育出版社 2001 年 5 月第 2 次印刷，第 368 页。

② 吴康宁：《教育社会学》，人民教育出版社 2001 年 5 月第 2 次印刷，第 389 页。

大众化、国际化、私营化、社会化、终身化等趋势。处于社会转型期的中国教育体制、教育形式等同样也正发生着翻天覆地的变化，社会混变（社会体制和观念的混变）带来教育失范①。在社会体制混变时期中，我们对于教育系统的失范行为常常“无可指责”：当无章可循、异章互斥、有章不依时，我们很难苛求教育系统的行为总是遵循科学的规范、严格的程序或合理的逻辑。社会转型期实际上也是“观念大战”时期，在观念混战状态中，衡量观念的是非标准或优劣尺度均变得模糊不清，导致人们感受到不同程度的价值困惑或价值迷惘，出现行为失范。教育，从根本上来说是靠观念支撑的。而教育中的一些根本观念或基本观念其实均源于社会。转型期中观念混变就不可避免地要对教育产生冲击性的影响，使得教育系统处于无所适从、无可归依的困境，这既可能致发教育目的上的失范（如将“素质教育”变为“应试教育”），也有可能导致教育内容上的失范（如缩减“副课”的教学内容和时间）及教育方式上的失范等。

教育失范最根本的是教育者自身利益意识极度膨胀，行为常常以自身利益取向为准，在相当程度上失却了“社会代表者”的资格。众所周知，在我国解放后相当一段时间里，教育者作为一个特殊知识分子阶层，一直以其“利他意识”、“奉献精神”、“蜡烛风范”而为整个社会所称颂，教育者自身也普遍以上述意识、精神及风范来自律。社会转型期，随着对于过去年代中所盛行的忽视个人利益、贬抑个人价值、伤害个人尊严等取向的批判，人们开始逐渐重视个人利益、提升个人价值、维护个人尊严。所以当教育者首先乃至仅仅以其自身利益为尺度来选择行为时，受教育者利益就极易受到伤害，且其个体价值与社会价值均已被异化，此时的教育者有失“社会代表者”形象，甚至有“反社会代表者”。因此对于处于社会转型期中的我国教育中时常出现的许多“新”现象（包括学生越轨）也就不难解释了。

有研究者总结我国教育失误现象：一是教育价值取向的偏蔽：①重社会、轻个人；②重“精英”、轻大众；③重虚名、轻实质。二是教育目标上的偏离：①着眼应试，放松素质养成；②面向少数，冷落大多数学生；③偏重认知，忽视非认知因素；④求同伐异，压制创新精神。三是教育内容上的偏废：①随意更改课程；②限制课外阅读；③脱离社会生活；④过于集中统一。四是教育方式上的偏倾：①在两类相辅相成的方式中偏执一端；②不时采用法律明文禁止的错误方式。五是学生评价上的偏差②。

---

① 吴康宁：《教育社会学》，人民教育出版社 2001 年 5 月第 2 次印刷，第 155-193 页。社会混变指的是社会变迁组成部分间关系的一种紊乱状态。这种状态主要存在于社会转型过程中。

② 孙孔懿：《教育失误论》，江苏教育出版社 2003 年第 1 版，第 111-215 页。

有学者指出了我国教育中的“负功能[1]”现象。默顿将负功能定义为“削弱体系的适应或顺应[2]”。日本教育社会学家柴野昌山在此基础上提出了教育的“负向功能”，即没有实现人们主观愿望的非理想功能。结合对我国现行教育发展状况的思考，我赞成将教育的负功能界定为教育对个人、社会和教育自身发展的消极否定作用。这种负功能表现为：

1. 教育对个人发展表现出的消极否定作用。学生服从于“需要”而学习，个体的未来生存与发展空间受到限制。

2. 教育对社会发展表现出的消极否定作用。教育结构不合理，学校热衷于“升格”，毕业生结构不合理，人才流失。社会不能从教育中获得所期望的发展资源，从而在相当大的程度上表现出发展后劲的不足以及发展速度的相对缓慢。

3. 教育对自身发展表现出的消极否定作用。教育因脱离个人和社会发展需要而未能获得持续有效的发展，教育质量低下，效益不高，教育经费短缺，教师队伍不稳定等。产生这些负功能的原因很复杂，包括：(1)功能方面：①从系统因素看，发展中国家教育系统各要素的相互作用超出或未达到现实的客观需要，直接引发了教育的负功能现象；②从环境因素看，在大多数发展中国家，社会的各要素和人的各要素对教育的作用超出或未达到教育发展的现实情况也是造成教育负功能显著的重要原因。(2)历史方面：如同其他发展中国家，我国是从漫长的封建社会发展而来，还曾长期处于殖民地半殖民地的状态之下，经济单一化发展，工业化水平普遍较低，易受到别国经济发展制约的外向型经济常常会影响到教育的发展，国内各地区发展的不平衡引发了包括教育问题在内的许多社会问题。此外，民族文化长期受到压抑，人们的思想僵化而意识落后，对教育与社会发展以及人自身发展之间的关系认识不足，对通过教育来传授生产知识和技能的热情不高。正如一份报告对发展中国家教育问题的分析，我国“教育系统变成了一个失调的制造者而不是增长和发展的因素。学校的贡献看来对儿童的福利和对国家共同发展方面起着负作用[3]。”

第二节　心理学解释

心理学是研究心理现象及其发生发展规律的科学。心理学把人的心理现象划

① 伊焱：《论发展中国家教育的负功能》，《江西教育科研》2000年第7期，第8-11页。

② 罗伯特·金·默顿著，何凡兴等译：《论理论社会学》，华夏出版社1990年第1版，第138页。

③ S·B·埃卡纳亚克：《农村教育：农村发展的根本途径》，《教育展望(中文版)》1990年11月第25期。

分为心理过程和个性心理两个方面，心理过程分认知（感觉、知觉、记忆、思维、想象）、情感和意志；个性心理包括个性倾向（需要、动机、兴趣、理想、信念、世界观等）和个性心理特征（气质、性格、能力）。心理学研究者从不同的角度对于这些心理因素与越轨行为间的关系进行了解释。

在国内学者的研究成果中，陈家麟教授从“问题行为”的形成过程分析了对“问题行为”形成具有影响的因素。他指出：学生心理健康问题的始动因素是需要和动机。需要是个体在生活中感到欠缺而力求获得满足的一种内部状态，它是机体自身或外部生活条件的要求在人脑中的反映。需要从不同的角度可分为生物性需要（生理需要）和社会性需要、物质需要和精神需要、暂时性需要和延续性需要等等。动机则是直接推动一个人进行活动的内部动因或动力。当个体同时产生两个或两个以上的对立需要，出现互相矛盾、对立或排斥的动机时，就会出现心理冲突。冲突可分为趋向—趋向型冲突、回避—回避型冲突、趋向—回避型冲突和双重趋向—回避型冲突四种。动机在促使行为实现目标的过程中会遭受挫折，引起挫折的因素有客观外界因素（包括自然环境和社会环境）和主观内在因素，由于个体对挫折的耐受力不同，可能产生不同的反应，因此美国耶鲁大学心理学家道兰德（Dollard）及其同事1939年提出的“挫折—攻击”假说具有很大的片面性。学生的心理健康问题实际上是以习惯化了的行为对冲突和挫折情境所作的反应[①]。

陈教授的观点本书暂且以“习惯性反应说”指代之，该说不因“问题行为”的存在而将行为者视为“问题学生”，而是从心理科学角度证明了行为中的理性，对于矫正问题行为提供了理论基础，本书在后文中还将专门讨论。

张保平先生从犯罪心理角度，提出“犯罪心理结构”的概念，指出“犯罪心理结构”包括四个方面：①犯罪认知心理，即犯罪人既有的知识、经验和认知过程方面的特征；②犯罪的动力心理，即对犯罪人实施犯罪具有动力性和导向性作用的心理成分；③犯罪个性心理；④犯罪的情境心理，即犯罪人在特定时空条件下的心理状态[②]。

张先生的观点避免用“单因单果”的简单对应理论模式解释犯罪现象，加强了理论的解释力。

国外的心理学研究者有人认为某些类型的性格与越轨行为有关。持这种观点的最主要的研究者之一是汉斯·艾森克，在他看来没有人生来就是违规者，但一些人可能容易违规，一种容易违规的性格类型是外向性格，即善于社交，但容易冲动而且还强烈需要变化和刺激的人（性格内向的人，具有相反的性格类型，好静且能

① 陈家麟：《学校心理卫生学》，教育科学出版社 1991 年 7 月第 1 版，第 172-201 页。

② 张保平：《犯罪心理学（第三版）》，中国人民公安大学出版社 2003 年 6 月第 3 版，第 7-8 页。

控制自己)。班杜拉则认为违规是"从社会上学的",他认为人们通过观察和模仿来学习违规行为"。目前流行的对违规的心理学解释认为违规是由于受挫而产生的侵犯形式,当一项需要得不到满足时,人们就可能变得灰心丧气。正如受挫—侵犯假说所解释的,受挫的程度取决于需要、冲动或愿望在各种情况下的受阻强度,受挫可能是因为缺少钱、爱情或其他某事①。

1943 年,马斯洛发表了论文《人类动机理论》,第一次提出了"需要层次"理论,并将"需要层次"划分为五个层次②。依据该学说,每一个越轨行为的背后,实际上都反映了大学生的特定的个体需求。马斯洛的需要层次揭示了学生成长过程中的心理变化过程。

国内心理学对大学生越轨行为的研究已经不再满足于对国外理论的引进,而开始进入具体问题的类型研究阶段。比如说,大学生越轨行为中"自杀"是最具心理学意味的研究对象,自杀已经成为我国大学生中仅次于意外事故的第 2 位的死亡原因③,近年来国内心理学研究者对于自杀现象进行了深入的研究并提出了有价值的论文。

"自杀是指蓄意采取某种手段结束自己生命的行为,其心理过程大体上可分为三个阶段:即自杀动机或自杀意念的形成阶段、内心矛盾冲突阶段和行为选择或平静阶段④"。有作者对"大学生自杀意念发生的危险因素"进行的实证研究提出影响到自杀意念,即"偶然体验的自杀行为动机,个体胡思乱想或打算自杀但没有采取实现此目的的外显行为"的因素主要是性别、易紧张、焦虑、失恋、服用成瘾性物质、喜欢从阴暗面看问题、很少参与体育活动、不满意所学专业而懊恼、以往有过自我伤害行为、曾患有精神分裂症、抑郁症。研究者指出:"自杀意念的形成不是单因素所致,而是生物学、心理学和社会学综合作用的结果⑤。"有研究者从自杀倾向者的人格角度进行的研究表明,"从测量结果看,有自杀倾向的大学生与普通大学生

---

① [美]戴维·波普诺著,刘云德,王戈译:《社会学》中文版,辽宁出版社 1987 年 6 月第 11 版,第 448 页。

② 我国心理学界对于马斯洛的学说有"五层次说"与"七层次说"之争。事实是该文在 1954 年收入其《动机与人格》一书时仍然持"五层次"说,但是《动机与人格》在 1970 年去世前修订完成的版本中,他将认知需要和审美需要增加进了需要层次。因此,"七层次"的提法注意到了马斯洛理论发展的全过程。事实上,马斯洛还提出了高于自我实现需要的"发展的需要",或者称为"存在的价值"或"后动机"。这个成果体现在《通向一种关于存在的心理学》一书中,马斯洛在有生之年一直没有停止过对需要理论的研究,也许假以天年,他还会对他的需要层次理论作出新的归纳。参阅孙生文:《关于马斯洛需要层次论的描述问题》,《河南大学学报(社会科学版)》1994 年 7 月第 34 卷第 4 期,第 52-56 页。

③ 王登峰:《大学生心理卫生与咨询》,北京大学出版社 1992 年第 1 版,第 151 页。

④ 漆红,赵友文,李美琳:《脑血管病后抑郁的临床特点及相关因素》,《中国心理卫生杂志》1995 年第 9 卷第 3 期,第 12 页。

⑤ 荆春霞,王声湧,吴赤蓬等:《广州市高校大学生自杀意念发生的危险因素》,《中国学校卫生》2003 年 10 月第 24 卷第 5 期,第 469-470 页。

相比，在人格特征上存在许多差异。具体表现在，有自杀倾向大学生的人格特征在乐群性、稳定性、敢为性、怀疑性、忧虑性、紧张性和次级因素适应与焦虑、感情用事与安详机警、心理健康状态等方面与同年级普通大学生之间存在显著或非常显著的差异[①]。”自杀中的心理因素，有研究发现最重要的心理因素是新生入学不适应、自我意识的矛盾、交往障碍、考试焦虑、对躯体的过分关注和不良人格[②]。

自杀现象的研究，典型地代表了中国的心理学研究者开始综合运用国内外的心理学研究成果对于大学生越轨问题进行具体的研究，更好地展示了理论对于实践的解释和指导作用。

第三节　社会学解释

社会学一直将越轨的最严重的形式——法律越轨，特别是犯罪现象作为其研究的传统对象，在其研究过程中对犯罪等法律越轨现象作出了种种的解释。在研究综述部分对此已经作了概要介绍。事实上社会学在对犯罪等法律越轨的研究中也有一个理论发展的过程。张小虎先生基于其博士后论文的专著《转型期中国社会犯罪原因探析[③]》一书对此有精到的概括。

张小虎先生认为：犯罪原因是犯罪学的核心问题，它主要回答两个问题，即：一个人为什么犯罪与社会为什么存在犯罪。对于第一个问题的回答，属于微观层次，其观察焦点在于个体的犯罪形成。犯罪生物学，揭示个体的遗传基因、生理机能、病理机制对犯罪的影响。犯罪心理学，从心理学的角度，探索个体实施犯罪行为的心理结构的形成及其变化的规律。犯罪社会学对犯罪原因的研究包括微观和宏观两个方面的研究。在微观方面研究个体社会化的过程、社会化的执行单位（家庭、同辈群体、学校、社区、大众传播媒介以及工作单位）对个体不良个性的形成的影响，生命历程对犯罪的影响，以及影响个体犯罪形成的其他一些微观因素。在宏观方面的研究关注的是社会结构、社会变迁对社会犯罪现象的影响。包括作为社会正常现象的犯罪（生理性排泄）、作为社会反常现象的犯罪（病理性排泄）以及犯罪现象形成、变化的机理的研究[④]。我国主流犯罪社会学理论皆引进自西方，西方关

---

① 宋专茂，冯冬梅：《有自杀倾向大学生的人格特征研究》，《健康心理学杂志》2002 年第 10 卷第 6 期，第 408-410 页。

② 张道祥：《自杀倾向大学生的心理因素分析》，《中国学校心理卫生》2002 年 12 月第 23 卷第 6 期，第 526-527 页。

③ 张小虎：《转型期中国社会犯罪原因探析》，北京师范大学出版社 2002 年 6 月第 1 版。

④ 张小虎：《转型期中国社会犯罪原因探析》，北京师范大学出版社 2002 年 6 月第 1 版，第 15-17 页。

于犯罪社会原因的理论有这样一个大致的历程[①]：

一、19 世纪前、中期

(一) 凯特勒的犯罪统计学

该学说认为①社会犯罪现象存在具有必然性。“人类之犯罪行为也正如石头之依重力从上坠下一样，同样体现着自然法则的必然性[②]。”②犯罪可以通过统计总结规律预测未来[③]。③存在“犯罪倾向”规律。该学派学者认为犯罪成因有三个重要条件：基于个人道德观念强弱的犯罪意志、作案机会以及利用这种机会的可能性[④]。

(二) 犯罪统计学的发展

曾任巴黎司法统计负责人的盖里(Guerry)成功地运用统计方法研究犯罪现象、解释犯罪原因，德国学者冯·厄廷根(Alexander Von Oetingen)在统计方法方面提出了很有见地的见解，他们都是该学派的代表人物。

二、19 世纪末期

(一) 犯罪三元论

恩里科·菲利(Fnrico Ferri)是龙勃罗梭的学生，但他不满足于犯罪人类学派的理论，更为注重犯罪的社会原因。其犯罪“三元素论(三元论)”认为与犯罪相关的三个元素是人类学因素、自然因素和社会因素[⑤]。该学说的一个演绎结论就是“犯罪饱和论”：“每一个社会都有其应有的犯罪，这些犯罪的产生是由于自然及社会条件引起的，其质和量是与每一个社会集体的发展相适应的[⑥]。”

(二) 犯罪二元论

德国刑法大师李斯特(Franz V. Liszt)认为龙勃罗梭的犯罪人类学观念是不正确的，遗传倾向只是由于外部环境的影响才表现为犯罪或精神障碍，认为犯罪原因只是社会因素和个人因素。并据之提出了社会责任论、社会防卫论和教育刑论。

(三) 犯罪模仿论

法国社会学家布里埃尔·塔尔德(Gabriel Tarde)首先提出犯罪模仿论，其后

---

① 本节主要依据张小虎：《转型期中国社会犯罪原因探析》，北京师范大学出版社 2002 年 6 月第 1 版，第 60-132 页。有关引注皆据该书，以下不一一列明。

② 李田夫，杨士祺，黄京平：《犯罪统计学》，群众出版社 1988 年版，第 3 页。

③ 陈显容，李正典：《犯罪与社会政策——当代犯罪社会学》，群众出版社 1992 年版，第 66-67 页。

④ [德]汉斯·约阿希姆·施奈德著，吴鑫涛，马君玉译：《犯罪学》，中国人民公安大学出版社、国际文化出版公司 1990 年版，第 108-109 页。

⑤ [意]恩里科·菲利著，郭建安译：《犯罪社会学》，中国人民公安大学出版社 1987 年版，第 43 页。

⑥ [意]恩里科·菲利著，郭建安译：《实证派犯罪学》，中国人民公安大学出版社 1990 年版，第 41-42 页。

美国学者艾伯特·班杜拉建立现代社会学习理论，美国学者萨瑟兰发展出“差异交往理论”。认为任何犯罪都是后天学会的[①]。

(四) 社会失范论、犯罪功能论

埃米尔·迪尔凯姆(Emile Durkheim，又有中译名杜尔凯姆、涂尔干)认为犯罪是正常的社会现象，但是犯罪率的急速增长是病态的。反映出社会准则崩溃、社会连带性、结合性削弱，社会整合被破坏的事实。犯罪具有其特殊的功能。

三、20 世纪

20 世纪关于犯罪社会学的研究学术中心由欧洲转移到了美国，理论成果可分为三大类型：社会结构理论、社会化过程理论和社会冲突理论。

(一) 社会结构理论

社会结构理论强调犯罪与下层阶级密切相关、关注青少年犯罪、认为社会环境决定着人们的行为。

1. 社会解组理论

亦称犯罪生态学、社会生态学理论、文化转型论、犯罪区位学，是 20 世纪 20—30 年代在芝加哥产生的一种犯罪社会原因理论学派。该学派得益于 20 世纪早期动植物生态学知识和芝加哥政府机构社会统计数据。该理论强调社区的生态特征与犯罪密切相关。居民频繁更替、价值分歧、社会组织崩溃的社区，常常也是犯罪丛生的地区。犯罪治理的关键是变更社会的环境。

2. 紧张理论

这是美国社会学家罗伯特·默顿(Robert King Merton)于 1938 年创立的，该理论强调社会结构对犯罪的影响，认为犯罪是由于行为人不能通过合法手段取得社会所界定的成功目标而产生的沮丧和气愤情绪(即“紧张”，strain)的产物。概言之，社会结构的解体导致了紧张，而紧张促成了犯罪。

默顿认为一个社会非常强调由大众文化所界定的成功目标，而这个社会所提供的达到这些目标的方法却被不平等地在它的成员中分配。这种目标与方法之间的断裂(disjuncture between goals and means)，或者说获取成功目标方法的缺乏，就是反常状态。社会反常状态导致了违法行为的增多。这一思想是在批判地继承帕森斯的社会结构理论并肯定和发展迪尔凯姆的社会失范论基础上创立的“社会反常理论”。

美国社会学家朱迪斯·布劳(Judith Blau)和彼得·布劳(Peter Blau)以《不平等的代价：大城市结构与暴力犯罪》确立了“相对剥夺理论”，认为下层阶级成员由于他们的种族和阶级地位，不能通过合法方法取得自己所期望的财富，同时他们又

---

① [美]里查德·昆尼等著，陈兴良等译：《新犯罪学》，中国国际广播出版社 1988 年版，第 66 页。

居住于富人也定居其间的城市中的一些地区，亲眼目睹了富人的富有，由此最终形成了不公平与不满意感，他们感到被剥夺，从而不信任这个造就了社会不公平和阻塞了他们合法的发展机会的社会。经常的沮丧，产生了处于压抑状态的攻击、敌意，导致了一种失范和愤怒的状态，相对被剥夺者正义性地感到愤怒，终于以暴力和犯罪的方式爆发，以释放他们的敌意。

3. 文化越轨理论

在社会解组理论和社会紧张理论的基础上，一些学者提出了“文化越轨理论”，又称亚文化理论、犯罪亚文化群理论、违法犯罪文化群理论。它又有若干分支：

(1) 文化冲突理论。这是曾任国际犯罪学会主席的美国学者索尔斯坦·塞林(Thorsten Sellin)在《文化冲突与犯罪》一书中提出的理论。其要点是：分析犯罪必须避免使用法律定义的犯罪、居住在现代社会，规范的冲突在所难免、犯罪是违反中产阶级文化规范的行为、文化适应与犯罪紧密相联。

(2) 暴力亚文化理论。这是曾任美国犯罪学会主席的马文·尤金·沃尔夫冈(Marvin Eugene Worlgang)和弗朗西科·福雷科特(Franco Ferracuti)于1967年在《暴力亚文化：关于犯罪学中的一种整合理论》一书中提出的理论。该理论论证了亚文化与主流文化的关系、暴力亚文化与青少年群体的关系。

(3) 下层文化理论。这是美国学者沃尔特·本森·米勒(Walter Benson Miller)1958年在《作为帮伙少年犯罪生成环境的下层阶级文化》一文中提出的理论。这一理论认为犯罪是遵循独特的下层阶级文化规范与价值观念的结果，下层阶级文化本身就包含着犯罪的要素；犯罪行为是下层阶级文化规范和价值观念的具体表现；下层阶级文化可以世代下传下去。

(4) 少年犯罪亚文化理论。这是艾伯特·科恩(Albert Cohen)1955年在《少年犯罪人：帮伙文化》一书中提出的理论。其主要观点是：美国下层阶级的少年犯罪行为实际上是对中产阶级文化规范与价值观念的抗争。犯罪少年亚文化具有非功利性、恶意性、负面性、多样性、即时享乐主义和群体自治理论等等特征。

(5) 不同机会理论。美国社会学家理查德·安德鲁·克洛沃德(Richard Andrew Cloward)与劳埃德·埃德加·奥林(Lioyd Edgar Ohlin)合著的《少年犯罪与机会：一种少年犯罪帮伙理论》提出了该理论，其主要内容是：社会中存在着独立的少年犯罪亚文化，在社会组织解体的社区中少年缺乏通过合法方法获得成功的机会，在城市的不同地区或社区，违法机会也是不同的。

(二) 社会化过程理论

以互动论为主要知识背景，社会化过程理论强调社会化过程中的人际互动对犯罪的影响，认为社会上的每个成员都有潜在的犯罪的可能。它有三个主要分支：社会学习理论、控制理论和标签理论。

1. 社会学习理论

(1) 社会学习理论的创立。美国学者艾伯特·班杜拉(Albert Bandura)是这一理论的奠基人。这一理论认为人的攻击行为是通过他们的生活经验而后天习得的,暴力行为可因多种缘由而激发。

(2) 差异交往理论。美国犯罪学之父埃德温·哈丁·萨瑟兰(Edwin Hardin Sutherland)在其《犯罪学》1939 年第三版中提出了该理论。该理论认为犯罪是掌握着刑事权力的国家所作的政治性界定。在具有文化冲突的社会里,人们对犯罪的界定可能互不相同,被某一文化群体界定为犯罪的行为,可能被另一文化群体认为是正当的行为。犯罪的决定性因素,既不在于个人的特性,也不在于其社会经济基础。行为的获得是社会学习的过程,社会学习过程影响了在任何文化环境中的任何人。犯罪的动机的技巧是通过与犯罪的价值观念、行为模式接触而学会的。

(3) 不同强化理论。美国社会学家罗纳德·艾克斯(Ronald Akers)1977 年在《越轨行为:一种社会学习观点》一书中提出该理论。该理论认为人们通过操作性条件反射的作用或模仿他人的行为而获得社会行为。

(4) 中立化技术理论。美国犯罪学家戴维·马茨阿(David Matza)和格雷沙姆·塞克斯(Gresharm Sykes)1957 年在《中立化技术:一种少年犯罪理论》中提出该理论。该理论认为大多数少年违法者和犯罪人仍然保持有传统的价值观念和态度,只是由于他们学会了一些技术使他们中和了这些价值观念,以致在违法与合法行为之间来回漂移不定。

2. 社会控制理论

这一流派的理论共识是:所有的人都有潜在的犯罪的可能,因此需要解释的不是人们为什么犯罪,而是人们为什么不犯罪。

(1) 遏制理论。沃尔特·凯德·雷克利斯(Walter Cade Reckless)1961 年在论文《少年犯罪与犯罪的一种新理论》中提出该理论。该理论认为尽管社会解组会使许多人摆脱旧有的社会规范的束缚,有的甚至犯罪,但是也有许多人并不犯罪。这是因为社会解组的力量为个人特性或者直接环境的力量所调和。对少年违法行为的控制有内部遏制和外部遏制两个要素。

(2) 赫希的社会控制理论。美国社会学家特拉维斯·赫希(Travis Hirschi)1969 年在《少年犯罪原因》中提出其理论,他认为人都有犯罪的倾向,犯罪的原因不需要解释,而不犯罪的原因才需要探讨,"社会联系"是制约人们犯罪的重要因素。

3. 标签理论

该理论流派认为犯罪行为不是由社会环境引起的,而是由社会环境所界定的。该理论认为犯罪缘于界定,法律不仅被差别地制定,也被差别地执行。社会因素对一个人是否被贴上标签有着影响，否定性的标签是犯罪行为的重要因素，否定性的标签影响了被标签者的社会生活。

(1) 贝克尔的标签理论。美国社会学家霍华德·贝克尔(Howard Becker) 1963年在《局外人:对越轨行为的社会学研究》中构建其理论，认为越轨是由外部反应所贴上的一种品质。评价行为是否越轨的规则具有社会冲突性，根据行为以及该行为所受到的评价不同，存在着三种越轨行为(受到虚假指控的越轨行为、纯粹的越轨行为和秘密的越轨行为)。一个人的主导身份决定着人们对他的反应、犯罪的标签迫使人走上犯罪的道路。

(2) 利默特的标签理论。美国社会学家、犯罪学家埃德温·利默特(Edwin Lemert)1951年在《社会病理学》一书提出其理论。他首先提出"初次越轨行为"与"继发越轨行为"的概念。认为越轨行为是一个自我形象、身份被转化的过程，无论是通过矫正还是惩罚，控制越轨者的努力只是将越轨者锁进了越轨的角色。

(三) 冲突理论

冲突理论发端于马克思并在韦伯和齐美尔处得到发展。该流派理论认为人们因有限的资源、权力和声望而发生的斗争是永恒的社会现象，也是社会变迁的源泉。真正的犯罪是剥削、压迫、冲突促进了犯罪的形成、法律被差别地执行。该理论有保守与激进两个分支。

国内研究人员在引进西方犯罪社会学理论的同时，结合中国的实践进行了探索。首先，研究人员注意到社会转型期市场经济观念传入的同时带来的金钱崇拜、道德滑坡、追求享乐的思潮；权力腐败现象导致的信念丧失等对大学生的影响①，这是一种社会结构的解释。倪荫林的研究试图从社会学角度对中国当代的越轨问题建立系统的解释，他认为越轨的根源首先应有系统的认识。这一系统的内容包括:①新生个体的欲望与既有社会格局的矛盾；②社会化过程中的自我确认及其扭曲。包括个体在成长过程中，以不正当的方式确认自我、社会规范化教育失当、社会负面因素的影响诱导、发展历程中早期挫折的积淀；③社会交往中认识及价值目标三重不对等关系的作用；④社会规范失衡和社会导向悖谬的推动。包括官对于民与法的挤压作用、社会实际导向与宣传倡导离异、人事制度不公正、法律不健全不完善、执法不严、对腐败谋私打击不力；⑤对价值目标的偏颇要求；⑥一定历史阶段中社会不平衡运作机制之必然作用及不公平获取资源引起的竞争压力；⑦社会结构转型引起的震动和不适应，包括:转型期的人们有一种忧虑恐慌感；社会转型使人的生存状况变得不均衡或使以往的不均衡凸现出来；社会转型使一些人曾经

① 刘洁，徐宝华:《中国当代大学生犯罪问题研究》，《安徽大学学报·哲学社会科学版》1999年第3期，第98-103页。

依赖的谋生方式失效；社会转型中制度建设不全面或滞后；使一些人感到被排挤、压迫；一些前卫者以实际行动冲击原有规范[①]。学校环境的影响被一些研究人员所注重，因为一方面小环境的因素可能会诱导犯罪，另一方面相当数量的犯罪发生在校园中[②]。对校园环境的重视的另一个角度是校园亚文化的分析。论证在大学生越轨中存在着“多个成员的行为中重复出现”、“地方共同体群”等现象，团伙犯罪就是典型的代表。校园亚文化呈现社会目标性越轨、个体目标性越轨和迷失目标性越轨三种形态[③]。

中国的社会学恢复研究以来，时间不长，但是学者们能迅速地引进国外社会学研究的成果并迅速地予以消化吸收，能够较好地将国外社会学理论运用在对中国实际问题的研究之中。前引论文研究成果基本上都能综合地运用多个社会学理论解释现象而不是引用一个理论再填充案例得出证明性结论。但是要注意到，上述这些解释（不论是西方的还是国内的）并不是一个统一的整体，而是各个研究者基于特定的研究目标而得出的特定结论。

第四节　生物学解释

马克思有句名言：“人是社会关系的总和”，但是人作为生物体，每一个个体都有其内在的规定性也是不争的事实，遗传学就是揭示其中奥妙的学科之一。在越轨问题上，特别是犯罪行为方面，很早就有龙勃罗梭的“天生犯罪人”的学说。专以研究各种病态的“人”起步的龙勃罗梭，对犯罪原因的认识同样也没有跳出“人”这个行为主体的范畴，从对犯罪人头型的勾画、面目五官的排布、脸部皱纹的走向，到对犯罪人独具的感觉特性、心理需求、人格异化表象，他独具匠心地给犯罪人画了像。龙氏画像的初衷是让人们在众生芸芸中，深刻保持着高度的警觉，睁大眼睛“按画识人”。虽然后来学者对龙氏理论提出了质疑，但各家犯罪学派的主张，都是从抨击、完善龙氏的观点起步并发展起来的。所以，从这一点上说，龙勃罗梭的研究成果，一石激起了千层浪，是犯罪学研究的导火索、助推器[④]。其后继者加罗法洛认为：犯罪并不是对权利的侵害，而是对情感的侵害，这里的情感，主要是指道德感，每个民族都拥有一定量的道德本身，它们不是产生于个人的推理，而是由于个

---

① 倪荫林：《对越轨根源的系统探究》，《社会科学战线》2003 年第 4 期，第 279-281 页。

② 赵文忠：《透视当代大学生违法犯罪现象》，《公安教育》2002 年第 11 期，第 33-36 页。

③ 方巍：《大学生越轨行为的亚文化分析》，《当代青年研究》1997 年第 6 期，第 31-33 页。

④ http://www.ccpc.edu.cn/jyyb/62/6215.htm

体的遗传[①]。在中国的古典文学中充满了根据人的长相预知其作为的描写，甚至形成了源远流长的占卜相术，这其中除了迷信外，不能否定其蕴含着一定的规律性的认识。波普诺介绍了西方在这方面的研究历程："为了搞清是否和生理因素有关，人们对许多违规行为，尤其是犯罪行为进行过仔细的研究。十九世纪意大利思想家赛塞尔·劳姆布劳索[②]指出罪犯在生理发育上不如守法的公民健全。美国的自然人类学家欧内斯特·胡顿下结论说，罪犯有遗传的和身体上的缺陷。美国心理学家威廉·谢尔登说，身体类型可能和犯罪有关：在他所研究过的罪犯中体格健壮者占的比重特别高……在本世纪六十年代后期，两位科学家报告说，他们通过实验室测试，发现了暴力行为的人具有稀疏的染色体结合……研究者近来正在研究违规与诸如肿瘤、生理缺陷和脑病等健康的问题的关系[③]……。"

总体而言，国内对大学生越轨行为的生物学原因理论研究不甚发达，这与我国社会科学研究重定性而轻定量的传统相关，也与国内实验手段和方法理论与实践的不足相关，更为重要地是与对国外研究成果的介绍和借鉴不足相关。在本节中，本书依据《犯罪行为心理学：理论、研究和实践[④]》，介绍国外的研究成果。

越轨者与常人间的生物差别可能反映在先天的、生来的、体质水平的层次。"先天的"(innate)是指从父母身上获得的遗传特征以及可能的突变效果；"生来的"(congenital)是指在出生时候就具有的成分，包括宫内环境和围产期环境；"体质"(constitution)是指个人从基因型——环境的作用中形成的表现型特征。在研究遗传与犯罪的问题时，国外学者的研究包括：①家庭研究或者家系研究比较反社会行为在犯罪人和守法者的血缘亲属中的分布，比较一致的研究结论是犯罪父母很可能有犯罪子女，但是这种研究不可能清楚地区分遗传影响与环境影响。②孪生子研究。研究者对具有同样基因型的同卵孪生子(MZ)和仅有一半基因相同的异卵孪生子(DZ)的对比研究，著名的朗格(J. S. Lange)的研究中研究对象有 13 对同卵孪生子和 17 对男性异卵孪生子，结果发现 77%的同卵孪生子双方都因为犯罪而被监禁，而仅有 12%的异卵孪生子之间存在这种一致性。其他研究者的结论也与此一致。③养子女研究。研究中发现出生后不久被领养的儿童与生父母的相似性超过养父母。④染色体异常。研究中发现具有 XXY、XYY 型男性的犯罪率较高，智力较为低下。在体质研究方面，自龙勃罗梭开始，就不断地在证明身体外貌和反社会行为之间存在相关性。谢尔登(W. H. Sheldon)在研究中用胚胎学的 3 个概念

---

① http://www.pp369.com/by/zflw/xflw/182.htm

② 由于译名用字问题，"赛塞尔·劳姆布劳索"本书其他引用处译作"龙勃罗梭"。

③ [美]戴维·波普诺：《社会学》中文版，辽宁人民出版社 1987 年 6 月第 1 版，第 448-449 页。

④ [英]Ronald Blackburn 著，吴宗宪，刘邦惠等译：《犯罪行为心理学：理论、研究和实践》，中国轻工业出版社 2000 年 10 月第 1 版。本节所引观点参阅该书第六章《反社会行为的生物因素》。

评价体型：内胚胎型(endomorphy)、中胚胎型(mesomorphy)和外胚胎型(ectomorphy)并将它们对应于三种气质类型：内脏优势型(viscerotonia)、身体优势型(somatonia)和头脑优势型(cerebrotonia)，研究结论是在少年犯罪人的体型中，中胚胎型多而外胚胎体型少。应当注意的是谢尔登及类似的研究方法受到了不少质疑。此外心理生理学的生物化学方面的研究包括：①皮层脑电相关因素研究。发现攻击性个人和精神病态者的脑电图具有频率过快的异常现象。②皮肤电因素和心血管因素研究。当精神病态者预期或体验厌恶刺激时，他们的皮肤电反应性不足。③生物化学因素研究。主要是从性腺分泌的雄激素和雌激素、肾上腺素和去甲肾上腺素、胰岛分泌的胰岛素中，去寻找犯罪行为可能的相关因素和有关的气质因素。脑功能障碍与反社会行为的研究注意到了癫痫和控制不良、多动症和神经心理机制障碍等与犯罪行为的关系。

第五节　法学解释

在中国早期的法学教材中，法律越轨被认为是根源于阶级存在的一种社会现象，一本当时权威的教科书写道："马克思主义认为，违法(包括犯罪)是属于一定历史范畴的社会现象，是阶级社会中阶级剥削、阶级压迫的产物，是与私有制的存在密切联系的。在剥削阶级社会，由于剥削者的自私自利，贪得无厌，他们必然不顾他们那个阶级法律忍气吞声约束，不惜冒着绞首的危险，角逐不休。至于劳动人民，基于对剥削阶级法律的痛苦体验与仇恨心理，必然是要求冲破剥削阶级的法网。所以违法是剥削制度本身所决定的。只要有剥削制度与剥削阶级存在，违法的根源也就存在，违法现象也就不可避免[①]。"这一理论在解释为什么社会主义社会仍然存在违法犯罪现象时说，由于在走向共产主义社会的过程中"剥削阶级的残余还存在，反革命分子与帝国主义的侵略势力还存在，还可能产生新的剥削分子；在人民内部还有剥削阶级的思想影响与旧的习惯势力，再加上各项制度的不完善与工作中的失误，以致违法现象仍然存在，危害着社会秩序[②]。"同时还认为这一社会阶段的违法犯罪与剥削阶级社会存在本质差别。当时最"有力"的理论依据就是列宁讲过群众受剥削或群众贫困是资本主义产生违法犯罪现象的根源，并说"这个主要原因一旦消除，捣乱行为就必然开始'消亡'。虽然我们不知道消亡的速度和

① 孙国华主编：《法学基础理论》，法律出版社 1982 年 3 月第 1 版，第 316 页。

② 孙国华主编：《法学基础理论》，法律出版社 1982 年 3 月第 1 版，第 317 页。

进度怎样，但是我们知道这种行为一定会消亡[①]。”这本书在1992年进行了第15次印刷，我们不能不注意到这种观念在我国的影响力。

1994年出版的《贿赂犯罪研究》对于法律越轨的原因认识具有划时代的意义，该书是时任广东省检察院检察长的肖扬先生任主编、著名刑法学家王作富教授和宫晓冰先生任副主编，该书不再“侧重从资产阶级腐朽思想的侵蚀和公职人员的品质败坏来探索贿赂犯罪的原因”；“侧重从制度不完善、监督不健全、打击制裁不力来探索贿赂犯罪的原因”；“从商品经济的负作用来探索贿赂犯罪产生的根本原因”。[②] 第一次提出“深刻认识贿赂犯罪首先是一种经济现象，必须从经济学的角度去展开研究。”该书认为：“贿赂犯罪作为一种典型的权钱交易，本质上是一种以扭曲的形式实现的利益关系。”该书认为社会激励机制的变化、经济变革时期人的观念的变化、社会缺乏衡量经济行为正确与否的规范、消除传统计划经济体制的弊端有一个渐进过程等因素决定了贿赂犯罪滋生蔓延具有其历史的必然性[③]。

波斯纳对犯罪的解释至为简单：“由于犯罪对他的预期收益超过其预期成本，所以某人才实施犯罪[④]。”

罗尔斯在阐述他的“非暴力反抗”法律理论时指出“一般的违反或不守法是由于这样的一些原因造成的：一是邪恶的私念、财欲、性欲、报复心理、急功近利等。它们是引起性犯罪、盗窃、抢劫、谋杀、仇杀等普通刑事犯罪和民事侵权的主要原因。二是法律和政令含糊不清、互相矛盾，或过于笼统。由于个人和集团与立法者和政府官员以看待事物参照系不同，各方面对法律和政令的解释不同，从而导致违法。三是法律难以服从或不能指望服从。四是不知道法律的存在或虽知有法律但不解其意。而对法律的反抗则出于‘道德良知’和‘价值自信’，即起因于法律与违抗者或社会流行的价值观和道德信念发生尖锐的冲突，是出于宗教、道德或政治原则方面的原因而有意违反某项法律的行为。在反抗法律的事件中，强烈依附和坚持某种价值观和道德的信念的动机超过了服从法律的动机。反抗法律的人不是反抗一切法律，而是有选择的反抗，即反抗那些与他们的价值观和良知尖锐冲突的法律[⑤]。”

凯尔森注意到不法行为有本质上的不合法和仅因为在法律秩序禁止才成为不法行为之分；在不同的共同体中，一个行为是否属于不法行为是有差别的；在文明

① 《列宁选集》第3卷，人民出版社1995年1月版，第249页。

② 事实上即使在今天，我们在阅读关于贿赂犯罪和其他犯罪的论文中，仍然可以看到这些观点的影子。

③ 肖扬主编：《贿赂犯罪研究》，法律出版社1994年3月第1版，第43-58页。

④ [美]理查德·A·波斯纳：《法律的经济分析》中文版，中国大百科全书出版社1997年6月第1版，第292页。

⑤ 张文显：《二十世纪西方法哲学思潮研究》，法律出版社1996年12月第1版，第456-457页。

人的刑法中，制裁通常只是为了不法行为人故意地或过失地造成社会上所不希望有的结果的那些场合才规定的[①]。

贝勒斯关于法律“理性人”的论述也许是受经济学有关“经济人”的理论的启发，但是他关于法律理性人的论述仍不失其价值，他说“理性人运用逻辑推理和所有相关的可以获得的信息，去实现愿望和价值，决定如何行动，以及接受法律原则[②]”，应该讲与我们观察到的法律实践是一致的，他并举例说“许多法律分析和论证，特别是在侵权法中的分析和论证，是根据人们的利益进行。几乎没有理由去相信，这些利益或愿望(它们之间的区别在这里是不重要的)是非理性的[③]。”

前引各作者由于阶级立场、自身所处法律文化环境的不同对于法律越轨的理解与表达有相当的差距，同时我们所引用的著作并不是针对越轨行为的作品。但尽管如此我们仍然可以发现他们的共同认识：越轨是一种故意或过失的行为，也即是基于其意志是自由的这一认识。同时他们或许正好说出了真理的某个侧面，比如说罗尔斯注意到了越轨的认知状态问题，尤其强调的“反抗法律”与我们将要讨论的越轨的“正功能”正好是同一问题不同学科的不同表达问题。凯尔森注意到的越轨的地域或人群性，我们曾经在道德越轨那一节重点讨论过。正统的马克思主义理论强调越轨的时间特性也揭示了真理性的现象。肖扬的书则认为法律越轨具有历史必然性。

诸学科的解释差异，一方面体现了“越轨”为诸学科作为研究对象，可见其重要性；另一方面也因为各学科研究视野和研究方法的差异各有狭隘性和深刻性，正因为如此，作者在后文提出“越轨原因结构论”。

① [奥]凯尔森：《法与国家的一般理论》之第三章《不法行为》，中国大百科全书出版社 1996 年 1 月第 1 版，第 56-64 页。

② [美]迈克尔 · D · 贝勒斯：《法律的原则：一个规范的分析》，中国大百科全书出版社 1996 年 1 月第 1 版，第 4 页。

③ [美]迈克尔 · D · 贝勒斯：《法律的原则：一个规范的分析》，中国大百科全书出版社 1996 年 1 月第 1 版，第 4 页。

第三章　大学生越轨行为的实证研究

基于前文对“越轨”的界定和类型的划分以及诸学科的解释，对于这些提法是否与实践相符，本章通过作者对有关越轨行为的统计分析的结果及个案分析，运用前文介绍的理论，归纳出社会转型期大学生越轨行为的规律和特点。

第一节　某高校学生越轨行为统计分析（2000—2003年）

某高校是位于长三角的一所综合性大学，学校学科门类齐全，较能代表大学生越轨的一般特征。作者运用SPSS11.5统计分析软件对该校2000—2003年4年的1284例受处分学生和220例自动退学学生资料进行单变量和双变量的统计分析，对于本世纪最初几年的大学生越轨行为的特点得出如下结论：

一、越轨行为呈稳定上升趋势

大学生越轨呈稳定上升趋势（表3-1）。在2000—2003年这四年中，2000年共处分学生224人，占分析总数的17.4%。2001年共处分学生192人，占分析总数的15%。2002年共处分学生240人，占分析总数的18.7%。2003年共处分学生628人，占分析总数的48.9%。可以看出，2000—2002年这三年越轨学生总数相近，而2003年却激增了近三倍，其主要原因在于2003年发生了全国性的非典病毒大流行，中国政府和社会各界尽了最大努力进行遏制，而高校是人口密集之地，一时间自然引起大家的高度重视。在那个特定时期，学校尽可能地加大了对学生的管理工作，也由于有的学生对非典期间特殊规则的重视不够，没能及时赶上学校的管理步骤，导致受处分大学生人数急剧上升（表3-2）。

由于非典而导致大学生越轨行为激增还揭示了一个重要的规律：规则的变化会导致大学生的不适应感，同时也会导致管理者（评判者）从严掌握评判的标准。事实上我国大学生越轨整体上呈上升趋势与我国处于社会转型期，全社会均有不同程度的不安全感、不适应感有关系。

表 3-1 某高校 2000—2003 年越轨大学生年份比例分析

年份	频数	所占百分比
2000	224	17.4
2001	192	15.0
2002	240	18.7
2003	628	48.9
总计	1 284	100.0

表 3-2 某高校 2003 年越轨大学生性别/原因分析

原因 / 频数 / 性别	不恰当男女关系	打架斗殴	盗窃	赌博	非典	旷课	迷网	其他	酗酒	夜不归宿	作弊	总计
不详					11	11		9				31
男性	3	68	12	12	78	134	37	31	3	106	49	533
女性	1		3		12	8	2	20	1	13	4	64
总和	4	68	15	12	101	153	39	60	4	119	53	628

说明:表“非典”系指非典时期违反有关特别规定。

值得注意的另一个背景是:实施扩招政策后,20 世纪末到 21 世纪初,高校招生规模在扩大,很多学校在新建校区,学校在管理上没有能够随之建立有效的管理对策,整体上采取的是“加强管理”——实际上加大了对违反规则的惩罚力度的方法。注意到这一点,才能更好地解释我们在后续研究中揭示的现象。

二、男生发生越轨行为的比例高于女生

性别因素:在 2000—2003 四年中,该高校共有 1 284 人受到各种处分,其中以男生占绝大多数,共 1 017 人,占全部受处分比例的 79.2%,女生相对较少,共 176 人,占处分总数的 13.7%(表 3-3)。

表 3-3 某高校 2000—2003 年越轨大学生男女生比例

性别	频 数	所占百分比
性别不详	91	7.1
男性	1017	79.2
女性	176	13.7
总计	1 284	100.0

当然,考虑受处分的学生性别因素时,除了由此可以得出男生越轨的比例高于

女生以外，还应当考虑到：①该校是一所地方综合性大学，学生男女生比例关系，这也是阅读其他统计资料应当注意到的问题，否则很难真正反映性别与越轨的关系。在由于学科设置原因男女生比例严重不对称时，不考虑全部学生的人数比而单独比较越轨行为中的性别比是没有意义的；②由于原始资料中有些数据未表明受处分者的性别，因此上述比例关系与实际比例存在一定差异。

三、女生越轨行为增长迅速

2000 年女生受处分人数为 21 人，占处分总数的 9.4%。2001 年为 41 人，占 21.4%。2002 年为 50 人，占 20.8%。2003 年为 64 人，占 10.2%。可以看出女生受处分的绝对人数在不断增加，2000—2002 年三年内，女生受处分的比例大幅上升，从 2000 年的 9.4%猛增为 21%左右。2003 年该高校受处分人数剧增，从 2000、2001、2002 年的 224 人、192 人、240 人激增至 2003 年的 628 人(这里面当然含有非典事件的特殊原因)，虽然女生占受处分总数的比例有下降，但其绝对数还是上升了。由该高校 4 年内女生受处分的情况可以看出，近年来女大学生越轨行为呈上升趋势，应该引起学校和社会各界的高度重视。见表 3-4。

表 3-4 某高校 2000—2003 年越轨大学生男女生比例

年份	性别	频数	所占百分比
2000 年	性别不详	2	0.9
	男性	201	89.7
	女性	21	9.4
2001 年	男性	151	78.6
	女性	41	21.4
2002 年	性别不详	58	24.2
	男性	132	55.0
	女性	50	20.8
2003 年	性别不详	31	4.9
	男性	533	84.9
	女性	64	10.2

四、女生越轨行为与性观念密切相关

2000 年女大学生受处分的主要原因为夜不归宿(6 人)和作弊(6 人)(表 3-5)，

两者合起来超过了该年度女大学生越轨比例的一半。2001 年女大学生受处分的主要原因依次为作弊(19 人)、旷课(9 人)和夜不归宿(7 人),三者合起来占了该年度女大学生越轨比例的 85%以上(表 3-6)。2002 年女大学生受处分的主要原因依次为旷课(33 人)、夜不归宿(8 人)和不恰当男女关系(4 人),三者合起来占了该年度女大学生越轨比例的 90%(表 3-7)。2003 年女大学生受处分的主要原因为夜不归宿(13 人)和旷课(8 人)(表 3-2)。如上所述,近年来女大学生主要的越轨行为为夜不归宿、旷课和作弊,男女之间不恰当关系的比例上升,实际上在很多旷课的背后亦存在着这种可能。女生越轨行为背后隐含了当代大学生性观念、高校后勤管理等多方面的复杂原因。

表 3-5　某高校 2000 年越轨大学生性别/原因分析

原因 频数 性别	不恰当男女关系	打架斗殴	盗窃	赌博	旷课	其他	酗酒	夜不归宿	作弊	总计
不详									2	2
男性	5	19	17	4	55	18	4	12	67	201
女性	1	1	1		3	3		6	6	21
总计	6	20	18	4	58	21	4	18	75	224

表 3-6　某高校 2001 年越轨大学生性别/原因分析

原因 频数 性别	不恰当男女关系	打架斗殴	盗窃	旷课	迷网	其他	酗酒	夜不归宿	作弊	总计
男性	1	29	3	17	1	2	1	17	80	151
女性	2	2		9	1	1		7	19	41
总计	3	31	3	26	2	3	1	24	99	192

表 3-7　某高校 2002 年越轨大学生性别/原因分析

原因 频数 性别	不恰当男女关系	打架斗殴	盗窃	赌博	旷课	其他	酗酒	夜不归宿	作弊	总计
不详					2				56	58
男性	5	27	9	2	59	1	2	10	17	132
女性	4		4		33			8	1	50
总计	9	27	13	2	94	1	2	18	74	240

五、越轨行为与在校时段相关

通过分析2000—2003年四年中不同年级大学生越轨比例可以看出，各年级的越轨人数从高到低排列分别为二年级（共444人，占34.6%）、三年级（共364人，占28.3%）、一年级（共272人，占21.2%）、四年级（共184人，占14.4%）。根据数据可不可以说大二学生最容易发生越轨行为，而大四学生正好相反呢？或者我们可不可以说是因为学校对大一、大二、大三管得严，因为照顾到马上要毕业而对大四学生管得松呢？实际上这两个方面的原因都是存在的。这种年级关系还与大学生的心理变化过程直接相关。一年级新生大多努力适应规则，自觉地克制自己，而二三年级已经熟悉规则，年轻人的反叛性格在此阶段充分发挥。而到四年级，大学生开始考虑适应社会、选择就业的问题，希望能以一个“好学生”的面目到社会的心理迫使其自觉约束自己的行为。见表3-8。

表3-8 某高校2000—2003年越轨大学生各年级比例分析

年级	频数	所占百分比
不详	17	1.3
一	272	21.2
二	444	34.6
三	364	28.3
四	184	14.4
五	3	0.2
总计	1 284	100.0

六、越轨行为的代价偏轻

学校所采取的处分方式最常见的是警告（含严重警告）（695人，占54.1%），接着依次为留校察看（342人，占26.6%）、记过（128人，占10%），勒令退学和开除学籍只占到5.7%（表3-9）。可见学校对学生采取处分的宗旨主要以挽救教育为主。这一指导思想是否对潜在的越轨者不能起到警示作用？由于本次调查的条件限制，我们未能展开，甚为遗憾。

表3-9 某高校2000—2003年越轨大学生处分类型分析

处分类型	频数	所占百分数
记过	128	10.0
警告	695	54.1

续 表

处分类型	频数	所占百分数
开除学籍	12	0.9
勒令退学	62	4.8
留校察看	342	26.6
通报批评	45	3.5
总计	1 284	100.0

七、越轨行为种类繁多，但相对集中

通过表3-10我们发现，该校大学生的越轨行为主要是旷课（331人，占25.8%）、作弊（301人，占23.4%）、夜不归宿（179人，占13.9%）和打架斗殴（146人，占11.4%）。这四种越轨行为加起来占到整个该校大学生越轨行为的74.5%。可以看出，以上四种越轨行为就是当今大学生越轨中比较普遍的现象。

表3-10 某高校2000—2003年越轨大学生处分原因分析

处分原因	频数	所占百分比
不恰当男女关系	22	1.7
打架斗殴	146	11.4
盗窃	49	3.8
赌博	18	1.4
非典	101	7.9
旷课	331	25.8
迷网	41	3.2
其他	85	6.6
酗酒	11	0.9
夜不归宿	179	13.9
作弊	301	23.4
总计	1 284	100.0

八、越轨行为的主要种类与性别呈一定相关

该校大学生的越轨行为从高到低依次为旷课（331人，占所有大学生越轨行为的25.8%）、作弊（301人，占所有大学生越轨行为的23.4%）、夜不归宿（179人，占所有大学生越轨行为的13.9%）和打架斗殴（146人，占所有大学生越轨行为的

11.4%)(表 3-11)。其中大学男生的越轨行为从高到低依次为旷课(265 人，占所有大学男生越轨行为的 26.1%)、作弊(213 人，占所有大学男生越轨行为的 20.9%)、夜不归宿(145 人，占所有大学男生越轨行为的 14.3%)和打架斗殴(143 人，占所有大学男生越轨行为的 14.1%)；大学女生的越轨行为从高到低依次为旷课(53 人，占所有大学女生越轨行为的 30.1%)、夜不归宿(34 人，占所有大学女生越轨行为的 19.3%)、作弊(30 人，占所有大学女生越轨行为的 17%)。男生除了女生所常犯的旷课、夜不归宿、作弊外，最主要的越轨行为就是打架斗殴了，体现了男性特征。

表 3-11　某高校 2000—2003 年越轨大学生性别/原因分析

性别		原因											总和
		不当男女关系	打架斗殴	盗窃	赌博	非典	旷课	迷网	其他	酗酒	夜不归宿	作弊	
不详	总数					11	13		9			58	91
	百分比					12.1	14.3		9.9			63.7	100.0
男性	总数	14	143	41	18	78	265	38	52	10	145	213	1 017
	占男性百分比	1.4	14.1	4.0	1.8	7.7	26.1	3.7	5.1	1.0	14.3	20.9	100.0
女性	总数	8	3	8		12	53	3	24	1	34	30	176
	占女生百分比	4.5	1.7	4.5		6.8	30.1	1.7	13.6	0.6	19.3	17.0	100.0
总数		22	146	49	18	101	331	41	85	11	179	301	1 284
占总数百分比		1.7	11.4	3.8	1.4	7.9	25.8	3.2	6.6	0.9	13.9	23.4	100.0

九、自动退学呈上升趋势

表 3-12 中除出国求学(2000 年 5 人、2001 年 1 人、2002 年 3 人、2003 年 6 人)不是消极行为外，其余的退学行为就大学生身份而言在一定程度上是消极行为，与社会、学校、家庭及其本人等的愿望是不一致的，也应该说是大学生的一种越轨行为。自动退学学生占当年在校生的比例分别是 0.185%、0.137%、0.17% 和 0.37%，呈现出上升的势头。自动退学实质上是对学校教育的否定评价，导致这一评价形成的原因在于学生认为所在学校不能帮助其实现入学时的理想。在后续研究中我们将发现“自动退学(包含出国留学)”的比例大幅增加，这应当警醒我们，高等教育在大学生及其家长心目中的形象问题的严重性。自动退学现象上升的原因是比较复杂的，包括社会上对个人“成功”的评价标准的多元化、学校办学质量的异动、学生家庭财政状况的恶化等。其中值得注意的现象包括：①“专业无兴趣、厌学”4 年共有 141 人，占越轨现象中的绝对多数。表明我们专业设置与社会需要之

间可能存在差距，同时也与校内专业的变更缺乏灵活性有关。②“家庭困难（打工、压力大）”是越轨中的重要原因（4 年共有 38 人）。尽管教育行政和有关院校都承诺决不让一个大学生因为经济困难而辍学，但实践中由于贷学金、奖学金制度的不完善和心理疏导机制不健全，有关不利因素转化为对学生巨大的心理压力从而导致了选择退学。③虽然只是在后两年出现了 3 例和 5 例“未注册”现象，但这一现象可能会在今后呈上升趋势，这与某些学生不报到转入较好的学校的民办二级学院或是选择来年重考等因素相关，当然也有是统计中的其他退学因素。有关这方面的问题，需要有更多的调查数据来作为分析的基础。

表 3-12　某高校 2000—2003 年学生自动退学·原因情况表

项目＼年		2000 年	2001 年	2002 年	2003 年
学生总人数		21 614	24 114	26 508	27 552
专业无兴趣、厌学	退学人数	20	20	27	74
家庭困难（打工、压力大）		9	10	9	10
身体疾病		3		4	8
抑郁、神经衰落等病		2	1		1
出　　国		5	1	3	6
工　　作		1	2	1	
未 注 册				3	5
退学	总人数	40	33	45	102
	占学生总数百分比	0.185	0.137	0.17	0.37

第二节　首都高校越轨行为统计分析

本节中以较大篇幅引用上世纪末北京化工大学张明德等同志承担的北京市培养跨世纪理论人才百人工程研究项目《首都大学生越轨行为的调查与研究[①]》的研究结论，其目的是为了与上一节对某高校的研究结果进行比较。比较的结论在本章最后部分。

① 张明德，刘长顺：《首都大学生越轨行为的调查与研究》，1999-11-18，http://www.bjpopss.gov.cn/bjpopss/cgjj/cgjj991118e.htm。

一、大学生违反社会公德方面的越轨行为

该项调查分析为了考察大学生对道德概念的理解程度，研究人员要求大学生根据自己的理解首先对“道德”的概念作出解释，结果有86.3%的学生回答正确。说明绝大多数学生对道德概念有比较正确的理解。但是也必须看到，有13.7%的学生对道德缺乏正确的理解。不仅对道德缺乏正确的理解难免出现道德方面越轨的行为，即使那些对道德概念有正确理解的学生，在行为上也存在着大量的越轨行为。也就是说，对于规则的认知与是否遵守之间，并无必然的联系。正如法学领域的研究中发现的司法工作人员的犯罪比例反而比普通公民更高。

在该课题研究中，研究人员发现在当代大学生身上存在着这样一种现象：即在理论上和在对某些违反社会公德行为的评价上，他们往往表现出较高的理论认识和对错误行为的评判能力。可在实践中，很多学生却是与自己的认识完全背离的。体现在，一方面有86.3%的学生对道德概念有正确的认识，平均80%～90%学生对买饭乱插队、用厕所不冲水、随地吐痰乱扔杂物、楼内大声喧哗、课桌上乱涂乱划、浪费粮食、乘车强抢座位等不道德行为持反对态度；另一方面，又有平均60%以上的学生认为上述各种不道德行为在大学生中普遍存在。既然大多数学生反对，如果每一个反对的人都能够约束自己而不去做，那就不会有各种不道德行为普遍存在的事实。这正说明在大学生身上严重存在理论脱离实际、言行背离的现象。

二、大学生违反校规校纪方面的越轨行为的调查与分析

对于首都大学生违反校规校纪方面的越轨行为，研究人员将其划分为3大类9种现象。一类是与学习有关的违纪问题，如旷课、迟到早退、考试作弊等；第二类是涉及个人生活态度和个性行为的问题，如酗酒、赌博、打架斗殴等；第三类是涉及违反伦理道德和性道德方面的违纪问题，如留宿异性、看淫秽制品、小偷小摸行为等。通过调查发现，上述所列举的各项违纪行为在大学生中是大量存在的。

在调查中，当问及“旷课、迟到早退、考试作弊等现象在你校是否存在？其程度如何?”时，结果分别有36.2%和20.8%的学生认为迟到早退现象比较普遍和普遍，两项相加为57%；认为旷课现象较普遍和普遍的分别为27%和13.5%，两项之和高达40%以上；认为考试作弊现象较普遍和普遍的分别为21.1%和11.2%，两项之和也达30%以上，说明有30%以上的学生认为这方面存在着严重的问题。而我们在问及学生对“酗酒、打群架、小偷小摸、赌博”等越轨行为的认识时，学生所持看法如表3-13所示。

表 3-13　违纪行为持某种看法的人数占被调查者人数的比例

选项	酗酒	打群架	小偷小摸	赌博	看淫秽品	留宿异性
个别	71.1%	90.1%	86.3%	85.5%	78.3%	88.3%
较普遍	18.1%	2.9%	6.3%	5.2%	11.5%	2.7%
普遍	7.5%	2.2%	3.4%	3.1%	4.9%	2.5%

以上各调查题目的分析结果，尽管是被调查学生站在旁观者的角度提出自己的看法，应当说这些看法与实际情况基本相符。

表 3-14　首都十多所高校大学生 92—96 年在校生违反校规、校纪受纪律处罚情况

时间(年)	92	93	94	95	96
总人数	18 977	19 989	21 489	23 103	24 278
违纪人员	91	226	200	291	254
百分比(%)	0.48	1.13	0.93	1.26	1.05

从表 3-14 可以看出，1992 年违纪人数最少，仅占当年所有在校生的 0.49%，之后便有逐年上升的趋势，1995 年达到近几年学生违纪的最高峰，即达到 1.26%，而 1995 年之后，又有下降的趋势。为什么会出现这种明显的变化趋势呢？我们认为主要与社会环境和学校管理有关。众所周知，在经过 1989 年的政治风波之后的一段时间里，大学生变得比较冷静和理智，再加上学校鉴于“1989 风波”的教训，不断加强政治教育和学籍管理，使得 1989 到 1992 年的几年间成为学生违纪人数最少的时期。在之后的一段时间里，社会上出现了轻视政治和思想政治工作的倾向，高等学校对管理工作也有所放松，于是便出现了从 1992 年到 1995 年违纪学生人数逐年上升的趋势。

在调查的院校中，有师范、理工、农林及医科院校。本次被调查的师范院校学生总数 30 154 人，其中受纪律处分者 181 人，5 年中每年平均受纪律处分者的比例为 0.6%；理工院校被调查 66 925 人，受处分者 645 人，受处分者的比例为 0.96%；农林院校被调查 11 576 人，受处分者 173 人，受处分人数的比例为 1.49%；医学院校调查了 3 171 人，其中受处分者 63 人，受处分者占被调查者的百分比为 1.99%。从以上调查中我们发现这样一个规律，师范院校违纪人数比例最低，违纪人数占在校人数总比的 0.6%，依次是理工为 0.96%，农林为 1.49%，医学院校比例最高，达到 1.99%，是师范院校的 3 倍。这种现象的产生，除了学生自身素质和职业意识的原因外，学校教育和管理也是一个重要的原因。

三、大学生犯罪层面上的越轨行为调查与分析

为了准确把握首都大学生在犯罪层面上的越轨行为，调查人员对首都部分高校 1992—1996 年的在校生进行了调查。这些被调查的学校此间共有在校生141 733名，其中有 21 名学生被处以各类刑罚，占学生总数的 0.0148%。见表 3-15。

表 3-15　各类学校在校生人数、受刑罚者人数及其所占比例

学校类别	理工	师范	农林	外语、医学
在校生人数	101 776	26 267	11 576	2 114
受刑罚人数	14	1	2	4
所占比例(%)	0.013 8	0.003 8	0.017 3	0.189

调查的数据表明，在这 5 年的时间里，每年所发生的犯罪者占同年总人数的比例是不相同的。见表 3-16。

表 3-16　各年所发生的犯罪者占同年总人数的比例

时间	92	93	94	95	96
所调查人数	23 791	26 616	28 532	30 588	32 210
受刑罚者数	3	1	4	7	6
所占比例(%)	0.012 6	0.003 7	0.014 0	0.022 9	0.018 6

从受处罚的学生的犯罪类别来看，21 名受处罚者的罪种主要是盗窃、人身伤害、诈骗和性犯罪等。见表 3-17。

表 3-17　所犯罪型种类分布

罪种	盗窃	人身伤害	诈骗	性犯罪
犯罪人数	14	4	2	1
所占比例(%)	66.67	19.05	9.52	4.76

虽然由于该课题调查的学校和人数都较为有限，由于样本量的限制，致使一些数字未必十分科学和准确，但还是可以反映出一些规律性的问题。

从以上统计数据不难看出，首都高校大学生在犯罪越轨中，可以归纳为以下几个主要特点。

第一，从学校分类上看，犯罪率由低到高的排列顺序是师范院校、理工院校、农林院校、外语及医学院校。

第二，调查中研究人员发现，从 1992—1996 年的 5 年间，首都大学生的犯罪率

呈明显上升的趋势。

第三，从犯罪的种类来看，在研究人员统计的学校的21名犯罪者中，犯盗窃罪的有14人，占全部犯罪人的66.67%；犯人身伤害罪的有4人，占19.05%；犯诈骗罪的有2人，占9.5%；性犯罪的有1人，占4.76%。同时诈骗罪的背后动因也是物欲的原因，而人身伤害罪中，很多也是由于经济的原因引起的。

第四，从处罚力度来看，虽然我们强调社会的法制原则是“公民在法律面前一律平等”。但是相关案件的处理结果给人的感觉，那就是对大学生的犯罪行为的处罚存在着相对从轻的倾向。不知是出于对大学生的珍惜，还是认为同等程度的犯罪中，大学生的社会危害要小。无论执法人员个人感情如何，但这对实现国家的法治是十分不利的。这是对大学生实施危害社会行为的处罚力度不够的表现之一。另一方面，一些学校出于各种复杂的考虑，把一些本已触犯刑律的大学生不是交由司法机关处理，而是“大事化小”、内部消化解决。调查人员在调查中发现，这类现象是客观存在的。在后来的《中华人民共和国刑事诉讼法》的修订中，尽管存在争议，但是从保护未成年身心成长的角度出发，相关做法更是程序化、法制化了。

第五，从犯罪的性别来看，21名犯罪者中，有20名是男性，占所有犯罪者的95.24%，女性犯罪只占4.76%；说明大学生犯罪的重点在男性学生身上。从大学生犯罪的年级来看，主要发生在高年级，在所调查的21名犯罪的学生中，三、四年级学生有15名，占所有犯罪学生的71.4%①。

第三节　某检察院对女大学生犯罪案例分析

近年来，在校女大学生(包括研究生)犯罪案件时有发生。据北京市海淀区检察院批捕处袁春菊处长介绍，2002年1～8月，该院侦查监督处共受理14件17人在校大学生犯罪案件，同往年比增长了110%。此类犯罪有以下几个特点：

一、犯罪嫌疑人年龄偏小、学历较高，但阅历浅、家庭背景各异

从年龄结构上看，17名犯罪嫌疑人，最大年龄24岁，最小年龄才19岁。从文化程度上看，研究生学历3名，本科学历10名，专科学历4名，与社会普遍水平相比属高学历范畴。她们的经历均为从学生到学生，没有正式走上过社会。从家庭

① 张明德，刘长顺《首都大学生越轨行为的调查与分析·总论》，1999-11-18，http://www.bjpopss.gov.cn/bjpopss/cgjj/cgjj991118e.htm。考虑到本书主题，本节在引用中删除了部分推测性文字。

状况看，6 人来自农村，7 人来自城镇，4 人来自大城市。17 名嫌疑人中 7 名来自干部家庭，6 名来自农民家庭，4 名来自工人家庭。这些特点反映出高校教育中法制教育不到位，未形成正确的良好的法制意识。

二、罪名单一，手段简单，作案目标、对象确定，较易破获

从犯罪性质看，17 名犯罪嫌疑人中有 9 名为盗窃罪，5 名为涉嫌故意伤害罪，2 名为涉嫌包庇罪，1 名为故意杀人罪。盗窃的主要目标系同宿舍同学，对象主要为活期存折。有 1 名是利用计算机入侵金融系统，窃取别人的存款。行窃时都是利用出入自己居住宿舍的生活便利，乘无人之机，秘密窃取。案发后，学校保卫处接到报案追踪到银行，查看银行录像带予以破获。这从犯罪心理学角度来分析，说明行为人并没有"自我保护"意识，行为具有半公开性质，当然，这也可以理解为其主观恶性较小，矫正难度相对不大。

三、犯罪动机、目的各不相同，但案发后认罪态度较好

在这些犯罪嫌疑人中，3 名犯罪嫌疑人因家庭经济困难，盗窃目的是为了减轻父母负担。2 名犯罪嫌疑人是为了追求享受，盗窃目的是为了挥霍。其余的几名犯罪嫌疑人均因父母寄来的生活费偏低，不够花，本人又好逸恶劳不愿打工挣钱而盗窃。发案后认罪态度较好，均能积极退赃，表示悔罪改过。但是，如果犯罪行为没有被及时发现，极易走上邪路，最后酿成更为严重的后果。因此，对于校园犯罪，一方面应当行为人尽量从轻处理，但同时要以个案为例，加强法制教育，以起到法律的"一般教育"——通过个案司法活动，宣传国家法律——的功能。

四、嫌疑人在校表现较好，校方态度偏向于从轻处理

在这些犯罪嫌疑人中，15 名嫌疑人所在的学校都向司法机关出具了书面材料，材料中反映她们在校表现良好。根据嫌疑人在校的表现，对 12 名犯罪嫌疑人，校方积极要求司法机关从轻处理，另 3 名犯罪嫌疑人，校方要求依法处理。对于这一特点，既有学校保护学生的动机，也有的是学校为了"面子"而为之。

五、多数被害人能够原谅犯罪嫌疑人，希望对其从宽处理

在这些案件中，有 8 名被害人报案，但当公安机关确定了犯罪嫌疑人后，被害人向司法机关写信，有的坚决要求不追究嫌疑人的刑事责任，有的要求从轻处

理犯罪嫌疑人①。这可能是因为案件发生在同学、室友之间，而且都是轻微犯罪的原故。

第四节　某市大学生犯罪统计分析

为了解某市大学生近年来的犯罪情况，2005 年 1 月作者访问了该市检察院侦查监督处的王处长，王处长介绍说：

近两年大学生犯罪案件和犯罪人数有下降的趋势(2002 年是 11 件 11 人，2003 年是 9 件 9 人，2004 年 5 件 5 人，2003 年有 3 件转到 2004 年帮教和起诉)，更重要的是帮教后有 2 名学生顺利毕业走上工作岗位，2 名学生还在学校学习保留了学籍，这在过去是不可能实现的。

2004 年一季度该市检察院受理公安机关移送审查起诉的在校大学生犯罪案件二件，侵害在校大学生合法权益的犯罪案件一件，正在进行考察帮教上年度公安机关移送审查起诉的学生二人。检察院在办理在校大学生犯罪案件时，注意加强对犯罪学生的教育，加强与犯罪学生所在学校的沟通，对涉案学生不是简单地一诉了之，而是多方调查取证，全面了解学生的表现情况，召开座谈会听取犯罪学生的老师、同学的意见，制定详细的帮教措施，并予以认真落实，取得较好的法律效果和社会效果。

关于当前大学生发案特点、原因、对策，王处长认为：

(一) 发案特点

1. 从本院办理的案件来看，100％都是侵财型犯罪，都是盗窃案件。这种原因的形成有两个方面的原因：①有少部分学生法制观念淡薄，在大学生宿舍中普遍存在偷拿别人东西使用的情况，许多学生不以为耻，反以为荣，没有意识到是犯罪行为。②学生防范意识差，有些学生经济条件好，动辄将几千元的电脑、手机随手乱放，使偶发性盗窃案件增多。

2. 偶犯、初犯多。四起案件中有三起案件为偶犯、初犯，临时起意，盗窃手机、信用卡，一起为从小偷小摸开始，越偷越大，直至被发现。这反映大学生心理上还不是很成熟，自控能力不强，从而造成一失足成千古恨。

3. 犯罪智能化。自恃聪明，偷到信用卡往往通过一定智力猜测均能将密码破译并取到钱款，有的溜门入室，作案时有一定的计划性，但往往其心理承受能力差，做贼心虚，偷了东西又后悔，又难以控制自己一错再错。

---

① 海剑:《破解女大学生犯罪之谜》,《法律与生活》2002 年第 12 期。

(二)发案原因

1. 心理失衡。因各人的家庭状况不同,吃、穿、用、住的水平差异极大,贫困生无钱交学费,甚至吃饭的钱都没有,而有些家境优越的学生穿的是名牌,手机、电脑一应俱全,个别学生心理失衡,不能正确看待,不是比学习而是比吃、穿、用,不能从家长处获得,自己又没有能力,只能走上歧路,通过盗窃来满足自己一时之需,从而付出沉重的代价。如去年处理的马超盗窃一案,就是因为家里太穷,看别人太富,心理失衡,大肆盗窃,偷的东西又不用,只是收在自己的箱子里,感觉偷了东西心理上就舒服了。

2. 教育失当。从小到大以应试教育为主,能考出高分数就一俊遮百丑,不注重思想、道德品质教育,道德品质课程的设置流于形式,对于怎么做人应做什么样的人教育不够,从而造成学生心理上的缺陷,道德上的苍白。如张某在高中就入了党,是学校的骄傲,唯一的学生党员,上名牌大学后,谈对象高消费,欠了很多外债,采取盗窃同学物品变卖的方式还债。

3. 校外租房居住,在时间上、空间上都形成了学校管理的盲点。这无形中增加了经济支出,学生失去监控后没有约束走上犯罪道路。如刘某盗窃一案,就是刘在外租房居住,看到邻居家啥都有,家里人出去了,钥匙丢在外边,经不起诱惑,投锁入室二次盗窃邻居家的物品,还制造撬门的假象企图误导侦查方向,但是又心理上很脆弱,邻居家人一问就承认了盗窃事实。

4. 择友不当。学生之间相互攀比,相互吃请,无心学习,追求享乐时,通过盗窃获取金钱满足虚荣心,有的与社会青年打成一片,在一起吃吃喝喝,入不敷出后走上盗窃道路。

(三)预防策略

1. 重视德育工作,提高内控能力。增开相应的德育课程和法制教育课程,加强与公安、检察院、法院的联系,经常地给大学生上法制教育课,也可以以案说法,教育学生东西不乱放,银行卡密码不要用生日或有特色的数字,设立热线电话,帮助大学生渡过一些难关。

2. 加强学生管理。加强门卫、宿舍管理,严格住宿管理制度,严禁外出租房居住,尽量防止社会上不良青年进入校园,发现学生与社会上不良青年有往来的及时帮助教育。

3. 加强纪律约束,做到奖罚分明。形成合理奖惩机制,以各种行之有效的管理条例约束大学生。学校可以对犯罪情节轻微的学生做出行政处理,但是应保留其上学的权利,不要一味推向社会毁了学生的前途。对学生中的良好行为及时进行公开表彰奖励,形成鲜明对照,有破有立才能使处罚行之有效。

第五节　个 案 分 析[①]

案例一

XCB，男，某校商学院2000年级学生，2003年12月因盗窃校图书馆426本、价值9858.8元图书被勒令退学。

XCB曾任院学生会实践部委员、副部长，曾获多种比赛奖励，发表过数篇论文，通过普通话测试，取得了驾照和秘书职业证书，是被老师和同学公认的“好学生”。他自己对事情过程的描述（根据与其《谈话笔录》、其自书《检查书》等整理）如下：

我第一次偷书是从今年（2003年）6月份开始，那一天偷的第一本书是《生产与运营管理》，后来在放假前又偷了约10次共20～30本。从9月份到11月底我又偷书约90～100多次，每次最多4～5本至少1本，一共偷了400多本。一般我采用的是取掉书中的磁条（磁条书出图书馆会发出警报声，据我所知许多同学都知，可以讲是全校公开的秘密，无磁条的书可直接拿出来，无人过问；有磁条去掉磁条也可以拿出来。我以前多次见到别的同学偷书，但人名叫不起来。）直接拿出来。一般是装在一个塑料袋中带出也有直接手上拿出。这些书放在宿舍中的阁楼里和旅行包，再就是纸盒中。我对部分所拿的图书馆的书做了记录并编了号。

偷书正常的是在图书馆下班前半小时，也就是在晚上九点钟左右。一般是选择在周三、周六和周日。

偷书的初衷，是为了报复图书馆。虽然有的书对我毫无用处，但图书馆又有书可拿。我对图书馆之所以恨之入骨，有三件事是起因：①我在图书馆所借之书被别人偷走，我去跟他们论理，但还是莫名其妙地罚了80元钱。②我一皮夹子在图书馆里被偷，内有现金、饭卡、钱包、身份证、电话卡等若干证件，损失700元。我向保卫科、图书馆报案，但都未果；且我还被所偷之人奚落一番，小偷若干天之后寄回失物并附信一封。③我一李宁包在图书馆里被偷，价值近200元，内有我制作好的软盘6张。为此，在连续三件事都未果并不了了之后，我只能采取这种极端的手段来报复图书馆。但后来则变成有目的、有偏好地开始偷书，一发不可收拾，直至案发。在图书馆我不偷同学的任何东西，因为我也同情他们的遭遇，看到他们写的寻物启事，也让我更加对图书馆的这种态度恨之入骨。第一次偷书是有同学讲解并成功

---

① 本节所引用两个案例均为笔者工作中参与处理实例。

后，我才试着做的，果然灵。对图书馆书去掉的磁条，我是将磁条扔出窗外或扔进厕所。在此额外说一点，我见很多学生也在偷书，这就是客观上激起了我的胆子。至于书的编号，想法来源于图书馆，同时主要为了弥补书被撕揭后的难看，也为了有种报复的成就感。编书号是家中父母书、学校现有教科书和图书馆所拿之书一同编号的，书的编号是在电脑上制作打印裁剪后贴上去的。

我本幼稚以为这种报复很公平的，但未料想到金额是如此的巨大，我开始是头脑发热，但后来成为了一种习惯。半年来连我的密友都不知。但他们知道我所被偷之事，我曾扬言报复，但他们说我有心理疾病，报复心太强，该看心理医生。现在我才认识到这是种心理的严重变态，同时也是一种严重的犯罪行为。我人格缺陷，我追悔不及。

对图书馆所拿之书我在此发誓三点：

第一，对图书馆里的书我从未变卖、遗失、损毁等。

第二，对图书馆里的书我从未移位，全部在宿舍，未转移过。

第三，对图书馆里的书从未借阅、赠送给朋友、同学们。

XCB由于自己的遭受“不幸”得不到帮助而产生报复图书馆的心理，这是“挫折——攻击”理论所描述的典型的越轨者反应模式。在其他同学的“讲解”指导下偷书成功并由最初的“报复”而养成一种习惯性冲动，这是“学习理论”，特别是“初次越轨理论”所揭示的道理。在本案中XCB将盗窃的图书公然陈列并予以编号，其背后是相当数量的学生有偷书的行为并且在学生中不认为偷图书馆的书是一种越轨行为，反而是一种“能力”的体现，实质上是在该学生群体中形成了一种不良“亚文化”，并从中获得“成就感”。“中立化技术”对于该案例具有很强的解释力：XCB具有双重人格，既是公认的好学生，同时又持续地越轨。但是“标签理论”给他的“好运”作了最好的解释：2003年12月4日写了《检讨书》，同日取得某医院的《疾病诊断证明书》证明其患有“精神分裂症（未分化型）”并建议“监护治疗”。虽然被学校给予“勒令退学”的处分，但结合XCB平时表现和悔改态度，经本人和家长申请校方同意留校“试读”，故XCB行为实际影响到的只是毕业时间。这一切就是因为他是个“好学生”，与下一个案例的当事人相比，他有良好的人际关系。该生在“试读”期间表现良好，将比正常同学晚一年毕业。

案例二

LQQ，女，某校外国语学院2000级学生，2002年4月因夜不归宿、旷课、擅自离校被记过，2002年6月因盗窃他人财物价值3 000元被勒令退学。该生自述（根据其《检查》及给老师、同学的信和留言整理）如下：

2002年三月下旬我在图书馆丢了一把伞，65元钱，一个皮夹，一个文曲星，心里十分愤恨可恶的小偷，加上三月下旬系里处分的事，我对别人产生了报复的念头，我就拿了别人的四个文曲星，一个随身听，一盒CD和钱，但我不敢用，一看到就觉得自己也成了罪恶的小偷，就放在宿舍角落里。学校记录中认为我第一次犯错误是去年10月1日七天长假期间，可那是属于放假期间，我原来3622的室友向学校告发我，结果虽然校方没有立刻找我，但我认为我十二月第一次违反校纪的时候，高老师对我谈起说十月一日七天已经错过一次，违反了校纪，怎么又犯，开始考虑要不要处分我，还和父母联系了，他们过来了。我从此十分恨宿舍其他人。她们不仅没和我道歉，态度还比较不友好，把我当另类看待，也就是说我那时被叫去谈话，父母不得不来是由于她们9月30日的告状导致了严重的局面，我恨她们。我拒绝和她们沟通，我犯错主观在自己，可她们是催化剂，是毒药。今年三月份的处分下来是校方基于三次犯错的基础上做出的，可第一次是她们硬套给我的，我恨她们。可直接报复她们我没有勇气，我就把怒气转移到别人身上，而且我处分下来后，我的钱和物品又被拿了，我恨，我决定报复。所以三月底我就开始在图书馆拿别人东西，就当是拿她们的，我心里稍稍平衡一点，但事后又十分后悔，对不起别人，我在受着煎熬，我做错了事，我付出了代价，可她们也做错了，我的未来和现在开始是她们毁的，是无形的，她们之间要好，张婷婷三次夜不归宿可以原谅，那为什么她们就可以这样？我实在受不了了才决定离校出走，但由于害怕又回来了。我觉得对不起我父母，我应该学会自己对自己负责了，爸妈不在身边的日子，自己应该如何把握自己，认准自己的学习目标，想考研就要一心一意地学习，来不得三心二意。我恳求过舍友能待我好一点，但是她们总是排斥我。

从LQQ的自述材料中我们看到该生越轨的轨迹：在网上结识了男友，曾经在国庆长假中擅自离校被室友告发，自己的东西被偷出于报复心理偷人家的东西。学校给予轻微处分后被同学视为“另类”后进一步报复同学，与老师沟通不畅后自暴自弃。终至被勒令退学。

在这一案例当中，LQQ发现在校园中盗窃案发生后，造成其损失得不到救济，自己认为是“报复”但实际上是“学习”他人，包括她不敢报复室友而进一步伤害他人，实际上也是“学习”损害他人的利益。因此，我们可以用“学习理论”来解释其行为。

室友的告密实质上是给她贴了“标签”，老师和学校的行为使得“标签”更加确定和权威，使得她无法与室友和老师沟通，最后终于成了标签所描述的对象。

“中立化技术”可以用来解释其态度：她一直没有放弃做一个“好”学生，也把考研究生作为一个目标。同时她认为室友的言行是逼其变坏的主要原因，实质上是将主要责任推托于他人。

第六节 综 合 分 析

本章前几节的实证资料，分别以某高校、某地区、某检察院、某市为样本区域进行了独立的研究并对两个个案进行了讨论，时间跨度自1990年代初到本世纪初持续有十多年。其结论是基本相互印证的（某市检察院对犯罪率的结论与其他资料略有差异），我们可以对转型期大学生越轨行为的特点作如下总结：

一、大学生越轨行为呈快速上升趋势

中国共产党和中国政府历来重视对青少年的工作，各地各级人民政府都有相应的青少年保护机构，对于青少年越轨问题也有相应的研究基础和学术出版物，诸多学科也一直关注着青少年越轨问题，但是青少年越轨行为一直呈上升趋势，有一组官方人士透露的统计数据与本书研究结论可以相互印证："据有关方面统计，自70年代后期以来，我国的刑事犯罪率持续走高，青少年的刑事犯罪率也居高不下。以25岁以下青少年为例，1965年以前，全国青少年犯罪率占青少年整体的十万分之十以下；1965年据对京、津、沪、沈阳、福州、郑州六城市调查统计，青少年犯罪占六城市的青少年总数的十万分之十九。1979年上述六城市的青少年犯罪率已上升到十万分之260，整整翻了近13倍。自90年代以来，青少年犯罪已成为社会刑事犯罪的主要群体，占到全国刑事犯罪数的65%，同时未满18周岁的少年犯罪也直线上升，据查，1993年全国查获的刑事涉案人员中，未满18周岁的少年有18.1万人，比1984年的8.4万人增加一倍多。目前，全国这个群体的犯罪数已直逼30万大关。即每年相当于一个中小型城市的人口数①。"

本章实证资料从不同角度印证了大学生越轨行为的快速上升趋势。

二、刑事犯罪中财产犯罪为主要类型，罪名呈扩散趋势

转型期社会分化严重，贫困学生无法自立与大学生追求享受、贪财犯罪同时存在。由于资料来源的原因，我们无法了解财产类违法犯罪学生的家庭背景和动机。在两个案例中的越轨行为皆为财产类（盗窃），但是我们在案例中了解到两人均由于"报复"或其他心理原因而不是追求财产。因此，尚无充分证据证明贫困大学生财产犯罪比例高于其他大学生群体，这一点在分析大学生犯罪的过程中应当尤其

---

① 杨永明：《以"三个代表"为指导，建设和健全预防青少年犯罪的社会体系》，《青少年犯罪问题》2003年第1期，第4-6页。

重视。在中国传统文化中，“人穷志不穷”是传统的美德，要防止基于财产的歧视心理误导大学生越轨问题的研究。

大学生犯罪的社会化、校内外犯罪的相互勾结呈危险趋势。大学生通过家教、社会实践等多渠道与社会紧密接触，校园已经不再是纯洁的象牙塔，统计某校违纪学生材料时发现校内外人员相互勾结作案明显增多，涉及的罪名呈扩散趋势，对于违法犯罪类越轨行为的预防和控制的难度显著增加。

三、女大学生越轨快速增长

在女大学生越轨中，性罪过占相当比例，女大学生自立、自信、自尊有待加强。我国教育体制中男女同校是绝对主流的做法，在高等学校中缺乏女生社团组织，女学生的心理疏导和宣泄渠道不畅，极易导致她们选择错误甚至极端的做法。

四、某些教育制度受到质疑

几百年来科举考试的舞弊，可以说是公开的秘密；现在学校考试的舞弊，也可以说是公开的秘密。考试害人甚至“杀人”，媒体不时有这方面的报导。作为衡量教育效果的考试制度受现代教育的挑战。

近年来高等学校中学生自动退学呈上升趋势。退学与高等学校设立的目标相悖，是学生的一种“主动越轨”行为，实质上也是对现实教育制度的否定和怀疑。尽管“出国留学”在性质上与其他越轨行为似乎有差别，但在对现实教育制度的否定和怀疑方面是一致的，因为它表明退学者认为国外的高等教育对于其人生发展更为有益或更有空间。退学是所有越轨中的“另类”行为，值得予以更多的关注。

五、惩罚力度偏轻

各高校为了面子往往瞒报案件，尤其是盗窃等财产类犯罪和情节较轻的人身伤害案件，受害者往往也会宽容加害人，司法机关“暂缓起诉”等制度创新行为也主要是针对大学生进行的。但多年来社会、学校和公众对大学生的“好心”的结果是大学生犯罪的持续、快速增长，从而说明有必要调整相关政策。

前引两个案例中，XCB盗窃图书426本，价值9 858.8元(不包括字画)。据作者深入调查，这些图书许多是该校图书馆“特藏室”图书、字画，其实际价值远远不止其定价。而且在该校所在地区，盗窃罪的立案标准是人民币1 000元，10 000元即属“数额巨大”，如果是校外盗窃案，根据1997年《中华人民共和国刑法》第264条的规定：“盗窃公私财物……数额巨大或者有其他严重情节的，处三年以上十年以下有期徒刑，并处罚金。”该案例已经属于较为严重的犯罪，但是由于是大学生，只是被“勒令退学”，而且因为平常是个“好学生”，实际仍然可以继续完成学业。

值得注意的是，在两个案例中，LQQ 的越轨行为也是因为盗窃，其数额是3 000元，但没有获得试读的待遇。当然 LQQ 也已够刑罚，她被“勒令退学”后自己和家人可能未向校方申请“试读”。

其实作者在对某高校越轨行为资料进行统计时发现，盗窃行为折价达 1 000 元之多的还不少，其处理结果不外乎留校察看、勒令退学；如若有司法机关介入了(公安机关破获、刑拘等)则开除学籍。当然发生在校内的大学生违法案件，绝大多数是校内安全部门破获，因此出于对学校和学生的“保护”，学校代之以校纪校规处理。学校的解释是从人文关怀出发，不能毁了学生的一生。

六、惩罚的效度尚待观察

马丁森(R. Martinson)检查了 1945 年至 1967 年间发表的控制性结果研究，这些研究涉及从个别咨询到缓刑和假释等矫正干预措施。他得出的结论是：“除了极少的和孤立的例外情况，迄今为止所报告的矫正活动没有对累犯产生明显的效果。”其他一些研究者也得出了类似的结论[①]。这就是著名的“矫正无效”(nothing works)观点。对于惩罚(矫正)的效度研究，因阅听所限，未见报道。这也是本书的缺憾之一。如果能对于受到处分后留校和离校的学生进行跟踪研究，对于大学生越轨的对策研究无论是在理论上和实践方面均具重大意义，这有待于我国社区矫正制度实施一定时间以后进行相关的研究。

---

① [英]Ronald Blackburn 著，吴宗宪，刘邦惠等译：《犯罪行为心理学：理论、研究和实践》，中国轻工业出版社 2000 年 10 月第 1 版，第 336 页。

第四章　大学生越轨行为后续的实证研究

我们在前行对某校实证研究后 10 年，即 2011 年—2013 年学生越轨行为再次进行统计分析。同时，对于此前实证研究中不多见的“自杀”通过网络公开数据进行了分析，试图以此来发现大学生越轨行为在近十年来的一些变化，并对其进行分析、判断。

第一节　某高校越轨行为再分析

在此节，我们选择多个角度，对于十年前后两段时间，某高校的大学生越轨行为再次进行实证分析，以此来验证我们的一些判断，同时分析大学生越轨行为的发展趋势。

一、基本数据

表 4-1 汇总了 2011 年—2013 年某高校受处理学生情况，与本节内容无关的冗余信息予以剔除。

表 4-1　2011 年—2013 年某高校受处理学生情况汇总

序号	性别	受处理年级	处理事由	处理意见	处理时间
1	女	大三	考试作弊	留校察看	2011 年
2	男	大四	考试作弊	留校察看	2011 年
3	男	大三	考试作弊	留校察看	2011 年
4	男	大三	考试作弊	留校察看	2011 年
5	男	大四	考试作弊	留校察看	2011 年
6	男	大三	考试作弊	留校察看	2011 年
7	女	大一	考试作弊	留校察看	2011 年
8	男	大一	考试作弊	留校察看	2011 年

续 表

序号	性别	受处理年级	处理事由	处理意见	处理时间
9	男	大三	考试作弊	留校察看	2011 年
10	女	大三	考试作弊	留校察看	2011 年
11	男	大三	考试作弊	留校察看	2011 年
12	男	大一	考试作弊	留校察看	2011 年
13	男	大一	考试作弊	留校察看	2011 年
14	男	大三	考试作弊	留校察看	2011 年
15	男	大三	考试作弊	留校察看	2011 年
16	男	大三	考试作弊	留校察看	2011 年
17	女	大三	考试作弊	留校察看	2011 年
18	女	大四	放弃学业	自动退学	2011 年
19	男	大四	放弃学业	自动退学	2011 年
20	女	大三	出国读书	申请退学	2011 年
21	女	大三	出国读书	申请退学	2011 年
22	男	大五	放弃学业	申请退学	2011 年
23	男	大三	出国读书	申请退学	2011 年
24	男	大一	放弃学业	申请退学	2011 年
25	男	大三	放弃学业	申请退学	2011 年
26		大二	放弃学业	申请退学	2011 年
27	男	大六	放弃学业	申请退学	2011 年
28	男	大三	放弃学业	申请退学	2011 年
29	男	大一	放弃学业	申请退学	2011 年
30	男	大五	放弃学业	申请退学	2011 年
31	女	大二	出国读书	申请退学	2011 年
32	男	大四	放弃学业	申请退学	2011 年
33	女	大五	出国	申请退学	2011 年
34	男	大三	放弃学业	申请退学	2011 年
35	男	大二	放弃学业	申请退学	2011 年
36	女	大五	放弃学业	申请退学	2011 年
37	男	大七	放弃学业	申请退学	2011 年
38	男	大六	放弃学业	申请退学	2011 年
39	男	大六	放弃学业	申请退学	2011 年

续 表

序号	性别	受处理年级	处理事由	处理意见	处理时间
40	男	大五	放弃学业	申请退学	2011 年
41	男	大六	放弃学业	申请退学	2011 年
42	女	大二	出国留学	申请退学	2011 年
43	女	大二	出国留学	申请退学	2011 年
44	男	大五	放弃学业	申请退学	2011 年
45	女	大二	放弃学业	申请退学	2011 年
46	男	大一	放弃学业	申请退学	2011 年
47	男	大六	放弃学业	申请退学	2011 年
48	女	大二	出国留学	申请退学	2011 年
49	女	大六	放弃学业	申请退学	2011 年
50	男	大三	放弃学业	申请退学	2011 年
51	男	大三	出国留学	申请退学	2011 年
52	男	大一	放弃学业	申请退学	2011 年
53	女	大六	出国留学	申请退学	2011 年
54	女	大二	出国留学	申请退学	2011 年
55	男	大二	考试作弊	留校察看	2012 年
56	男	大二	考试作弊	留校察看	2012 年
57	女	大一	考试作弊	留校察看	2012 年
58	男	大一	考试作弊	留校察看	2012 年
59	男	大一	考试作弊	留校察看	2012 年
60	男	大一	考试作弊	留校察看	2012 年
61	男	大一	考试作弊	留校察看	2012 年
62	男	大一	考试作弊	留校察看	2012 年
63	女	大三	考试作弊	留校察看	2012 年
64	男	大四	考试作弊	留校察看	2012 年
65	男	大四	二年级后未注册	自动退学	2012 年
66	男	大五	未注册	自动退学	2012 年
67	女	大二	未注册	自动退学	2012 年
68	男	大二	未注册	自动退学	2012 年
69	男	大六	未注册	自动退学	2012 年

续 表

序号	性别	受处理年级	处理事由	处理意见	处理时间
70	男	大五	未注册	自动退学	2012年
71	男	大六	放弃学业	申请退学	2012年
72	男	大十二	放弃学业	申请退学	2012年
73	女	大二	出国留学	申请退学	2012年
74	男	大四	放弃学业	申请退学	2012年
75	男	大四	放弃学业	申请退学	2012年
76	男	大六	放弃学业	申请退学	2012年
77	男	大四	放弃学业	申请退学	2012年
78	女	大九	放弃学业	申请退学	2012年
79	男	大七	放弃学业	申请退学	2012年
80	女	大四	放弃学业	申请退学	2012年
81	男	大五	放弃学业	申请退学	2012年
82	男	大六	放弃学业	申请退学	2012年
83	男	大十	放弃学业	申请退学	2012年
84	男	大十	放弃学业	申请退学	2012年
85	男	大五	放弃学业	申请退学	2012年
86	男	大五	放弃学业	申请退学	2012年
87	男	大六	放弃学业	申请退学	2012年
88	男	大十	放弃学业	申请退学	2012年
89	男	大四	出国留学	申请退学	2012年
90	女	大二	放弃学业	申请退学	2012年
91	男	大七	放弃学业	申请退学	2012年
92	男	大五	放弃学业	申请退学	2012年
93	男	大五	放弃学业	申请退学	2012年
94	男	大五	放弃学业	申请退学	2012年
95	男	大五	放弃学业	申请退学	2012年
96	男	大七	放弃学业	申请退学	2012年
97	女	大四	放弃学业	申请退学	2012年
98	男	大七	放弃学业	申请退学	2012年
99	男	大四	放弃学业	申请退学	2012年
100	男	大八	放弃学业	申请退学	2012年

续 表

序号	性别	受处理年级	处理事由	处理意见	处理时间
101	男	大二	放弃学业	申请退学	2012 年
102	男	大五	放弃学业	申请退学	2012 年
103	女	大八	放弃学业	申请退学	2012 年
104	男	大五	放弃学业	申请退学	2012 年
105	男	大十	放弃学业	申请退学	2012 年
106	男	大五	放弃学业	申请退学	2012 年
107	男	大五	放弃学业	申请退学	2012 年
108	男	大四	放弃学业	申请退学	2012 年
109	男	大五	放弃学业	申请退学	2012 年
110	男	大二	盗窃	留校察看	2012 年
111	男	大二	盗窃	留校察看	2012 年
112	男	大三	考试作弊	留校察看	2013 年
113	女	大二	考试作弊	留校察看	2013 年
114	女	大二	考试作弊	留校察看	2013 年
115	男	大二	考试作弊	留校察看	2013 年
116	女	大三	考试作弊	留校察看	2013 年
117	男	大二	考试作弊	留校察看	2013 年
118	男	大一	考试作弊	留校察看	2013 年
119	男	大四	考试作弊	留校察看二年	2013 年
120	男	大四	考试作弊	留校察看二年	2013 年
121	男	大四	考试作弊	留校察看二年	2013 年
122	男	大三	考试作弊	留校察看	2013 年
123	男	大三	考试作弊	留校察看	2013 年
124	女	大一	考试作弊	留校察看	2013 年
125	男	大一	考试作弊	留校察看	2013 年
126	男	大一	考试作弊	留校察看	2013 年
127	男	大十三	放弃学业	申请退学	2013 年
128	女	大二	出国留学	申请退学	2013 年
129	男	大四	放弃学业	申请退学	2013 年
130	男	大四	放弃学业	申请退学	2013 年
131	男	大三	放弃学业	申请退学	2013 年

续 表

序号	性别	受处理年级	处理事由	处理意见	处理时间
132	男	大三	放弃学业	申请退学	2013 年
133	女	大二	放弃学业	申请退学	2013 年
134	男	大四	放弃学业	申请退学	2013 年
135	男	大五	放弃学业	申请退学	2013 年
136	男	大五	放弃学业	申请退学	2013 年
137	男	大五	放弃学业	申请退学	2013 年
138	男	大四	放弃学业	申请退学	2013 年
139	男	大七	放弃学业	申请退学	2013 年
140	男	大七	放弃学业	申请退学	2013 年
141	男	大七	放弃学业	申请退学	2013 年
142	男	大七	放弃学业	申请退学	2013 年
143	男	大四	放弃学业	申请退学	2013 年
144	男	大三	放弃学业	申请退学	2013 年
145	男	大五	放弃学业	申请退学	2013 年
146	男	大三	放弃学业	申请退学	2013 年
147	男	大八	放弃学业	申请退学	2013 年
148	男	大四	放弃学业	申请退学	2013 年
149	女	大一	放弃学业	申请退学	2013 年
150	男	大一	放弃学业	申请退学	2013 年
151	男	大五	放弃学业	申请退学	2013 年
152	男	大五	放弃学业	申请退学	2013 年
153	男	大四	出国留学	申请退学	2013 年
154	男	大四	放弃学业	申请退学	2013 年
155	男	大五	放弃学业	申请退学	2013 年
156	男	大四	放弃学业	申请退学	2013 年
157	男	大四	放弃学业	申请退学	2013 年
158	男	大六	放弃学业	申请退学	2013 年
159	女	大二	出国留学	申请退学	2013 年
160	女	大三	出国留学	申请退学	2013 年
161	男	大九	放弃学业	申请退学	2013 年
162	男	大三	放弃学业	申请退学	2013 年

续 表

序号	性别	受处理年级	处理事由	处理意见	处理时间
163	男	大四	放弃学业	申请退学	2013 年
164	男	大四	放弃学业	申请退学	2013 年
165	男	大十	放弃学业	申请退学	2013 年
166	男	大四	出国留学	申请退学	2013 年
167	男	大五	放弃学业	申请退学	2013 年
168	男	大一	放弃学业	申请退学	2013 年
169	男	大十二	放弃学业	自动退学	2013 年

二、十年前后大学生越轨人数与性别对比分析

大学生越轨中性别比例一直为研究者所关注，也是前行实证研究中首先关注的问题。大学生越轨的绝对人数也是一个重要的指标。见表 4-2、表 4-3。

表 4-2　某高校越轨大学生男女生比例

	2000—2003		2011—2013	
性别	频数	占比	频数	占比
不详	91	7.1		
男性	1017	79.2	134	79.3
女性	176	13.7	35	20.7
总计	1 284	100	169	100

(1) 仅仅从数字上来看，10 年中男生越轨在总数占比变动甚微，但女生的占比从 13.7%上升到 20.7%，增长幅度为 51%。这与 10 年前的判断(上章第六节第三点“女生越轨快速增长”)是完全一致的。

这里需要指出两点：10 年前的数字由于资料缺陷，有“性别不详”的 91 人，占比达 7.1，可能影响判断的准确性；第二点，由于未掌握该校在这两个时间段男女生比例，在考虑判断准确性时，应用男女生总比例加以校正。

(2) 从绝对数字而言，10 年前年均人数是 321 人，10 年后是 53 人。这背后的原因比较复杂，但一方面是高校扩招，另一方面越轨人数在绝对数上减少，至少校园内紧张度肯定是在减少。

但是，我们也要看到，越轨人数的绝对减少，最主要的原因可能是社会和学校的宽容在提高。对于前章第六节关于惩罚力度和宽松政策的理解，我们目前更趋于正面，即应当承认宽容政策对于大学生越轨的总体效果是比较好的。我们希望以后有机会能够与相关矫正机构合作，对于个体做一些追踪研究。

表 4-3　某高校年度越轨大学生男女生比例

年份	不详		男		女		总数
	频数	占比	频数	占比	频数	占比	
2000	2	0.9	201	89.7	21	9.4	244
2001			151	78.6	41	21.4	192
2002	58	24.2	132	55	50	20.8	240
2003	31	4.9	533	84.9	64	10.2	728
2011	1	0.02	37	0.67	17	0.31	55
2012			48	0.84	9	0.16	57
2013			49	0.84	9	0.16	58

(3) 从此中可以看出，在同一时间段内，男女生越轨人数占比具有偶然性。

三、大学生越轨受处理事由

"处理事由"，尤其是排名靠前的事由，反映了特定时段内高校对于越轨行为中较为关注的类型，也可以讲，反映了该时段大学生越轨的主要表现形式。见表4-4。

表 4-4　处理事由汇总表

年份	未注册	出国学习	出国留学	放弃学业	考试作弊
2011		2	6	26	17
2012	5	2	2	37	10
2013			5	38	15
总计	5	4	13	101	42

2011—2013 年统计的"处理事由"中，除了排名前五的，只有"出国"1 名、"二年级后未注册"1 名和"盗窃"2 名。

(1) "处理事由"是导致被认定越轨的原因。2011—2013 期间，前五位分别是"放弃学业"、"考试作弊"、"出国留学"、"未注册"和"出国学习"(作者在资料整理中未发现"出国"与"出国留学""出国学习"的不同，为尊重资料来源的原貌，仍然作为不同"事由")。提示大学生对于教育体制的失望，或是校园学习风气的恶化。去国外读书，不管是主动或被动，都反映出国内外教育制度对于学生的吸引力。在上一章第六节第四点判断上就曾经写过：

近年来高等学校中学生自动退学呈上升趋势。退学与高等学校设立的目标相悖，是学生的一种"主动越轨"行为，实质上也是对现实教育制度的否定和怀疑。尽管"出国留学"在性质上与其他越轨行为似乎有差别，但在对现实教育制度的否定和怀疑方面是一致的，因为它表明退学者认为国外的高等教育对于其人生发展更为有益或更有空间。

试着对照前行实证分析中关于这方面的数据，见表 4-5。

表 4-5　某高校 2000—2003 年越轨大学生处分原因分析

处分原因	频数	所占百分比
不恰当男女关系	22	1.7
打架斗殴	146	11.4
盗窃	49	3.8
赌博	18	1.4
非典	101	7.9
旷课	331	25.8
迷网	41	3.2
其他	85	6.6
酗酒	11	0.9
夜不归宿	179	13.9
作弊	301	23.4
总计	1 284	100.0

(2) 值得注意的是我们这一次收集的“处理时在校时间长”这一个指标，见表4-6。

表 4-6　2011—2013 处理时在校时长　　单位：年

年限	1	2	3	4	5	6	7	8	9	10	12	13
人数	21	24	30	30	28	13	9	8	3	5	2	1
占比	12.1	13.8	17.2	17.2	16.1	7.5	5	4.6	1.7	2.9	1.1	0,6

这表明大学生在学校整体表现每况愈下，越轨人数总体在增加，同时不能按期毕业呈较为严重的状态。在该样本中，不能按期毕业的人(在校时长 5 年或 5 年以上)在所有越轨人数 174 中有 69 人，占比过 39.7%。这应当引起教育主管部门和高校的警惕。因为，不证自明的事实是：中国的高校并没有真正实现“宽进严出”的政策，大量学生不能如期毕业不是质量要求高的原因。

武汉大学学生谢梦非推出的《全国高校挂科率排行榜》则可能标示着另一种迹象，越来越多的高校开始加强教学质量管理。

四、处理意见

“处理形式”反映的是特定时段内，学校对于大学生越轨行为处罚的力度。通常从两个指标来分析：一是总体上处理结果/措施的严厉程度；二是对于同一种越轨行为给予的处理结果/措施的严厉程度。见表4-7。

表4-7 处理意见汇总表

年份	自动退学	申请退学	留校察看	留校察看二年
2011	2	35	17	
2012	6	39	12	
2013	1	42	12	3
总计	9	116	41	

这份样本中关于“处理意见”只有四项，“申请退学”实际上给越轨者一个体面退场的机会，“留校察看”才是真正的“处分”，“留校察看处分二年”则是第二次“处分”的形式。

试比较10年前的数据，见表4-8。

表4-8 某高校2000—2003年越轨大学生处分类型分析

处分类型	频数	所占百分数
记过	128	10.0
警告	695	54.1
开除学籍	12	0.9
勒令退学	62	4.8
留校察看	342	26.6
通报批评	45	3.5
总计	1 284	100.0

当时学生受到的处分基本上都是强制性的离场。这两份表格明显反映出10年后社会和学校的宽容度极大地增加了。由于这个原因，使得我们在上一章第六节中第一条预测“大学生越轨行为会迅速增加”形式上不成立，但同时也支持了我们在后面章节提出的越轨行为的正功能在于促进规则的变化。

第二节 大学生自杀问题的分析

在前行研究中，对于自杀几乎未作专门讨论。考虑到自杀的案例越来越多，有必要作为专题来进行讨论，以期引起各有关方面的注意。

一、关于大学生自杀的统计

在笔者阅听范围内，似乎没有专门机构负责关于大学生自杀的统计与信息发布。但一方面由于互联网技术的飞速进步，更由于信息管制方面的进步，有很多数据虽然不权威，但能够合法公开地报道，对于社会科学的研究与进步无疑是有帮助的。我们试引一些网上的数据，可能无法确认其真实性，但不妨碍据之进行讨论。

二、网络媒体数据报道

以下为网上收集的2011年的大学生自杀事件汇总①：

(1) 2011年1月1日，华东理工大学商学院一名大二学生坠楼身亡。华东理工大学宣传部向媒体表示，死者的成绩不好，各门课程及格的比不及格的少很多，有些甚至是零分。

(2) 2011年1月5日晚5时30分许，华中科技大学文华学院男生公寓5号宿舍楼，一名男生从4楼跳下。医护职员赶至现场施救时，跳楼男生已不治身亡。得知跳楼者死了，一名女子趴在死者身旁痛哭不已。据称，跳楼者是该校大一学生。

(3) 2011年1月5日晚8时30分许，武汉某大学一学院男生宿舍7号楼，一名男生从楼顶跳下，当场身亡。死者仰躺在宿舍楼前的草坪上，像是睡了过去。死者身高1.7米左右，体型偏瘦。现场已拉起警戒线，多名＊正在勘查，大量观看学生正被学校治理员劝离现场。据了解，事发前，学校一名巡查职员曾发现7号楼顶趴着一个人，因天气暗淡，并不能确定，正当他前往细看时，那人已经从楼顶跳了下来。事发后，学校领导带领治理职员迅速赶往现场，发现跳楼者是该校计算机系大四学生，住在7号楼212寝室。知情者称，该跳楼男生已找好工作单位，预备毕业后就上岗。该生跳楼亦可能与情感有关。

(4) 2011年01月09日，身患白血病的即墨小伙刁旭亮高考结束，被青岛一所大学录取，当准备到学校报名时，病情突然加重，不得不住进青岛的医院。因不忍拖累父母，在医院治疗期间，用水果刀刺进喉咙试图自杀。幸亏家人及时发现，经抢救才保住他的性命。记者昨天采访了解到，刁旭亮家住偏远农村，家庭十分困难，为了治病，目前家人已经负债20多万。

(5) 2011年1月16日凌晨5时许，同济大学嘉定校区汽车学院一学生从宿舍楼坠楼身亡。坠亡者为一名20岁左右的叶姓男生，目前已排除他杀可能。而网友

---

①《2011年全国高校大学生自杀事件》，2011－12－12，http://wenku.baidu.com/view/954d3013866fb84ae45c8d38.html＃＃＃

事后在学校的BBS上发现，有一封疑似死者留下的遗书，称因厌恶学习，从优等生变成差等生，愧对父母而选择结束生命。

(6) 2011年1月17日早九点多，浠水清泉镇水产局附近一名名年仅23岁的女大学生从六楼跳下身亡，周围目击群众说，女孩满身是血。女孩昨天下午才从学校放假回家，昨天晚上她父母吵了一晚上架，她妈打牌输了几十万，还了二十多万，还有十几万的债。

(7) 2011年1月19日，石家庄信息工程学院大三女生刘伟因"求职压力过大"而自杀。

(8) 2011年1月20日凌晨，通州区东关大桥北侧百米处，北京物资学院研二女生小聂跳河溺亡。事发前，小聂曾发短信告知舍友："明天看不见我，就来河边找我"，同学于清晨看见短信并报警。据知情人士透露，其遗书自曝患抑郁症，因生活压抑才选择跳河来结束自己的生命。

(9) 2011年1月24日下午3点14分苏州某大学商学院商学院一女生从15楼的楼顶一跃而下，当场殒命……纪念已逝的生命！

(10) 2011年2月7日，仅21岁沈阳某大学四年级一男生在自家门前(信丰县大塘埠镇大塘村卢某家)上吊自杀，留下遗书称"100年后再见"。

(11) 2011年2月9日，天津大学某女博士在天大23楼二层热水房上吊自杀身亡(直至今日该水房门仍被锁着)。

(12) 2011年2月18日上午，重庆大学计算机学院08级研究生黄新义跳楼身亡。

(13) 2011年2月28日(时间不确定)9时40分左右，沈阳师范大学学前教育专业大二女生小楠坠楼，抢救无效死亡，校方怀疑有心理问题。

(14) 2011年3月3日，福州大学管理学院一女生因失恋而自杀。

(15) 2011年3月9日晚七时许，四川大学锦城学院一名大三的土木专业学生从男生宿舍D8寝室楼6楼坠下自杀身亡。

(16) 2011年3月17日，广西城市职业学院一学生自杀，死者系符德壮，男，汉族，1991年10月生，家住海南省万宁市大茂镇群乐村委会上根村三队，于2010年到广西城市职业学院机电分校就读。

(17) 2011年3月18日约10:30分，上海外国语大学虹口校区一女生从12楼坠楼身亡。15时28分，上海外国语大学官方账号在新浪微博发布称，该女生平时与同学关系融洽、学习优秀，目前，公安机关正在调查事故原因。

(18) 2011年3月23日，海南大学大三年级的学生杨某留下3封遗书后，从海悦国际大厦C栋12层跳下，摔到3楼的天台后身亡。据警方初步认定，杨某患有抑郁症，一直都在服用药物治疗。3月23日，杨某没来参加学校组织的考试，后来大家才得知他带着白酒，留下三封给家人的遗书后跳楼自杀。

(19) 2011 年 3 月 28 日傍晚，南京林业大学南方学院化学工程系一黄姓女生被舍友发现在宿舍内上吊自杀身亡。对于女生上吊的原因，一位知情女生表示，宿舍内上吊自杀的女生黄某某留有一封遗书，主要内容就是，因其是一名大三学生，明年就要面对大四和考研等问题。

(20) 2011 年 3 月 30 日，湖南师大大三学生张湘波。3 月 30 日上午，女友小丁开机收到张湘波的短信：我生不如死，永别了，如果有来生我们再见。短信的发送时间是凌晨 4 点 13 分。小丁立即回拨过去，接电话的是张湘波的舍友，对方告诉她，张湘波一大早就不见了。在失踪 6 天后，张湘波的尸体在桃子湖被其母亲发现。死者尸体被拉到浅水区，盖上了一层油布，一双惨白的赤脚露在外面。目击者称，死者的手腕上有明显的刀伤。在张湘波生前租住的房间内，卫生间的血迹已被清理掉，菜刀也被警方拿走，但门把上的血印仍清晰可见。据同学透露，高中时张湘波有过抑郁症，大学时也有过抑郁情绪，事发前，曾半夜爬起来哭泣。但该说法未得到死者家属证实。疑为自杀。

(21) 2011 年 4 月 10 日，西安航专一大学生坠楼，记者采访受阻。坠楼者性别不明。

(22) 2011 年 4 月 13 日上午 7 时 30 分许，广州大学城某高校发生一宗学生坠楼事件。事件中，坠楼学生(女，20 岁)经“120”医务人员到场证实已经死亡。警方已初步排除他杀可能。

(23) 2011 年 4 月 14 日下午，邵阳学院一大三学生七里坪校区 20 栋 5 楼坠下身亡，死因可能与感情有关。

(24) 2011 年 4 月 15 日，邵阳学院一女生因为在校遭受强奸无法忍受屈辱，投人工湖死了，第二天打捞上的只是尸体。

(25) 2011 年 4 月 17 日，南宁市明阳某高校的一名大二学生从 7 楼跳下身亡。关于死者跳楼的原因，众说纷纭，公安部门正在进一步调查当中。随后，记者从死者的多名同学处了解到，死者生前性格比较内向，不太喜欢与人交流。

(26) 2011 年 4 月 23 日，湖北民族学院医学院一名大三学生邹薇在家中死亡，2011 年 2 月 5 日，其父母在施恩市政府街道旁被一辆宝马车撞死，获百万赔偿金。据邹薇同学介绍，父母的离世对她打击很大，使她突然失去了依靠，导致内心异常孤独，这可能是她最终选择终结生命的直接原因。红江小学校长朱洪说，对于失去双亲的邹薇，最为需要的可能并不是巨额的赔付，而是有效的心理疏导和社会给予的关心和照顾。

(27) 2011 年 4 月 27 日，下午 3 点多，天大 25 楼 C 区 2010 级通信专业研究生跳楼身亡。

(28) 2011 年 5 月 1 日 14 时许，通化师范学院一大四女生小丽(化名)在寝室内自杀，她被发现时，尸体已经僵硬。据知情人介绍，小丽自杀前写过遗书，并将遗书留在身边，关于遗书的具体内容，警方并未透露。

(29) 2011 年 5 月 1 日，在北方某重点大学就读的男生王某千里迢迢来到广州探望女友，却遭到女友冷落，顿起轻生念头，前日晚上在广州火车东站二楼天幕广场上割腕自尽。幸得东站派出所民警及时相救。

(30) 2011 年 5 月 2 日，在河西某高校一宿舍西南角，一男子持刀将该校一女生杀死，随后自杀。警方初步查明，嫌疑人王某，因恋爱纠纷将该女生杀害，目前王某伤势较重，正在医院抢救，案件正在进一步侦查之中。据学生们介绍，自杀的是一名该校食品学院 07 级的大四男生。校方表示，该男生系割腕自杀，还留有遗书，但已被警方当证物拿走，具体内容不详。警方经调查后，排除他杀和酒精中毒的说法。

(31) 2011 年 5 月 3 日，天津大学鹏翔公寓一自动化大三学生跳楼身亡，原因是学分差太多被学校劝退。与往常一样，学校以神速处理了现场，不到 8 点地面连血迹都不见了。

(32) 2011 年 5 月 8 日下午 16 时许，湖南长沙中南大学校园内发生一起命案，一男子持刀杀死一女学生后自杀未遂，案发地位于湖南长沙中南大学南校区升华公寓 15 栋和 16 栋之间，一男子持刀杀害该校外国语学院一名大二女生后自杀。女生被割喉当场死亡，男子被送往医院进行抢救。警察初步查明，嫌疑人王某，因恋爱纠纷将该女生杀害。

(33) 2011 年 5 月 9 日，日照大学城某学院一男生在校区自杀身亡。据了解，该男子为该校建工系大一学生。尸体是在 9 日清晨六点，由晨练老师发现。

(34) 2011 年 5 月 9 日早 8 时许，西安市长安区一所高校，一声尖叫打破了 1 号教学楼的安静。因为在 607 教室里，两名女生发现该校 22 岁大二女生李清(化名)独自死在了教室里。西安市公安局长安分局滦镇派出所民警赶到现场。经初步勘察，李清系服用敌敌畏自杀，时间在 5 月 8 日晚间。一名不愿透露姓名的知情人士说，今年初李清也曾自杀，但被人救下，为此还曾休学回家一个月。对于李清之死的原因，一些同学私下议论。据李清周围的人介绍，并没有听说她“近期有感情问题。”昨日时值周末，学校值班人员称领导休假无法联系，记者试图联系李清家人，一位陈姓同学委婉拒绝:“别让她妈妈再受一次折磨了。”

(35) 2011 年 5 月 14 日凌晨，在沈阳理工大学宿舍区 4 号宿舍楼一名男同学在楼梯间从高处坠下身亡。据介绍，坠楼男子念大三，是班级的班长，平时很正常，这次出事没有任何征兆。

(36) 2011 年 5 月 15 日，中山大学大学城智善园 10 栋楼下昨晨被发现一女生坠楼身亡。不愿具名学生称，死者为大一女生。学校相关负责人表示，坠楼女生疑因心理问题坠楼。

(37) 2011 年 5 月 18 日 4 点 20 分左右，中国地质大学 1 名研三的女生从校内综合楼 7 楼坠下，当场身亡。有知情学生称，该女生生前面临毕业压力，死因疑与论文答辩中屡屡犯错有关。

(38) 2011 年 5 月 20 日，中国石油大学青岛校区 15 号楼，一名女生从 7 楼坠落至 2 楼身亡。据消息称，该女生是半夜两点左右坠落的，在宿舍内的同学都听到很大的动静。女生并没有直接坠落底层，而是掉到 2 层的阳台上。

(39) 2011 年 5 月 22 号，齐大一男生晾衣间上吊自尽。(网友留言)

(40) 一网友于 2011 年 5 月 27 日留言“商丘示范一女生在家中自杀，原因是抑郁症。”

(41) 2011 年 5 月 24 日山东大学威海分校一大四女生跳楼自杀，官方解释是父母离异，双方都不要她。(网友留言)

(42) 2011 年 5 月 24 日上午 11 时左右，在华侨大学厦门校区刺桐苑四号楼学生公寓，材料学院 2007 级本科高分子专业一男生被发现在其宿舍内身亡。初步判定为自杀，死亡时间为 23 日夜间，目前尚无发现遗书，自杀原因不详。

涂尔干在其名著《自杀论》将自杀分为利己型自杀、利他型自杀、失范型自杀和宿命型自杀四种类型。由于信息有限，对于当前大学生自杀属于何种类型尚不具备深入研究的基础。随着数据的积累和个案资料的丰富，这方面的研究终会具备充分的研究基础。

三、原因分析

成杰芳认为大学生自杀的原因包括：①个人与社会间特有的平衡失去；②原有的社会规则逐渐打破；③社会转型期的制度错位[①]。李学林、周泽南的研究认为原因主要在于情感挫折和学业压力两个方面[②]。张希跃、张少利则将原因归纳为学业压力过大、感情困扰、家庭经济紧张、人际关系紧张、就业压力五个方面[③]。在笔者阅听范围内，对于大学生自杀的原因从宏观或是微观方面的分析与前引观点大同小异。

如果我们仔细分析以上所引 2011 年的案例，值得我们进一步思考的问题至

① 成杰芳：《〈自杀论〉视阈下构建高校生命教育模式》，《教育理论研究》2011 年第 11 期，第 177-178 页。

② 李学林，周泽南：《基于价值失范的大学生自杀现象探讨》，《西南石油大学学报（社会科学版）》2011 年第 13 卷第 5 期，第 35 页。

③ 张希跃，张少利：《大学生自杀原因分析与高校应对措施》，《吉林教育学院学报》2011 年第 4 期，第 12 页。

少有：

(1) 自杀的选择往往是冲动性的。往往都是因为琐事小事而引起，继而造成无可挽回的损失。

(2) 自杀往往伴随着对于他人的暴力，是否应当将大学生自杀放在校园暴力的背景下，至少是将两者结合起来予以考虑？

(3) 在全社会的范围的一个共同现象是：有过自杀意念的人远比选择自杀的人多。就如同绝大部分夫妻有过离婚的冲动，但真正离婚者只是极少数。如何让绝大多数有自杀意愿的人选择最终放弃？

(4) 过去在一次自杀未遂后，绝大多数人都选择了不再自杀，这是否是与过去的自杀手段不方便或痛苦有关。是不是因为现在是一个充满高风险的世界，自杀更容易、更便捷、更容易成功，才形成了如今的高自杀率？

四、对策研究

成杰芳主张的对策是“从心理治疗模式走向生命教育模式[①]”，包括：①重建人类生命的神圣性；②处理好生活与生命的紧张性；③注重生命价值的创造性。陶恩前提出了“生命责任意识”，“生命责任不仅指个人对自己生命的责任，也包括对他人生命的责任，任何人都没有剥夺他人生命的权利[②]”。

由于对于自杀的原因并没有人能够给出全面而令人信服的解释，因此对于自杀的对策也就很难提得到位、有效、实用。在笔者看来，所谓的对策至少应当满足以下条件：

(1) 在大学生内心，将自杀的选择视为懦弱、可耻、不负责任的行为。始终以积极的心态去面对困境、努力抗争、尽责尽力，勇于承担最坏的后果；

(2) 在外部，遇到困难的人总是能够及时得到注意、关心，总是能够找到愿意倾听、乐于相助、不求回报的人；

(3) 全社会形成尊重生命、捍卫尊严、将所有的生命视为共同体，不相信、不寻求在灾难面前独善其身的社会心态和风气。

---

① 成杰芳：《〈自杀论〉视阈下构建高校生命教育模式》，《教育理论研究》2011 年第 11 期，第 178 页。

② 陈恩前：《从培养大学生生命责任意识入手进行生命教育》，《山东电力高等专科学校学报》2011 年第 14 卷第 2 期，第 59 页。

第五章　大学生越轨原因结构论

在前文作者定义并分类研究了大学生越轨的类型，综述了多个学科关于越轨的理论解释，我们看到了在大学生越轨的"原因"与具体的越轨行为之间并非简单的一一对应关系，也就是说，引发大学生越轨行为的发生并不能从单个原因因素得到解释，每一个越轨行为的发生都是外在的社会客观因素与内在的个体主观因素的共同作用的结果。这些因素构成了一个"原因结构论"。它包括但决不仅限于下列各节讨论的内容。

任何社会有无法避免越轨行为，社会转型期的越轨则更为频繁。我国正处于社会转型期，虽然改革设计者一本中庸的传统坚持渐进的准则，但是在社会行为自身的惯性和改革中人们要求不断改革的"改革饥渴症"的推动下，旧的社会秩序迅速解体而新的秩序尚在凝聚共识的过程之中。随着经济体制的转型，与之对应的上层建筑领域的各项社会制度也发生了深刻的变革，社会心理也发生了剧烈的变化，"信仰危机"、"精神污染"、"价值多元"、"道德重建"、"诚信建设"等等在转型期中相继出现的新名词从某个侧面反映了中国社会的社会心理和个体心理在这一过程所承受的不断的冲击。在此，人们的价值观也处于转换过程之中，社会成员的认同感下降，这一特殊的历史时期给人们的心理带来了空前的压力，这种压力施加于社会各人群，大学生也不例外。各种人群、各个个人都在这种纷乱的价值中寻求自我的实现和自我满足的途径，"越轨"便是其中的一种选择。

过去对大学生越轨行为原因的探究往往满足于寻求一个特定的或是"根本"的原因。本书提出大学生越轨行为是"以个体心理主导的，社会、家庭及交际圈交互影响"的结果。过分强调社会、家庭和生活环境的因素缺乏说服力，无法回答"为什么越轨者只是少数人"的提问，同时这种舆论环境会养成大学生推脱个体责任，不愿自省的不良心理和习性。单纯强调个体心理是越轨行为原因实质上"天生罪犯"这一臭名昭著的法学(犯罪学)命题的现代翻版，回避越轨时期社会价值混乱对个体影响，不利于社会的变革和进步。同时，人与其生活的环境是一个互动的过程。大学生越轨的原因是一个结构体，任何一个组成部分都既不是充分条件，也不是必要条件，而是综合作用才成为真正的"原因"。

第一节　社会因素与越轨

社会结构的形态及其变动，必然要最终影响到个体的行为选择。这是对越轨行为发生所作的宏观角度的解释，这一观察角度侧重于解释在特定社会中为什么会存在越轨行为。考察大学生这一特殊人群越轨行为这一问题时，不能离开当前中国处于转型期，社会结构处于变动过程之中这一背景。

社会转型期最大特点是社会的失范现象，即旧有的规则被废弃，而新的规则又没有建立起来。社会上缺乏共认的行为准则，处于评判者地位的人的眼中于是充满了“越轨”的行为，而“越轨”者又往往自认代表着社会的发展方向。另一个值得注意的是在转型期中，社会分裂为一个个亚文化群体，处于非主流地位的文化的遵从者往往被定义为越轨者。

在本节中，我们重点关注与贫困相关的越轨问题。在近年来经济和国民收入快速增长的同时，我国居民消费的恩格尔系数[①]正在不断地下降。城镇居民消费的恩格尔系数已从 1990 年的 54.2%下降至 2001 年的 37.9%，农村地区的这一数值也从 58.8%下降至 47.7%。这表明：从整体水平来看，中国居民在收入水平提高的同时，食品支出的比重正在下降。人们可以把更多的消费资金投向买(建)房、家具、家电，搞装修，以及教育、文化、娱乐、交通、旅游等各个方面。所以，恩格尔系数的降低可以成为从整体上看，人民生活的水准已进入小康的标志之一，意味着“蛋糕确实做大了”。上世纪的五六十年代，我国的基尼系数[②]不到 0.2，在 80 年代初为 0.3 多一点，2001 年是 0.45。这表明：我国社会收入分配的差距已经拉大。说明虽然在整体上“蛋糕确实做大了”，但是在社会成员中“蛋糕分配”的非均等程度却在扩大[③]。中国社会进入转型期以后，社会贫富分化剧烈，中国已经成为世界上贫富差距较大的国家之一。经过 20 多年的努力，中国农村极端贫困人口已从 1978 年的 2.5 亿减少到 2003 年年底的 2900 万，贫困发生率从 30.7%下降到

---

① 恩格尔系数指食品支出金额在居民生活消费总支出金额中所占的比例。一般说来，恩格尔系数的降低意味着居民的消费支出中用于购买食品的比重减少了，由此可表明社会整体的生活水准得到了提高。基尼系数则是一个衡量社会收入分配均等程度的指标。

② 基尼系数为零，表示收入分配完全平均，基尼系数为一，表示绝对的不平均。在这一区间，该数值越小，社会的收入分配就越趋于平均；反之越大，则表明社会收入的差距正在不断地扩大。

③ 兰纪平：《恩格尔系数的下降与基尼系数的上升》，《北京观察》2003 年第 4 期，第 36-37 页。

3.1%，农村贫困人口的温饱问题已经基本解决[①]。但是，我们要注意到“贫困”的标准：1985 年农村人均纯收入 206 元，到 2003 年这个标准相当于 637 元。这是一个维持基本生存的最低费用标准，在中国被称作温饱标准。这一标准是无法供养子女就读大学的[②]。相当数量的贫困家庭子女经过艰苦的努力取得入学资格，却无法在家庭的支持下安心读书，他们承受的压力是巨大的。“贫困生”问题是改革开放后社会分化和高等学校实行收费制等综合因素下出现的情况。这也是高校大学生越轨行为不断攀高的一个背景性的因素。同时，我们还要避免以各种形式（尽管有时是出于“好心”）给贫困生贴标签，如某高校设立“贫困生宿舍”等，这无意中也会伤害到学生的自尊心，给贫困生带来更大的压力。

“教育和培训在任何国家中的分配，都具有非常深远的政治、社会和经济意义”，“在知识经济中，教育和终身学习的分配对社会公平具有十分深远的影响。扩大学习机会可以缩小不平等，但是，如果人力资本过于集中，也可能导致相反的结果，而且由于这种人力资本可以代代相传，所以这种不平等也会越来越严重。在教育扩展的近几十年里，具有更多特权的群体和没有什么特权的群体的教育成果之间并没有出现明显靠拢的迹象。来自贫穷和缺乏教育的家庭的孩子，以及少数民族和有困难的家庭的孩子，在学习上仍然处于下游[③]。”贫困问题不仅导致不同背景的家庭出身的孩子处在不同的起跑线上，还在其成长的每一阶段发生着影响。如果没有相应的措施，在大学生群体中就会基于财富的分层进而引发更多的社会问题。

1999 年开始，中国高等教育“扩招”政策的出台，教育体制的多元化，使得一些富裕家庭出身的学生可以通过支付较高的“学费”或“培养费”而得以取得接受高等教育的机会（选择学校和专业），而贫困家庭出身的学生往往无法得到这样的机会。同时，经过近年来的发展，基于家庭财政状况的不平等进一步分化，比如说一些更可能有助于受教育者进入未来社会主流的优秀高校和热门专业要求支付更高的费用。高等教育政策的调整旨在将“精英教育”转化为“平民教育”，对于快速提高全民族的文化素质，无论是政策理想和实践效果，都是值得充分肯定的，发展中国家

---

① 徐松，季明：《中国扶贫成就显著：贫困人口温饱问题基本解决》，2004-5-19，http://www.jcrb.com/zyw/n245/ca245173.htm

② 2004 年 9 月 7 日《大众网》引《齐鲁晚报》刊登的新华社消息《240 万高校贫困生盼支援　国家：搞好贫困生资助工作》。该消息称贫困生占 1 200 万高校学生的 20%，为 240 万。另有统计数据称有 300 万，见 http://news.163.com/editor/030826/030826_782472.html。徐安琪刊登在中国社科院社会学研究所最新一期的《青年研究》上的《孩子的经济成本：转型期的结构变化和优化》的调研报告显示——眼下父母养大一个健康的孩子平均要花掉 49 万，这还不包括春节压岁钱等“额外”收入。《教育投资作为第一要务 为孩子花 49 万是多还是少》，http://finance.tom.com/1015/1016/2005222-169235.html。

③ OECD，谢维和等译：《教育政策分析 2001》，教育科学出版社 2003 年 12 月第 1 版，第 58-59 页。

高等教育大众化，需要强大的财力支持，通常只有扩大私立高校的规模才能解决这一庞大的经济负担。但由此产生的问题，目前我们只是看到某些苗头，有待于进一步的观察研究。

虽然中国共产党和中国政府基于政治伦理一直以促进“共同富裕”、构建“和谐社会”作为执政目标，但是社会成员之间有如一场以生命为周期的“马拉松比赛”，注定形成“一部分人先富起来”而且很可能永远如此的局面，由此而导致的社会心理的不平衡很可能诱致越轨行为的发生。大学生作为青年中的优秀群体，对于平等的追求远甚于其他社会群体，这一社会心理因素的影响更值得注意。

转型期中，旧的社会结构解体了，新的社会制度还在建设和完善之中，这一过程导致结构性、规模性的如贫困家庭（导致贫困生的出现）、单亲家庭、社会共同信仰的丧失等社会问题，这些社会现象作用于大学生个体，超过其认知和接受能力，就可能使其心理扭曲，行为失范。我们看到典型的马加爵案件中就存在这样的因素。转型社会中大学生面临许多挑战，存在着多方面的压力源：一是来自于社会责任的压力；二是来自于生活本身的压力；三是来自于竞争的压力；四是来自于整个社会不断加快节奏所带来的压力。这种压力感过于沉重，就会给大学生带来心理障碍，严重的会出现越轨。

国内学者注意引进和发挥国外的研究成果，但是由于资料来源或是研究能力等原因，某些理论的介绍很不完整。前文我介绍过关于马斯洛关于需求的“五层次说”和“七层次说”的无谓争论，再如对“社会标签”理论的介绍只是关心该理论指出越轨本是一种常态现象，越轨是时刻存在的现象，任何人都可能在特定的时空有越轨行为，但是如果因为初发性或偶发性的越轨被他人贴上“越轨者”的标签，他就可能越走越远，而这种贴标签的“权力”如果在少数人手里或是不正当地使用，那种“贼的儿子永远是贼”的观念就能创造“现实[①]”，对于该理论的其他方面鲜见完整叙述和运用。理论的误导其危害性应当予以注意。

第二节　校园环境与越轨

学校对学生的主要作用就是把社会规范、道德观、价值观以及前人所积累的知识、技能传授给学生。在学校生活中，学生们主要是通过教师获得知识及道德教

① 王在山：《“越轨”的社会标签理论及其对预防违法、犯罪现象的启示》，《青年研究》1999 年第 6 期，第 47-49 页。

育，同时也在校内群体相处中学习适应共同生活的能力。社会转型期，由于社会失范带来教育失范，学校不免存在这样那样的缺陷和问题，诱发学生的越轨行为。

前面讲过，教育失范不仅表现在教育内容和教育方法上的失范，也表现在教育目的上的一定的失范（如应试教育的产生）。学校的教育精力过于放在应试上，由于受重智育轻德育的思想影响，曾一度出现学校教育忽视思想品德教育和法制教育或思想品德教育无科学可寻，学校思想品德教育过于简单的问题。主要表现在，一是思想品德教育内容脱离实际，没有把培养学生的爱国主义、集体主义、共产主义思想作为工作目标，内容空洞，缺乏时代性、针对性；二是德育工作脱离青少年身心发展，教育效果差；三是工作方法容易让青少年学生是非观念模糊、道德观念缺乏、法制意识淡薄，产生越轨行为。前述案例中多数当事人知道自己的行为是不道德的，但却不知道是违法的。应试教育的另一面表现在中学阶段就是片面追求升学率，这就给高校的教书育人带来不便，高校的思想品德教育同样位置不正，高等学校对学生工作不能从讲政治、讲全局的高度深刻领会并认识其重要性，学校学生思想政治工作队伍建设上不断压缩，过于强调客观因素，不能按教育部 1∶120～1∶150 的比例配备专职学生思想工作队伍，且缺乏良好的工作环境和工作氛围。因此高校内部大学生不道德的越轨行为有增无减。

转型期，随高校体制改革的进一步深化，高等教育的发展呈多元化趋势，教育收费制、后勤社会化、民办高校等等，收费项目繁多（如选修费、重修费、补考费、实习费、转专业费等），这对于家庭经济困难的学生来说压力是相当大的，而高校资助经济困难学生工作还存在着薄弱环节（一是认识上不到位，工作不够深入；二是资助经费不到位；三是勤工助学岗位设置不够充分；四是积极主动争取和赢得社会上更多资金资助经济困难学生工作不够，工作思路和渠道比较窄），这是造成大学生退学率逐年增高的一个重大因素，也是在校大学生侵犯财物（当个人需要与实际相矛盾时）的一个不可忽视的背景因素。

学校不仅是对学生传道、授业、解惑的场所，同时还负有对学生的行政管理职能，是社会管理系统的重要组成部分。今天的教育，可以说比以往任何时候都更多地感受到来自社会和教育自身的各种因素的冲击和影响。外部的影响如科技的进步，开放的市场经济，知识爆炸，大众媒体的普及，信息革命，多元文化等；教育自身的如义务教育的普及，多元化的办学模式，校园经济的出现，教师职务聘任制，开放的教育观念等。当前高等学校学生管理面临着一系列新的挑战。首先，在国际上，敌对势力对我国的“西化”、“分化”的图谋一刻也没有停止，价值观念、意识形态的渗透极为猖獗。其次，在国内，经济成分和经济利益多样化、社会生活方式多样化、社会组织形式多样化必然带来人们思想认识、思维方式、价值观念的多样化，使得思想领域热点、难点问题增多①。第三，招生、收费体制的改革、管理体制的改革和后勤社会化带来了新的问题，某些民办学校成了批发文凭的场所。社会转型期学校的管理机构变大，管理放松，对学生中出现的问题管理部门相互推诿等不良现象时有发生，这不仅恶化了校园风气，更可能影响大学生正确的世界观和人生观的形成，诱发越轨行为的发生。

个体在社会生活中，在逐渐确立自我，完成个性化的同时，通过社会学习与社会同化，必然与其周围的群体或个体形成一定的人际关系。"近朱者赤、近墨者黑"是一句富有哲理的成语。大学生处于生理、心理的剧变期，具有极强的可塑性，也是其通过模仿进行学习的重要时期。"交友不慎"是许多越轨者总结的教训之一。校园作为大学生学习生活的最主要的场所。同学之间、高低年级之间的行为同样具有强烈的示范作用。彼此间通过其亚文化的认同而获得信任。大学生非法传销、校园群架、考试作弊等越轨行为都可得到解释。

与性相关的越轨行为的持续上升，是我国现阶段大学生越轨行为的一项重要特征。北京性健康教育研究会主持的《全国大学生性健康状况调查报告》中大学生对婚前性行为的看法显示，有 33.6%的男生和 19.3%的女生表示，只要将来结婚就可以；还有 26.7%的男生和 12.7%的女生认为，不可避免，是生理需要。这份调查报告称，从大一到硕士二年级，男生发生性行为的依次为 7.9%、9.2%、12.9%、12.4%、20.7%、24.1%；女生发生性行为的依次为 4.7%、5.1%、5.4%、8.5%、14.3%、22.3%②。这份数据是在学校宿舍"异性混居"现象中引用的，由于无法收集到原始报告，不知道这些性行为的发生地点是否是调查的内容。我们可以推断的是：①学校宿舍是大学生发生性行为的重要场所之一；②留宿异性具有"示范性"，会诱发室友发生同样的行为；③住宿条件的改善与性行为发生率的提高具有正相关关系。

值得注意的是，由于学校与社会的有形和无形墙已经不复存在，大学生的"交际圈"已经不局限于同学、校友、老师，同时也与社会人员互动，近年来大学生参加传销就是典型的案例，他们在社会人员的诱导下发动在校生进行传销，有的人为此荒废学业，甚至因为承受不了压力而致精神疾病③。因此，在讨论"校园文化"这一主题时，还应当注意到与校外的互动性的存在及其强度问题。

---

① 李小鲁：《在全省普通高等学校思想政治教育研究会学生工作专业委员会 2002 年年会上的讲话》，广东省高等学校思想政治教育研究会学生工作专业委员会主编：《扩招后的学生教育与管理》，中山大学出版社 2002 年 12 月第 1 版。

② 郑超：《高校宿舍悄现异性混居：专家认为大学急需开设情感课》，《中国剪报》2004 年 9 月 8 日，第 8 版。

③ 张晶：《谁在导演大学生违规直销?》，《市场报》2004 年 9 月 10 日，第 5 版。

在过去对大学生越轨问题的研究成果中，对于学生间的互动影响予以了充分的注意，但是，对师生间的影响则显然不足。"教师"在中文中是一个真正的褒义词，但这并不能保证每一个教师都是值得褒扬的对象。由于教师劳动具有示范性特征①，教师的一言一行，为人处世的态度和方式，都会被学生视为学习和模仿的榜样。当教师在传授科学知识的"授业"活动时，其自身知识的渊博精深与否被学生当作样板而影响学生；当教师从事政治思想品质教育的"传道"活动时，其自身的品行与个性更被学生视为楷模而影响学生。

在研究导致学生越轨的结构性原因中，教师自身的越轨行为也就进入了我们的研究视野。有研究者归纳了几种典型的教师越轨行为：①贪色教师。利用考研、评奖等机会猎取女色；②腐败教师，收受贿赂；③禽兽教师。利用特殊身份，欺凌女生；④暴力教师；⑤独裁教师；⑥"老板"教师。攫取学生智力成果②。

罗森塔尔和雅格布森的实验研究证明了老师的期望和预言能改善那些被冠以"有希望者"的学生的表现。③ 事实上，教师对学生的不当对待也可能导致学生走向越轨之路。许多学生采取针对他人或学校的过激行动或是自残自杀，其最初的诱因很可能只是教师的一句不当评论或是一个伤害学生的动作而已。提高教师素质是当前不容回避的一个重要议题，"建设高质量的教师队伍，是全面推进素质教育的基本保证④"。

当前，在对待教师校外兼职方面有着不同的评论，我们认为世界银行和联合国教科文组织高等教育与社会特别工作组的评论是公允的："许多教员具有劳动力市场需要的专业技能。这使他们可以在学校以外兼职，以便补贴他们的低工资。在拉丁美洲，因为得不到全职岗位，教员被迫在几所不同的院校兼职。校外兼职可以促进专业发展，得到新的研究动力和更好的教材，以提高专业技能；还可以帮助各院校建立与私营部门的联系，为学生争取工作机会，或者与公共部门或私营部门建立合作关系。当然，教员兼职工作也有许多负面影响。许多外面的工作分散了教员的精力，影响了教学，减少了教员与学生、同事和管理人员的交流，破坏了校园文化。因此，在发展中国家，人们认为教员兼职是一个严重的问题。要解决这个问题就要提高工资。几乎在所有发展中国家，如果要提高高等教育质量，就需要提高教员的报酬。要建立专职雇用制度，限制校外活动也是有用的。例如在一定的条件下规定兼职工作的时间一周不能超过一天（这一天付工资或不付）。然而，高等院

① 周川主编：《简明高等教育学》，河海大学出版社 2002 年 8 月第 1 版，第 153 页。

② 李径宇，韩福东：《调查："教师越轨"》，《中国新闻周刊》2003 年 12 月 27 日。

③ 周晓虹等编：《大学教育与管理心理学》，南京大学出版社 2001 年 7 月第 3 版。

④《中共中央、国务院关于深化教育改革全面推进素质教育的决定》，1999-6-13。

校限制校外兼职必须审慎，因为如果工资水平很低，很可能使大量有能力的人离开学校。不考虑外部劳动力市场的需求而硬性规定教员的报酬会大大地影响教员的质量。这个问题在专业学院和技术学院是很常见的。不同学科之间的工资水平必须是灵活的，必须考虑市场对人才的需求[①]。”

我国实行的是专职雇用制，人员管理和报酬一直是参照公务员的薪酬进行的，这与教育规律本质上是不相符合的。如何设计符合高等教育本质规律和各院校实际的报酬制度，也是今后高等教育改革的重要内容，但是无论如何，如果教师本身是以金钱为唯一导向，其行为对于其职业而言就是越轨行为，这种倾向对于学生具有强烈的示范作用。中国有“教不严，师之惰”、“名师出高徒”、“身教重于言教”、“德高为师、学高为范”等表述，研究教师对大学生越轨正反面教育应当是关于大学生越轨行为研究中尚待进一步强加的领域。

在社会转型中由于教育的失范，造成有的学校教学内容上失衡（重智轻德等），学生对课程的适应程度，课堂教学方法手段滞后，不能调动学生学习的积极性和主动性，甚至有使学生产生厌学情绪，考试作弊、退学行为有增无减……当然校园环境对学生越轨行为的影响不仅仅是以上所述，还受来自校园不良文化、管理不到位、学校管理法规滞后和不完善等诸因素影响。

第三节　家庭氛围与越轨

作为初级群体的家庭，是个体社会化的最早场所。正常的家庭的存在和家庭人际关系的沟通，是维护心理健康的需要。人的一生大部分时间都是在家庭中度过的，尤其是幼年期，家庭是个体生活的环境，父母则是子女的第一任老师。因此，早期家庭生活的成长经历[包括家庭的人际关系、气氛、组成状况、社会经济地位、父母的素质（言谈举止）、教养方式等]都会对子女以后人生观的形成及其人格发展起着至关重要的作用和影响。家庭因素对青少年的影响主要是通过家庭结构的缺陷（家庭成员缺损、家庭经济结构的缺陷、家庭人际关系的不和谐）和家庭教育的缺陷发生作用的[②]。

家庭缺损严重地损害孩子人格的健康成长，容易在孩子稚弱的心灵引起各种不良的反应，可能使其逐渐变得性格孤僻、偏狭、自私、冷漠、难与人相处。根据湖

---

① 世界银行、联合国教科文组织高等教育与社会特别工作组编，蒋凯主译：《发展中国家的高等教育：危机与出路》，教育科学出版社 2001 年 7 月第 1 版，第 56-57 页。

② 梅伟强，王敏编著：《犯罪心理学》，中国法制出版社 1999 年 6 月第 1 版，第 63-66 页。

南省心理学会1991年的调查，湖南少年管所等单位的210名少年犯中，属于家庭破裂的有87人，其中父母死亡孩子从小无人照管48人，父母离异失去母爱造成孩子心理变态的39人，占有41.1%。[①] 这一切说明缺损家庭对子女有非常不良的影响。

家庭经济贫困本身并不是犯罪原因，世界上许多有成就的人物均成长于贫困的家庭中。但是，生长在贫困家庭中的孩子相对地说从家中分享的物质生活和精神温暖、正常教育等都自然少于其他家庭。这样家庭的父母整日为家庭的基本温饱而疲于奔波操劳，无暇也无力教育自己子女，甚至无能力在基本生活需要上满足子女的需要。在这样缺乏基本生活保障又缺乏教养的家庭中成长的学生，一旦不能自持，便易受品行不良人员诱惑而越轨。

在家庭教育中，父母对自己子女管教方法不当或教养态度、观念有误，也足以诱发子女越轨行为的发生。家庭教育不当主要有：过于严格，如过分干涉、支配、期望高等；过于放纵，如溺爱、放任、过于保护等；差别对待，如偏爱；方法缺乏一贯性，如矛盾、不一致、反复无常等。在父母缺乏知识的家庭，父母往往不知管教子女的重要性及正确的方法，因而容易发生上述各种管教不当的情形；但在父母有较高知识水平的家庭中，也常因溺爱或疏忽而发生错误的管教。在管教过严的家庭中，父母对子女的过分指责、禁止、体罚、或期望过高，易使子女产生畏惧心理，形成神经质、封闭、孤立、反抗、不妥协、不顺从等异常性格；反之，管教过宽易养成孩子自我中心、依赖、放纵、逃避困难等消极的性格。管教方法无一贯性，子女无所适从，无法养成规律性[②]。

中国进入社会转型期以后，许多的家庭不再拥有传统的紧密形式—同居一个屋檐下，家庭成员同居一室共吃共住的格局被打破，有幸同居一室的家庭也会因家长或孩子的忙碌或网络、电视等现代家电而占据了时空。忙碌的父母放纵了对子女的家庭教育，父母与子女实际距离（包括心理距离）在加大，家庭成员间缺乏良好沟通，孩子的不安全感和孤独感凸现。由于长时间的分离，父母对于孩子的“补偿”心理强化，更加倾向于用物质来满足孩子或是迁就他们不适当的要求，塑就了独生子女贪图享受、爱慕虚荣等不良个性。

上个世纪改革开放开始后，出现了一股留学热潮，同时也带来了相关的社会问题，其中之一就是“留守女士”，即男方出国后女方在家负担家庭。随着农民工大量进城，农村中出现了很多“留守孩子”，这些孩子虽然可能与爷爷奶奶在一起生活，但是心灵上忍受着特殊的寂寞，无法从父母处满足最初的情感需求。下面是一个

---

① 罗大华，石起才主编：《青少年犯罪心理学》，中国政法大学出版社，1999年版，第44页。

② 梅伟强，王敏编著：《犯罪心理学》，中国法制出版社1999年6月第1版，第66页。

“留守孩子”给报纸的来信，颇有启发意义。

“爸爸妈妈，常回家看看呀”

——一位“留守孩子”的呼唤催人泪下

编辑叔叔：

我是一名初一学生，家住南京浦口区。爸爸在南京城里打工，一两个星期回来一次，每次回来在家里住上一夜，第二天一早就匆匆走了。妈妈在江宁区一家外资企业上班，平时都住在厂里，难得回家一趟。最近厂里一直在加班，她已经快一个月没有回来了。我和爷爷奶奶一起生活，现在放暑假在家，不用每天上学、做作业，我就特别想爸爸妈妈，虽然爷爷奶奶也很疼我，可我看到别的同学做作业遇到不懂的地方就问父母、出去玩时有父母陪在一旁，我心里就酸酸的，有一种想哭的感觉。可我知道，爸爸妈妈也是想我的。他们虽然挣的钱不多，但为了能跟家里联系，都买了手机。每次打电话回家，他们除了关心爷爷奶奶的身体外，就是跟我说话，问我的学习怎么样，需要什么，接到他们的电话是我最开心的事。有时在电话中爸爸会问我妈妈的情况，而妈妈又会问我爸爸怎样了？我后来才知道，因为舍不得很贵的手机话费，他们两人不常通话。爸爸妈妈虽不常回来，可他们一回来都要带东西给我。爸爸为我买的都是好吃的食品，每次都不同样；妈妈给我买的都是衣服、发卡、头绳什么的，虽然花的钱不多，可妈妈买的衣服既好看又合身，我只要一穿出去，同学就知道我妈妈回来过了。虽然这样，我还是希望他们能常回家，哪怕不给我买东西都行。你们报社能让妈妈的单位少加点班，让她经常回家吗？

一个想爸爸妈妈的女孩　小玉[1]

虽然这是一个初中学生心理自述，但这种对父母的依恋心理在大学生中同样是存在的。现在的大学生基本上都是独生子女，一直生活在关爱之中，上大学往往意味着第一次独自在外生活，与父母的沟通是保持心理健康的一个相当重要的渠道，马加爵的自述是一个典型的案例。青少年对心理关爱的需求往往超过对物质的追求，物质的给予并不能“弥补”心理的关爱。比尔·盖茨“再富不能富孩子”的观点值得推崇[2]。

从上分析看出，家庭对青少年犯罪（越轨）的影响，主要是通过对其人格形成影响为中介而实现的。大学生尽管已成年，由于其尚未进入社会，其人格还未完全定型，且其幼年、少年多在家中度过，因此家庭的不良因素对大学生行为仍有很大影

① 定强，孝浦，幼明：《一位“留守孩子”的呼唤催人泪下》，《扬子晚报》2004年8月5日，第B2版。

②《比尔·盖茨怎样对待金钱》，《中国剪报》2004年9月8日，第3版。

响。统计中就发现有大学生因家中邻里不和，家人与邻里发生争执，该生获悉后跑回老家将邻居打成轻伤被告上法庭。

社会学、心理学等学科的研究都证明了早期的成长经历对于个人的重要性，弗洛伊德将其绝对化固然会有牵强的成分，但是其证明力并不应当因此受到怀疑。家长和其他家庭成员的行为对于子女的行为具有示范作用，犯罪社会学对此早有定论，虽然“小偷的儿子肯定是小偷”是错误的论断，但是小偷的儿子成为小偷的可能性却是肯定要超过正常人家的儿子。

家庭是孩子成长的安全港同时也是孩子接受启蒙教育的最初环境，家庭成员的不良行为对个体越轨行为在一定程度上也会起着潜移默化影响。良好的家庭人际互动关系是维护和促进大学生健康成长重要环节之一。因此，了解个体成长的家庭环境这一微观社会学单位，有助于解释其行为习性和心理特征。

第四节　个体因素与越轨

我国现阶段全日制在校大学生的年龄一般在十八九岁到二十二三岁之间，这个年龄正处于青年中期，这是一个人身心机能不断趋于完善的阶段，也是一个人身心发展的重要时期。在这个发展阶段，个体的生理发育已基本成熟并趋于稳定，这为大学生的独立生活和学习提供了必要的生理前提，也为他们不断完善个性，逐步达到心理成熟准备了物质基础。

大学生生理机能的成熟不仅仅表现为体格方面，而且表现为生理机能的不断完善。①外部形态发育接近成人，表现出各自典型形体特征。②身体内部器官趋于成熟，良好的心肺功能使大学生生龙活虎、朝气蓬勃，充满了智慧和活力；内分泌和性机能的日益成熟，引起了对异性的好奇和对爱情的向往。③体力显著增强。

在这一时期，生理因素会诱发心理不健康。刘俊庭、吴纪饶等把影响大学生心理健康的生理因素归纳为四种[①]：①大脑的器质性病变：会直接导致各种心理异常表现，出现意志意识障碍、智力障碍、严重遗忘症、人格异常等；②身体疾病：常可使人变得烦躁不安，敏感多疑，情绪稳定性降低行为控制力减弱，兴趣缺乏，人际关系比较紧张，严重的还可能导致心理障碍；③遗传因素：在精神疾病中尤其是在精神分裂症、躁狂抑郁症等的发病因素中遗传因素占有十分重要的地位；④神经系统的先天性不健全：大脑皮质和皮质下神经组织间的相互协调作用有某障碍或大脑皮层的兴奋的抑制过程的协调作用有某种障碍等，都会导致病态人格等心理

---

① 刘俊庭，吴纪饶主编：《大学生健康教育》，高等教育出版社 2000 年 9 月第 2 次印刷，第 65 页。

异常，神经类型属弱型的人更容易受到不良因素的影响而引起不健康的心理行为。青春期的大学生特别关注自身的身体（体貌、身高、肤色和对异性的吸引等）。由于生理原因导致心理上的不健康若不能得到及时引导或控制，越轨行为就会随时发生。

由于社会生活环境的影响，特别是大学生特有的学习和生活方式，使他们的心理发展处在一个迅速走向成熟而又未真正达到成熟的阶段，从而形成大学生独特的心理特点：①智力发展达到高峰。②情绪情感丰富而不稳定：热情奔放，容易冲动；珍视友谊，注重交往；性意识觉醒，向往爱情。③自我意识进一步增强。大学生的心理发展在不同的学习生活阶段将经历适应准备阶段、稳定发展阶段和走向成熟阶段。对于每个大学生个体来说心理发展经历的时间长短是不同的。在此发展过程中，矛盾和冲突在所难免，如独立性与依赖性的冲突、理想与现实的冲突以及情绪方面的冲突等等，在处理这些矛盾和冲突的过程中，大学生心理逐渐成熟起来。当然也有少数大学生因为不能很好地处理有关矛盾冲突而产生各种各样的越轨行为。刘俊庭、吴纪饶等把影响大学生心理健康的个体心理因素归结为[①]：①认同的危机；②性的生物性与社会性冲突；③心理素质的脆弱；④个性缺陷；⑤人生观的动荡模糊；⑥心理发展中的内在矛盾；⑦情绪发展中的不稳定性等。青年期是一生中苦闷、烦恼最多，体验最深刻的时期，其内心既敏感又脆弱，当不良的社会环境因素与不良的生理、心理因素交互作用时，就会导致心理平衡的失调，大学生中的自杀行为多是因此而诱发。

张保平先生从犯罪心理角度，提出“犯罪心理结构”的概念，指出“犯罪心理结构”包括四个方面：①犯罪认知心理，即犯罪人既有的知识、经验和认知过程方面的特征；②犯罪的动力心理，即对犯罪人实施犯罪具有动力性和导向性作用的心理成分；③犯罪个性心理；④犯罪的情境心理，即犯罪人在特定时空条件下的心理状态[②]。由于心理结构的复杂性，每样事情出现在不同个体身上，其结果可能完全不同。比如说单亲家庭可能导致某个人胆怯、畏缩，而导致另一个人更加努力、坚强，这其中最重要的因素就在于个体的心理健康状态。

对于心理健康的标准，陈家麟教授在回顾了心理健康概念的沿革和比较了国内外学者的不同见解并结合自身开展心理健康教育工作的经验，提出了6条标准：①智力发展正常；②情绪稳定乐观；③意志品质健全；④行为协调适度；⑤人际关系和谐；⑥人格独立完整。并指出：①心理健康是一个相对的概念；②人的心理健康水平可分为不同的等级，是一个从健康到不健康的连续体；③一个人是否心理健康

① 刘俊庭，吴纪饶主编：《大学生健康教育》，高等教育出版社2000年9月第2次印刷，第66—68页。

② 张保平：《犯罪心理学（第三版）》，中国人民公安大学出版社2003年6月第3版，第7-8页。

与一个人是否有不健康的心理和行为并不是一回事;④心理健康是一个文化的、发展的概念[①]。吴汉德结合大学生实际和国内外专家学者的观点将大学生心理健康标准归纳为以下八点:①个人的心理活动特征符合大学生年龄特征;②智力发展正常;③情绪健康;④意志健全;⑤人格完整;⑥自我评价正确;⑦人际关系和谐;⑧适应能力强。[②]

结合上述所列标准,大学生心理健康的一个重要表现就是稳定的心理状态和对环境的适应性。具有良好的心理状态就意味着不会轻易地因为外界的刺激因素而作出剧烈的反应。心理健康对大学生的健康成长有着极其重要的影响。健康的心理是大学生接受思想政治教育和学习科学文化知识的前提,是大学期间正常学习、交往、生活、发展的基本保证。在大学中,有人因自我否定、自我拒绝而几乎失去从事一切活动的愿望和信心;有人因考试失败或恋爱受挫而产生轻生念头或自毁行为;有人因现实的不理想而玩世不恭或万念俱灰;也有人因人际关系的不和而逃避群体、自我封闭或报复。尽管这些越轨行为或消极行为只是少数,但说明一个普遍的道理:个体在心理上多一份弱点,他的成长和发展就多一分限制和损失。大学生心理健康对他们的德性、智性素质乃至身体素质的发展都有很大的影响。

有人认为越轨行为还受不健康的心理因素影响,它包括①个性倾向因素。个性倾向性会影响心理活动的选择性以及对事物的态度和行为模式;②性格结构因素。这体现在对现实态度的性格特征、性格的意志特征和性格的情绪特征,如果这些方面存在消极因素,就会导致越轨行为的发生;③控制系统的缺陷。一个人的自我控制系统主要由自我意识、道德观念和法制观念构成,一个人自我意识不成熟或扭曲,道德和法制观念缺乏,就容易导致越轨心理的形成[③]。

大学生不良的心理品质是大学生越轨的一个重要原因。一些大学生越轨行为的产生与他们消极的自我意识、意志、性格、动机、气质、需要等心理品质密切相关。从自我意识来看,一些大学生具有独特的自我意识,不同程度地表现出一种反约束感、所处地位的优越感和强烈追求自由的倾向,喜欢随心所欲,一切以自我为中心;从意志上看,一些大学生往往缺乏自我约束力和自制力,目无组织纪律,意志薄弱,管不住自己,在行为上表现为“明知不可为而为之”;从性格上来看,一些大学生表现为任性、好强、敏感、偏激、时冷时热的“外向型”性格,虚荣心极强,当客观条件有限与虚荣需要发生矛盾时,强烈的欲望产生越轨冲动,一有机会便会付之行动;从

---

① 陈家麟著:《学校心理健康教育:原理与操作》,教育科学出版社 2002 年 1 月第 1 版,第 1-25 页。

② 吴汉德著:《大学生心理健康》,东南大学出版社 2003 年 8 月第 1 版,第 10-17 页。

③ 张明主编:《走向歧途的心灵》,科学出版社 2004 年 5 月第 1 版,第 30-31 页。

动机上来看，一些大学生是为了满足个人不正当的需要而越轨；从需要上看，每个越轨行为后面实际上多多少少地反映了大学生的特定的个体需求（生物和心理需求）。在前面心理学解释中提到马斯洛的需要层次理论，它揭示了学生成长过程中的心理变化过程，我们也可以用它来解释大学生越轨的现象。

由于大学生处于特定的年龄阶段，许多行为除了惯性作用外，还要考虑到偶然性的时空因素。辩证唯物主义认为，时间和空间是运动着的物质的存在形式。人的心理和行为总是发生在特定的时空中，反过来时空因素也影响和制约着人的心理和行为。犯罪（越轨）也是受时空因素制约的。时空因素虽然不是犯罪心理和行为形成的本质原因，但在具体的特定人身上，或在特定的环境中，它却为犯罪心理和行为的形成提供了一定的条件。犯罪人在作案前一般都要选择有利于自己作案的位置和时间。综观前章所统计的大学生越轨行为及个案，大学生越轨行为也有很强的时空因素。如大学生考试作弊行为，大学生中的多数盗窃行为（案例一盗窃图书馆中的书，他总是选定好一定的时空，并在这一定的时空屡屡获胜。还有许多其他内盗案件、群架事件等）。

心理是行动的动因，因此，心理不健康必将导致行为偏离正常的轨道。在越轨原因结构诸因素中，心理因素是对越轨行为的微观观察，它可以直接说明个体为什么选择了越轨而不是对规则的顺从。

第五节 结　论

单个的原因都不足以必然地引发特定的越轨行为，单个的原因作用于不同的个体可能会引起完全不同的结果。理论和实例都证明了越轨行为不是简单的一一对应的因果联系而是复杂的多因多果的复杂结构。

我们认为：引起越轨行为的是一个“原因结构”，本章前述各节分析这个原因结构的不同侧面。原因结构是外在的社会客观因素与内在的个体主观因素共同作用的整体。“原因结构”只是对越轨原因分析的一个指导原则，对具体个例的分析并非一定包含上述全部内容，也不一定仅限于本节分析的内容，但是它一定包括这两个方面的共同作用。

第六章　越轨的正功能研究

“越轨”这个词被赋予了太多的贬义，但是任何一种社会现象，其导致的结果都是复杂的，越轨的“正功能”，即它的积极作用也正日渐被人们所认识。

第一节　越轨产生的必然性

福特基金会资助的“积极性越轨”项目（positive deviance project）认为“每一个群体都有一些人（积极的越轨者们），他们采用特别的手段、策略和行动，使他们比与他们有着共同资源的人能够发现更好地解决普遍性问题的途径。积极性越轨是一个文化的、适当的发展趋势，这趋势被特定的人群追寻和运用。[①]”无论是道德、纪律还是法律，都体现了个体与群体间的互动关系，基于这一点，我们可以借鉴柯林斯（Randall Collins）的“冲突论”的理论，柯林斯吸收“符号互动论”的观点，认为“人类生活在一个以象征符号互相交往的世界中。这个现实的世界是由通过人际交往而确立的共有的主观定义和期望所构成的。随之而来的，必然是人们的主观现实不断地被重新商定。因此，社会现实本身是脆弱的，不稳固的。在社会生活中，冲突的主要根源就是人们想竭力左右或支配他人的主观定义，以便在个人间的际遇中最大限度地增加自己的优势[②]”。这一论述对于“越轨”的产生同样具有解释力，至少包含了三个方面的内容：

一、规则的变动性

人的行为具有惯性，规则的变动总是导致个体的不适应，犹如车辆的突然启动或刹车会导致乘客的后倒与前倾。道德规范的地域性和人群性总是使得我们时刻注意“入乡随俗”。纪律的变动，或是我们进入不同的团体，规则的适应也是特定个

---

① Child Survival Collaborations and Resources Group（CORE） Workshop：《About Positive Deviance》，2004. 9，http：//www. positivedeviance. org

② 宋林飞：《西方社会学理论》，南京大学出版社 1999 年 6 月第 1 版，第 364 页。

体面临的重大问题，而法律也是始终处于变化之中的。在社会转型期，这种变动尤其频繁和剧烈。另一方面，如果这些不发生变动，而社会生活发生变化，个体可能更加不适应。近年来，大学生性行为的各种问题和案例时常成为媒体炒作的对象，应该讲也正是因为社会情境发生了巨大变化，而高校对学生行为的规范仍然停留在若干年前的认识水平。高校管理不到位的一个典型的“假设”是：高校是独立于“社会”的象牙塔。“社会”被假设为充满罪恶与不端的混浊世界，而校园内则要求师生充满天真与无邪。

二、外在主体的控制意图

任何一个组织对于其成员都具有控制的欲望，并且是不断加强的欲望，在中国这样一个具有长期封建传统的社会中，这一点表现得尤为明显。2004 年 6 月 3 日，教育部教社政(2004)6 号文《关于切实加强高校学生住宿管理的通知》就是一个典型事例，该文导言部分说明了发文背景“近期以来，一些高校出现学生住宿场所发生治安伤害事件。继 2 月 23 日云南大学发生四名学生在校内公寓被害案后，又有部分地区高校学生在居住地相继发生偷盗、抢劫、伤害等刑事治安案件。此外，近年来一些在校大学生自行租住校外民房，条件参差不齐，有的不具备基本的安全设施，有的周边治安环境复杂，安全或治安事件时有发生。4 月 27 日晚，西藏民族学院两名学生在校外租住房屋遭歹徒绑架抢劫，近期相继发生高校学生在校外租房被害以及煤气中毒死亡事件。”该文件实质性内容在于最后一部分“各高校应积极创造条件为学生解决住宿问题，原则上不允许学生自行在校外租房居住。对已在校外租房的学生，应要求其搬回校内住宿；对极少数坚持在校外租房的学生，要向他们耐心说明可能产生的后果和个人应承担的责任，并逐一登记，建立报告和承诺制度，说明租房的原因、房屋详细地址、联系方式，承诺加强人身和财产安全的自我保护，经本人与家长双方签字报学校备案。要切实加强学生校外租房的管理，决不能留下管理和教育工作的空白点。”有媒体将该文概括为“禁租令”。高校后勤管理社会化本是高等教育改革的一个方向，也是该部倡导的做法，而在一系列突发事件后颁行此文，除了在政治上推卸责任外并无实质意义。其结果是群起而攻之，只有少数地方教育行政主管部门跟进①。校外租房学生发生意外有客观方面的不安定因素，但多数是由于学生自身在社会化过程中不良诱因导致。

---

① 广东省教育厅在转发教育部教社政(2005)6 号文的文件中明令禁止校外租房，并表示对“屡教不改”者要开除。263 在线新闻：http://news.263.net/20040809/00420976.html。

三、个体的趋利性

大学生个体有如其他社会个体，在对规则的适应（包括反抗）过程中，作为一个理性的个体，总是时刻在“计算”自己的得失的。在前文的论述中，我们对“理性人”的观点表示了赞赏，应当承认，在绝大多数情形下，大学生越轨是一个“理性”的选择的结果，即使是所谓的“激情”越轨，也往往反映了大学生内心潜在的价值判断在紧急时刻的表露。正是基于这一认识，我们认为不论是对规则的顺从还是违反，实际上都体现了规则的作用。

由于上述因素，“越轨”只是表现为对照规则的“不正常”，但是其产生具有客观必然性，从哲学层面看，越轨实际体现了人的认识（体现在规则制定对未来的预测）与客观运动的不一致，这是一种十分正常的社会现象，因为人们总是在实践中修正自己的认识并不断提高的。

第二节　越轨的正功能的体现

阿什比说：“大学教育就其最高境界而论，就是培养学生反抗流行的理论和向传统进行挑战，从而促进学术的发展[①]”。这一见解是从教育目的论角度出发的。波普诺认为：“尽管违规很少被认为是理想的，但它有时确实能帮助社会体系发挥作用，并朝着理想的方向变化。下面是一些违规的社会功能：①‘违规有助于澄清并定义社会规范’。许多社会规范直到被破坏时还是模糊不清的。这时的群体反应才使规范有了确切的定义[②]……②‘违规能够增强群体团结’。群体成员发现对违规现象有共同的态度，多数情况下他们采取一些共同的行动来控制和制止违规现象。有时一个群体为了一个违规成员而团结起来。这个群体可能要保护它的违规成员免受违规影响，或帮助违规者遵从社会规则。③‘违规能带来社会体制中所需要的变化’。正如上面所讨论的，非遵从违规者希望通过违规而引起社会变化。有时候一些成员的违规行为，使整个群体中的其他成员都意识到某一条规则不太合理，或者它与别的更重要的规则相抵触，这条规则就改变了。④‘违规从反面促使人们更愿意遵守规范’。这种结果仅仅在违规者不成功或受到惩罚时才能产生……。”[③]周运清认为：

① [英]阿什比著，滕大春，滕大生译：《科技发达时代的大学教育》，人民教育出版社 1983 年第 1 版，第 16 页。

② 原书举例不是很清晰地说明问题。我想可以举法律方面的例子：立法的时候法律的规定总是被认为是清晰明了的，但某些案件发生后当事人、律师和法官或是检察官才发现法律的规定实际上是含糊的。经过激烈的辩论甚至是提请立法机关解释，人们最后才确定法律的“本义”并据以作出裁判。

③ [美]戴维·波普诺著，刘云德，王戈译：《社会学》，辽宁人民出版社 1987 年 6 月第 1 版，第 445-446 页。

"根据离轨的社会后果，我们可以把离轨分为消极离轨和积极离轨两大类型，判断离轨是否具有积极意义，一般认为要看它是否能推动社会的进步与发展。对社会有益，能提高生产力，推动社会的进步与发展的，就是积极离轨。例如给领导提合理化建议、搞革命活动，移风易俗、创造性劳动、思想解放等等都是积极离轨[①]"。

结合相关论述，我们认为越轨的正功能主要体现在下列几个方面：

一、明确规则的目的与要求

20 世纪 80 年代初，《中国青年》以"潘晓来信[②]"为契机发起了关于人生观的讨论，在当时百废待兴的中国，良苦用心的编辑们，用一个综合出来的"典型"人物的语言加上一年多的时间，凝聚了全国青年的共识，那个时代的知识青年，谁也不会忘记这一场被导演的大讨论。这场讨论在当时明确了国家、社会对青年的要求。从制度方面来看，法律实践有更好的例子。在"英美法系"中实行的"判例法"，法官通过一个个具体案件的判决向人民宣示应当遵守的法律是什么，可以说每一个判例都让人们更好地了解什么是"法律"。在现实生活中，我们也是通过一个个事例来明白该做什么和不该做什么。用一句通俗的话来讲，"越轨"提供了"反面教材"。

二、暴露旧规则的不足

在现实生活中经常有人说"法不容情"，以此来说明某个事情从情理上大家能够接受，但是法律并不允许。从法律哲学层面来讲，出现这种情况可能是：人们的"情"出了问题，或者是法律出了问题。褚时健事件[③]发生以后，媒体上鲜见对褚时健的"声讨"，恰恰相反，我们看到的是一片惋惜之声，法律、经济、社会学各方面的

---

① 周运清主编：《社会学》，武汉大学出版社 1988 年 6 月第 1 版，第 358-359 页。

② 1980 年 5 月《中国青年》杂志刊登出一篇署名潘晓的读者来信《人生的路为什么越走越窄》。其中从一名女工的坎坷经历发出对现实与理想的困惑。文章一经刊登，在全国青年中引起强烈反响。这场讨论持续到翌年 3 月结束。《中国青年》杂志的最高发行量达到 369 万份，读者来信总计 6 万封。有青年称"这是他们第一次敢于向媒体吐露真言"。这封反映出一代青年困惑的读者来信，实际上是由杂志社编辑综合多封读者来信而成，并取其中的代表人物潘祎和黄晓菊共同构成"潘晓"这个名字。材料来源：钟鹭：《潘晓：这难忘的名字》，http://www.top81.com.cn/bwl/article/panxiao_02.htm。

③ 被告人褚时健，男，1928 年 2 月 1 日生，汉族，高中文化，云南省华宁县人，原系云南玉溪红塔烟草(集团)有限责任公司董事长、总裁，住玉溪卷烟厂职工宿舍。1997 年 2 月 8 日因本案被监视居住，同年 7 月 10 日被逮捕。云南省人民检察院于 1998 年 8 月 6 日以被告人褚时健犯贪污罪、巨额财产来源不明罪提起公诉。云南省高级人民法院(1998)云高刑初字第 1 号刑事判决书判决：一、被告人褚时健犯贪污罪，判处无期徒刑，剥夺政治权利终身，并处没收财产人民币 20 万元；犯巨额财产来源不明罪，判处有期徒刑五年；数罪并罚，决定执行无期徒刑，剥夺政治权利终身，并处没收财产人民币 20 万元。二、被告人褚时健巨额财产中明显超过合法收入的差额部分，价值人民币 403 万元，港币 62 万元的财产依法没收。材料来源：http://www.szlaw.org/2004/6-10/222437.htm。

专家都认为这是制度的悲剧，褚时健按照规定该拿的奖金就超过了所谓的“犯罪所得”，跟他所作的贡献更不能比较。人们从这个案件中发现的是旧的分配制度、人事制度的不合理。这个案件对于后来的一系列的国有企业改革事实上有深刻的影响。时至我写作论文时以“褚时健复出”为主题词在“搜狗”（www. sogou. com）上仍然可以查到 51 个记录，体现了人们对这位当年的烟草大王的关切。而南京“彭宇案”（因扶被撞的老人并送其就医、代付部分费用的行为被“推定”为应付撞人责任）的负面效应则更为明显，人们普遍认为此案对于中国社会关爱老人的传统美德形成了毁灭性的打击，导致了社会公德的严重倒退。这个案件的事实真相并不重要，重要的是司法机关在形成判断的推理过程损害了社会公德性的优越地位。

三、推动新规则的建立

“制度的形成是比较漫长的，制度的变革总是和极端的事件联系在一起。收容遣送 1950 年代初就有，当时主要是收容国民党散兵游勇、妓女、吸毒者和流浪乞讨人员等，到 1982 年才由立法的方式确立了制度，1982 年确立后又延续了 20 多年。治安的维护功能，公共利益的保护，国家权益的实现，使得这个制度在制定的当初有其合理性。当它演变成治安管理制度时，情况有所失控①。”2003 年，因为发生了“孙志刚事件②”，孙志刚的死，导致了旧的《收容遣散办法》的废止和《城市流浪乞

---

① 唐钧：《〈收容遣散办法〉废止始末》，《外滩画报》2003 年 7 月 2 日。

② 广州市中级人民法院认定的“孙志刚事件”的事实是：2003 年 3 月 17 日晚 10 时许，被害人孙志刚（刚毕业的大学生）因未携带任何证件外出，被执行清查任务的广州市天河区公安分局黄村街派出所民警收容送至广州市收容遣送中转站。3 月 18 日晚 10 时许，因被害人孙志刚自报有心脏病，广州市收容遣送中转站将孙转送至广州市收容人员救治站治疗，收治在救治站一区 201 室。3 月 19 日晚，因被害人孙志刚向到救治站认领被收容救治人员罗某的亲属大声喊叫求助，引起该救治站护工被告人乔燕琴的不满，被告人乔燕琴遂与同班护工被告人乔志军商量将孙调至一区 206 室，让 206 室内的被收容救治人员教训孙志刚。之后，被告人乔燕琴到 206 室窗边直接授意 206 室内的被告人李海婴等人殴打被害人孙志刚。翌日凌晨 0 时 30 分许，当被告人乔燕琴、乔志军与护王被告人吕二鹏、胡金艳交接班时，被告人乔燕琴再次向被告人乔志军以及被告人吕二鹏、胡金艳提出将被害人孙志刚调至 206 室，让该室的人殴打孙志刚，得到被告人乔志军、吕二鹏、胡金艳的认同。随后，被告人乔燕琴、吕二鹏又分别到 206 室授意李海婴等人殴打孙志刚，接着乔燕琴、乔志军、吕二鹏、胡金艳四人共同将被害人孙志刚从 201 室调至 206 室，然后四人回一楼监控室。当天凌晨 1 时许，206 室的被告人李海婴首先上前殴打被害人孙志刚，接着被告人李文星、周利伟、钟辽国、李龙生、张明君、韦延良也上前以拳打、肘击、脚踩、脚跟砸的方式对孙志刚的背部等部位进行殴打。其中被告人李海婴采取了拳打脚踢、肘击、膝盖撞击背部的方式殴打孙志刚，还将孙按倒在地，让同案人殴打；被告人钟辽国采取左、右肘击、将孙志刚推至墙边站立用膝盖撞击等方·式殴打孙志刚；被告人周利伟长时间持续殴打孙志刚；被告人何家红则在旁边望风。被害人孙志刚被打几分钟后，被告人胡金艳去到 206 室门口进行了口头制止。约 10 分钟后，被害人孙志刚向 206 室内的众被告人下跪求饶，但被告人李海婴又首先冲上前殴打孙志刚，接着被告人钟辽国、周利伟、张明君、李文星、何家红也上前殴打孙志刚。其中被告人李海婴以肘击，被告人钟辽国、周利伟以肘击、脚踩，被告人张明君以跳上背部踩、脚踢，被告人何家红以拳打脚踢的方式反复殴打孙志刚。当值班护士曾伟林、被告人胡金艳发现孙志刚再次被殴打后，去到 206 室制止并将孙志刚调至 205 室。（接下页）

讨人员收容管理办法》的出台，导致新规则的出台。这一事件带来的另一个不被人们所关注的是 12 个人被判刑②，事实上，这 12 个人又何尝不是收容制度的牺牲品？

四、引导社会变革

当越轨不是孤立的事件而成为规模性的“常态”事件或群体越轨以后，越轨导致的就是移风易俗的结果，最初的越轨者事实上引导了社会的变革。

由于人们总是基于现实的社会生活条件来制定行为规则，而且作为一种行为规则为了凝聚社会共识，不得不迁就广泛的社会大众的认识水平，同时，规则还要保持相对的稳定性，因此，任何“规则”本质上都具有一定的保守性。这也决定了在任何时候都必然有越轨的行为存在，强调越轨的正功能的意义就在于不仅要强调社会生活的稳定，更要强调社会在稳定进步。在社会转型期，强调越轨的正功能意义尤其重大。

(接上页)当天凌晨 2 时许，被害人孙志刚向被告人吕二鹏反映情况，被告人吕二鹏持塑胶警棍隔着 205 室的门对孙的胸腹部连捅数下。 当天上午 10 时许，被害人孙志刚被发现昏迷不醒，后被送至该站医疗室进行抢救，经抢救无效死亡(经法医鉴定，被害人孙志刚系因背部遭受钝性暴力反复打击，造成背部大面积软组织损伤致创伤性休克死亡)。 5 月 16 日，许志永、俞江、腾彪 3 位青年法学博士，以普通中国公民的名义上书全国人大常委会，要求对《收容遣送办法》进行“违宪审查”。 6 月 20 日，国务院第 381 号令，《城市生活无着的流浪乞讨人员救助管理办法》自今年 8 月 1 日起施行。 1982 年 5 月国务院发布的《城市流浪乞讨人员收容遣送办法》同时废止。 新办法提出了全新的自愿救助的原则，取消了强制手段。

② 广州市中级人民法院判决：一、被告人乔燕琴犯故意伤害罪，判处死刑，剥夺政治权利终身。二、被告人李海婴犯故意伤害罪，判处死刑，缓期二年执行. 剥夺政治权利终身。三、被告人钟辽国犯故意伤害罪，判处无期徒刑，剥夺政治权利终身。四、被告人周利伟犯故意伤害罪，判处有期徒刑十五年(刑期从判决执行之日起计算，判决执行以前先行羁押的，羁押一日折抵刑期一日，折抵计算后刑期即为从被羁押之日起至 2018 年 5 月 2 日止)，剥夺政治权利五年。五、被告人张明君犯故意伤害罪，判处有期徒刑十五年(刑期经依法折抵计算后即为从被羁押之日起至 2018 年 5 月 8 日止)，剥夺政治权利五年。六、被告人吕二鹏犯故意伤害罪，判处有期徒刑十五年(刑期经依法折抵计算后即为从被羁押之日起至 2018 年 5 月 1 日止)，剥夺政治权利五年。七、被告人李龙生犯故意伤害罪，判处有期徒刑十二年(刑期经依法折抵计算后即为从被羁押之日起至 2015 年 5 月 9 日止)，剥夺政治权利四年。八、被告人韦延良犯故意伤害罪，判处有期徒刑十年(刑期经依法折抵计算后即为从被羁押之日起至 2013 年 5 月 11 日止)，剥夺政治权利三年。九、被告人何家红犯故意伤害罪，判处有期徒刑九年(刑期经依法折抵计算后即为从被羁押之日起至 2012 年 5 月 1 日止)。十、被告人李文星犯故意伤害罪，判处有期徒刑八年(刑期经依法折抵计算后即为从被羁押之日起至 2011 年 4 月 29 日止)。十一、被告人乔志军犯故意伤害罪，判处有期徒刑四年(刑期经依法折抵计算后即为从被羁押之日起至 2007 年 5 月 1 日止)。十二、被告人胡金艳犯故意伤害罪，判处有期徒刑三年(刑期经依法折抵计算后即为从被羁押之日起至 2006 年 5 月 1 日止)。

第七章　大学生越轨对策研究

在本书的前面部分，我们已经证明了“越轨”实质就是对特定规则体系的偏离，并指出这些规则体系可以分为道德规则、纪律规则和法律规则，教育学、心理学、社会学和法学等学科对越轨现象作了不同侧面的解释，本书引用的几个方面的实证案例，一方面反映了转型期中国大学生越轨的存在及其特点，同时也验证了有关理论对越轨发生、存在和对策的论述，证明了引起大学生越轨行为的发生并非某单个因素，而是诸多原因的综合作用，是“原因结构”在起作用，越轨具有其独特的正功能。本书研究的目的就是探究如何实现那些被偏离的规则所期望建立的社会秩序，本书的结论，也是作为对越轨的对策可以归纳为两个部分：一是对负功能越轨的预防、矫正，另一是对正功能越轨的转化。

为了实现那些被偏离的规则所期望建立的社会秩序，也是作为对越轨的对策，党的十六大四中全会提出“和谐社会”这个新概念，并将此与物质文明、政治文明和精神文明一起作为全面建设的小康社会“四位一体”的目标。和谐社会是由和谐的人组成，而和谐的人是由和谐的校园孕育出来的。新的时代为教育赋予了新的历史使命——构建和谐校园。

在社会转型期提出“构建和谐校园”这一现实命题，要求我们的高校应该是一个民主法制、公平正义、诚实友爱、充满活力、和谐发展的校园。要实现这样的目标，我们首先要以科学的态度处理好校园中不和谐的音符—学生的越轨问题。结合现有的大学生越轨行为问题的有关研究，可归纳为：一是对负功能越轨的预防、矫正；另一是对正功能越轨的转化。高校要坚持以人为本的育人理念，建立科学高效的和谐管理模式，营造和谐教育的优良环境。

“社会固然需要受过专业训练的公民，然而需要更多的是有教养的公民”①。1998 年《中华人民共和国高等教育法》规定：“高等教育的任务是培养具有社会责任感、创新精神和实践能力的高级专门人才，发展科学技术文化，促进社会现代化建设”。因而高等教育的目标是使所要培养的高级专门人才达到质量要求和专业

---

① [英]阿什比著，滕大春，滕大生译：《科技发达时代的大学教育》，人民教育出版社 1993 年第 1 版，第 16 页。

规格。我国高等教育的目的是使教育为社会主义现代化建设服务，为人民服务，教育与生产劳动和社会实践相结合，使受教育者成为德、智、体、美等方面全面发展的社会主义建设者和接班人，也就是要培养适合社会发展需要的新的成员。在这一过程中，社会、学校、家庭及个体共同发挥着自己的作用。

第一节 负功能越轨的矫正和防范

所谓负功能越轨，指的是越轨行为不仅仅是偏离了具体规则的要求，同时也是对这些规则体系背后的秩序体系的偏离。

制定规则是一个相对简单的工作，对违反规则者予以制裁也不是困难的事情，困难的是如何对越轨者进行矫正，使之回归到规则之“轨”上来，同时对其他准越轨者起警示和防范作用。陈家麟教授就学校心理教育方法就提出了心理诊断、心理教育、心理干预三个方面 19 种方法并提出了实施这些方法所需要的五个途径：专门课程、学科渗透、寓于活动、优化环境和心理咨询。单单是这一个方面就是一个庞大的系统工程[①]。在美国司法制度中，对于刑事犯罪人的矫正制度从量刑开始，综合考虑量刑的目的、有关法律、政治、制度、财政因素的影响、刑种的选择等问题，配合社区矫正制度、重返社会制度，通过联邦和地方的矫正机构的合作，针对男犯、女犯和少年犯的特点采取不同的措施[②]，远远超过我国刑事司法中刑法执行制度。

过去对青少年越轨行为的研究自芝加哥学派开始侧重于矫治，预防工作建立在社区基础之上。大学生作为一个特殊人群，他们在校园中通常只有四年，而且如前所述，越轨行为的高发期在二、三年级，作为特殊预防，对其采取惩罚措施，其意义其实有限，即使是最为严厉的迫使其离校的措施，其实只是将一个校园越轨者转化为社会越轨者而已，这绝不应该成为研究者的目标也不会是学校当局的目标。事实上，迫使越轨学生离校与其说是对越轨者的惩罚，还不如说是学校当局的技穷和绝望。因此，对大学生越轨的研究和对策应当以“预防第一”为原则，从制度上防止学生发生越轨行为，对越轨者进行惩罚时更应该考虑对其他潜在越轨者的威慑，否则还不如不予处罚。

根据前面对社会转型期越轨原因的分析，结合国内外学者的有关研究，为促进大学生健康成长，预防和矫治大学生越轨行为，应当着重从以下几方面着手开展

---

① 事实上，陈家麟教授的《学校心理健康教育：原理与操作》(教育科学出版社 2002 年 1 月第 1 版)全书就是一本操作指南。

② [美]克莱门斯·巴特勒斯著，孙晓雳等译：《矫正导论》，中国人民公安大学出版社 1991 年 5 月第 1 版。

工作：

一、建立健全教育管理法规，及时修正不适时的、与国家法律法规相抵触的教育管理规定，实现教育的法制化和依法治校

目前我国已出台《教育法》、《义务教育法》、《高等教育法》、《教师法》、《未成年人保护法》等教育法律，其他的教育行政法规、规章也不少，这是社会转型中教育上的一个进步。但随着社会的不断发展和进步，这些教育法规远不能满足教育的发展，教育的诸多领域，如教育的投入、高等教育的体制建设、社会教育、在校学生意外伤亡和处理等，至今还无法可依，无章可循。还有一些过去制定的，不合法律的规章应当及时修正，如 1995 年《普通高校学生管理规定》中关于在校的大学生禁止结婚的规定与婚姻法的规定相抵触，2005 年重新修订了《普通学生管理规定》废止了这项禁令。还有的地方制定了部分违宪的高考政策，依据《立法法》的规定应属无效。不少的领域没有相应的规则予以规范和管理，或是与更高位阶规则相冲突的规则要求大学生去遵守，都将导致规模化的越轨行为的存在。特别是与高位阶规则相冲突的规则会损害规则应有的尊崇地位。社会上的"有法不依"而"土政策"盛行破坏了国家法制的统一和尊严。同样的道理，校园中如果长时间地强行实施不合理的"校规校纪"，也将导致校园失范现象的增多。

二、推进教育改革，完善和加强学校管理体制，吸收社会力量共同教育，共同管理

教育在新形势下不断寻找自己的生长点，客观上需要有与之相适应的管理体制，促使学校教育机构及时调整和改革，改革和完善学校管理规定，促使学校提高自身的教育管理效率和效果①，避免因学校教育管理失误或不到位带来学生越轨行为有机可乘，也避免学校管理工作上对学生中的问题或现象相互推诿诱发学生越轨。在前面第三章第二节"XCB"的案例中我们看到，不少的学生知道该校图书馆的安全制度上的漏洞并利用这一漏洞来偷书，而改进相关的管理方式就可以使得学生"不敢为、不能为、不想为"，从时空上限制了学生的越轨行为。管理上的时空漏洞直接或间接地成为越轨心理外化的诱发情境，提供了学生发生不良行为的机会，形成反社会化。当然，最理想的目标是学生正当要求能得到满足，使得他们认为越轨行为是"不必为"的行为。

另外，针对大学生的违法犯罪行为，我们还应该积极吸收社会力量，通过现身说法及时教育学生，以防患于未然。

---

① 吴志宏：《教育行政学》，人民教育出版社 2000 年 7 月第 1 版，第 78 页。

三、改革学校教学方式方法和教学内容，确立以学生为主体的教育教学体制

根据社会发展的需要设计教学内容和教学方法，提高学生的学习积极性和自觉性，激发学生的创新能力和创造力。我国高等教育中某些专业的教学内容陈旧，不能适应社会的需要，学生走向社会后发现需要的东西十之八九没有学过，学过的东西十之八九没有用。正如社会上流传的调侃某知名学府的学生话："除了自己的专业以外，什么都懂"。我们稍加观察就不难发现，学生在校期间热衷于考外语、驾照、各种资格证书，而不是自己的专业。在人才市场，专业以外的技能成了学生推销自己的亮点，这实在是高等教育的悲哀。

教学方法上应改变以往的"注入式"、"满堂灌"教学方法，要确立以学生为主体的教学体制，实行因材施教。学生应当是教育的主体而不是客体。允许学生大学期间自由选科和转专业，减少学生因专业不感兴趣带来的学习和心理压力造成的越轨（如考试作弊、退学等）。在前面某高校十年前后两个阶段的实证研究中我们发现，自动退学呈上升趋势，而在自动退学中，没有学习兴趣、专业不对口又是主要的原因之一。

对衡量教学效果的考试制度，需要从根本上进行改良。"'考试'这个科举的老方法，绝不是教育的方法，更不是现代教育的方法，而是反教育的方法。""考试的舞弊'本小利大'，从而引人入胜"①。在调查统计中发现，作弊作为大学生纪律越轨行为发生的第二大问题，应引起教育者的高度重视。对教学效果的评价是否可进行改良。

另外高校还要关注大学生融入社会的能力方面的教育。在就业压力日益增大的今天，有的准大学毕业生面对就业的困难，迷失自我走向犯罪或自杀现象时见报端（2005 年 3 月 9 日《扬子晚报》A16 有报道"法学学士栽在就业门槛"；本人在调查中也发现某高校在 2003 年 6 月至 2004 年 1 月有四人自杀身亡，其中三人为准毕业生，就业难是其中原因之一）。高等教育要建立社会与高校之间的了解渠道，教师要走出校园，以普通人的姿态教给学生社会生存的道德底线和适应力。

四、加强学生思想政治工作，培养大学生社会主义核心价值观

改革开放以后，计划体制下的泛政治化现象得到纠正，但是在各个领域又出现了矫枉过正的现象。学生思想政治工作往往成了摆设甚至成为嘲讽的对象，学生思想领域呈现一定程度的混乱现象。我国的高等教育必须坚持坚定的政治方向，

① 严元章：《中国教育思想源流》，生活·读书·新知三联书店出版社 1993 年 11 月版，第 191 页。

培养学生成为具有社会责任感的社会主义的建设者。学生管理工作中应当合理配置学生政工干部，改善工作环境和条件，当然，也应当根据当前的社会实际，与时俱进地进行思想政治工作，避免说教式的工作方法，要提高思想政治工作的说服力和感染力，帮助学生树立科学的世界观和人生观。

在校园中，还应当提高学生公寓管理人员的素质，配合学生政工干部做好学生思想动态和不良习惯的疏导工作。

五、提高教师的基本素质，维护教师身心健康，增强师生间的良性互动，引导学生健康成长

提高教师素质是当前不容回避的一个重要议题，“建设高质量的教师队伍，是全面推进素质教育的基本保证[①]”。1999 年 6 月党中央、国务院召开了改革开放以来的第三次全国教育工作会议，这是我国迈向新世纪的一次重要会议，会前颁布的《中共中央、国务院关于深化教育改革全面推进素质教育的决定》推出了“全面推进素质教育，培养 21 世纪现代化需要的社会主义新人”的重要历史任务。《决议》指出“建设高质量的教师队伍，是全面推进素质教育的基本保证。”教育思想、教育方针的贯彻，一代新人的培养，归根到底要依靠广大教师的教育教学实践，建设一支高水平素质的教师队伍是实施教育的关键。教师是素质教育的直接实施者，教师的教育思想、教育科学理论知识和教育艺术的水平以及自身的基础素质渗透在全部教育过程中，将对学生产生潜移默化的影响，正如教育家加里宁所说“教师的世界观，他的品行，他的生活，他对每一现象的态度都这样那样地影响全体学生。”我们平常常讲：“学校无小事，事事有教育；教师无小节，处处是楷模。”教师劳动的示范性，决定了教师应具有强烈的自警自律意识，教师要时刻意识到自己对学生负有伦理责任。

从某种意义上说，推进素质教育的过程，既是提高学生素质的过程，也是提高教师素质的过程，并以此带动全社会的物质文明和精神文明的发展。因此关心和维护教师身心健康，加强和改善师生间的良性互动，寓道德品行教育于课堂教学和日常交往中，有利于大学生的健康成长。

六、加强大学生的道德和法制教育，努力营造适合大学生健康成长的校园文化环境

形成和培养学生良好的思想品德素质，实施思想品德教育，就必须在学生思想品德结构的基础上，根据学生的个别差异和品德教育的多端性特点，适时地组织丰

① 《中共中央、国务院关于深化教育改革全面推进素质教育的决定》，1999-6-13。

富多彩、饶有兴趣的活动，让学生接受家庭、学校、社会等各种影响，把社会行为规范转化为自身的道德要求，再将头脑里内在的道德认知(观念结构)转化为外在的道德行为。

当前大学生的思想道德建设应从以下三点①着手：第一，坚持马克思主义在思想道德领域的指导地位，努力唱响主旋律；第二，坚持“以人为本”的原则，寓思想教育建设于素质教育中；第三，教育、管理、服务相结合，注重思想道德建设的实效性。

加强大学生法制教育，增强大学生法律观念和自我保护意识，减少和避免大学生违法犯罪。

加强大学生心理健康教育，优化大学生心理素质，增强大学生社会适应力和人际交往能力，增强对挫折的承受力。

七、建立大学生心理健康维护系统，指导大学生心理健康成长

马加爵事件的发生犹如“一石激起千层浪”，健康的维护系统，即培养健康心理、消除心理障碍的社会系统的建立迫在眉睫。这样一个社会系统包括：①自主的学生沟通。在发达国家中，各种民间组织相当发达，社区团体、学生团体、宗教团体相当普及，一个人，不论是学生还是社会其他成员，往往同时参加若干团体，在其中学习技能、交流心得、陶冶情操，心理郁闷及时得到疏解，就不至于积累、发酵为犯罪冲动。在我国高校中，学生团体集中在学习、体育两个方面，且由于缺乏经费往往没有正常的活动。高校应当在经费方面保障、至少是支持学生团体活动，给予团体更大的自由空间，多组织全体学生进行一些主题户外活动、实践参与体验、游戏等互动活动，培养学生的团队意识、合作精神、健康心理，让他们从容面对挫折，面对人生，让学生有更多的归属感而不是仅仅在校园感受到竞争的压力。②融洽的家庭心理沟通。以马加爵为例，他生活在一个大家庭中，其父自述极少和他沟通，更没有长时间面对面交流的经历，而上大学后他与家庭极少沟通又被视为“成熟”的表现。结合一些青少年犯罪的案例，我们发现他们都具有这一共同特征：缺乏家庭成员之间的沟通，性格有所缺陷或出现过激的行为，归根结底都与家庭教育密不可分。③全过程的学校心理教育制度。近年来，学校心理健康教育已得到很大关注，学生心理健康问题不断引起教育工作者的重视，许多高校也设立了心理咨询热线或是场所，建立了新生入学心理健康档案，并对有心理障碍的新生进行心理健康跟踪等等，这无疑是值得肯定的事。但是正如华师大心理咨询中心副主任李江雪所说，我国高校尽管建立了心理咨询或辅导中心，但整个社会的价值取向仍然是看

① 张光兴主编：《大学生思想道德修养》，科学出版社 2002 年第 1 版，第 9-11 页。

重学生成绩是否优秀，能否发表论文，最后能否找到工作等，对大学生的心理辅导还比较薄弱，有些高校由于缺乏专职人员或没有接受过专业的训练，心理辅导形式单调，内容僵化，针对性不强。相对于教育体制而言，大学时代已经是教育的终点站，学生心理健康的教育，应当始于接受教育的开始，并贯穿整个教育过程，甚至可以贯穿终身教育体制当中。④建立全社会心理援助网络。在马加爵事件发生后，一位从事高校心理咨询的老师举例说明了学生往往羞于到心理咨询室接受咨询。这是许多高校心理咨询的老师普遍遇到的问题，“心理不健康”往往被误以为“精神不正常”。我们从某些报道对马加爵“妖魔化”处理中也可以深切地体会到这一点。目前，心理咨询职业队伍的短缺是一个瓶颈，相对于我国 3 000 万心理问题的青少年，目前从事儿童精神科工作的医生却不到 150 名，美国人口是我国的 1/5，儿童精神科医生却有 6 000 名。事实上，个体心理问题的出现，有其自身成长原因，同时与学业、就业等相关的生存竞争、教育制度不无重大联系。尽管我们的大学生几乎均已到了自食其力的年龄，但他们并没有自食其力的能力和机遇，如果没有家长的经济支持，他们就要像马加爵一样面对大学期间学习、生活、就业的巨大压力。这是上世纪九十年代以前大学生少有的，这种压力造成少数大学生心理不健康，有的甚至牺牲自己和他人的生命。国家为了缉拿马加爵奖金出了 25 万，警力出动用了 170 万，加上全国城乡社区和各省市其他部门的参与力量、后续的审查、审判、执行费用，其成本算起来已是天文数字。如果这些钱用于建立心理健康支持体系，可以做多少事啊!?

八、正确认识司法矫正功能，科学构建越轨防范综合治理体系

在处置大学生越轨行为的实践中，高等学校出于面子、评比、荣誉的考虑（如“综合治理”、“安全”等）或是为了保护学生的前途等等，往往将许多已经触犯刑事法律构成犯罪的行为通过校纪给予勒令退学或开除学籍处理，以“大事化小，内部消化”解决，而不是交由司法部门处置。有关司法部门对学生的越轨行为也一般从轻处理。司法机关的“暂缓不诉”等制度创新，实际上也是专为在校大学生而设计。无论是学校还是司法机关，其出发点都是好的，但是这些做法实际上都破坏了“法律面前人人平等”的宪法原则，实践中也误导了大学生对越轨行为的严重性的认识。本应受到刑事法律处罚的学生逃避了法律的制裁，在一定程度上助长了那些已经犯罪的人继续犯罪的心理，而对那些有犯罪欲念还没有实施犯罪的人当然也感受不到受惩罚的震慑。这对实现国家法治是十分不利的，其实也有违学校的依法治校诺言。在“XCB”的案例中，其本人就有这方面的陈述。我们主张，要实行责任追究和教育执法，提倡司法介入。当然可采取较为人性化的手段（如保留学籍或在一定组织的监督下完成学业等）进行执法，以维护法律的尊严，同时也教育和帮助了学生。

对负功能的越轨行为进行矫正和预防，需要综合运用社会资源，形成网络化的社会运作机制。在我国，以党的政法委员会为主导成立了自上而下的"社会综合治理"机构，可惜的是，这一制度还仅限于党内的运作，社会资源只是在节假日等特殊时期才被偶尔动员。我们认为，应当在党的领导下，形成日常性的社会网络机构，共同担负起对各种越轨（包括大学生越轨）的矫正和防范责任。在大学生越轨行为的矫正和防范问题上，学校应当联合校内外社团共同建立常设机构，帮助越轨者，并和"关心下一代工作委员会"等社会机构进行合作，高等学校应当建立"家长委员会"参与对学校制度包括大学生越轨矫正制度的制定和执行。

第二节　正功能越轨的转化

所谓正功能越轨，指的是越轨行为偏离了具体的规则，但是符合这些规则体系所追求的秩序，甚或有利于更好的秩序的建立。一个充满活力的规则体系应当能够适时地根据这些正功能越轨行为修正旧有的规则。

一、扩大大学生在高校管理中的参与度，实行民主管理，增加透明度

学生对学校纪律规则的违反，往往是由于对学校纪律规则的不认可甚至是反感，改善学校与学生的情感关联是一个重要的途径。世界银行、联合国教科文组织高等教育与社会特别工作组编著的《发展中国家的高等教育：危机与出路》在《高等教育管理》一章中指出："无论怎样强调管理在高等教育中的重要作用都不过分"。特别工作组提出了"共享管理"的概念，"共享管理（shared governance，指的是高等院校参与国家高等教育政策的制定，在内部管理方面，专业人员、行政人员、校外人士乃至学生共同参与。——中译者注）也称合作管理（co-operative governance），是一种非常重要的管理形式……学生在共享管理中的角色是一个争论不休的问题。学生在学校的时间有限，教员和管理人员待在学校的时间比学生长。在内部管理上，教员和管理人员在许多事情上相对于学生有一种自然而然的权威，尤其在入学标准、评分政策和学位要求方面。然而，学生可以在一些影响他们生活的领域和一些他们有能力提出建设性意见的领域内发挥作用，例如在非学术领域，包括课外活动、宿舍管理和学生服务等方面。在学术领域，学生也可适当参与教学项目、教师评估和教学基础设施方面的管理①。"学生参与学校纪律规则的制定有利于他

① 世界银行、联合国教科文组织高等教育与社会特别工作组编，蒋凯主译：《发展中国家的高等教育：危机与出路》，教育科学出版社 2001 年 7 月第 1 版，第 51 页。

们了解这些规则的制定意义、目标和确切的含义，学生参与学校管理，有利于将他们从情感上与学校成为一体，所有这些都有利于学生自觉地遵守学校的纪律规则。

正确认识处理好高等学校与学生的关系也是目前需要加以重视的问题："当高等学校的办学以国家需求为根本导向时，学生是作为国家所需后备人才来培养的，教育成本主要由国家承担，学生入学需要经过一定的选拔，课程设置上需要一定的培养口径，学生毕业后的就业也有明确的方向；而当高等学校的办学主要受社会入学需求支配时，学生被作为高等学校的'顾客'，通常必须为接受高等教育支付一定比例的教育成本，高等学校的入学一般具有较大的开放性，课程设置上注意适应学生多方面的需要，学生对毕业后的就业也可以有比较自由的选择[①]"。21 世纪素质教育就是承认学生在教学过程中的主体地位。学生是教学的主体，自然他们也应成为教学目标管理的主体。要使学生全员全程参与教育目标的管理，其实质就是要把教育目标的实现作为学生自己的责任，并内化为学生自觉的行为，实现自我管理、自我教育、自我服务。我国当前正处于社会转型期，学校教育目标也处于转型期，正确地对学校与学生的关系进行定位是正确、有效管理高校的基础。

二、进一步推进后勤社会化管理，优化后勤服务平台和环境

后勤社会化是高等教育改革的一项重要内容，也是保证高校集中精力搞好教学科研的一项重要措施。但是，由于本世纪初一系列校园安全事件的影响，教育行政主管部门出于自身利益等原因考虑，出台了一些与高校改革方向相悖的规定。我们认为，高等学校应当进一步研究、探索后勤社会化背景下的学生宿舍等方面的管理而不是向后看、再走回头路。其中，学生住宿管理是一个重要内容。学生宿舍是学生活动的主要场所，大学生约 1/3 至 1/2 的时间在宿舍中度过，同学间对人生、社会问题的探讨、思想火花的碰撞、信息感受的交流、日常生活、人际交往以及各式各样的业余活动，构成了大学生宿舍生活的丰富内容；大学生的价值观、道德伦理观的形成，集体荣誉感、同窗友谊以及兴趣爱好的建立和培养，社交能力的锻炼和提高也无不与之相关。学分制的实行，班级作用弱化后，宿舍作用更显重要。学生宿舍也是学生真实思想集中、真实表现的场所，是学生互动作用影响最大的场所[②]。后勤社会化后，学校仍然要为大部分学生提供住宿，学生绝大部分仍然相对集中住在一定的区域内，如何在新的形势下做好宿舍区域内的学生工作，发挥学生宿舍的独特作用是高校管理中亟待回答的问题。

---

① 江苏省教委培训教材：《高等学校管理学讲义》，2003 年 7 月版，第 72-73 页。

② 潘蓉：《后勤社会化环境下的高校学生宿舍管理》，《扩招后的学生教育与管理》，中山大学出版社 2002 年 12 月第 1 版，第 334-338 页。

三、建立科学的规则制定和评价体系，及时修正制约发展的管理规章

高等学校和大学生管理的规则体系是相当复杂的，这些规则制定的主体不同，考虑问题的角度和出发点不一，规则制定的背景也各不相同。规则的繁杂导致规则间的冲突不可避免，当前十分需要有科学的规则制定制度，规范规则的制定程序和权利义务的设定。同时，还有要对规则实施的效果进行追踪评价的体系为旧规则的废止、修改和新规则的制定提供依据。

四、加快教育体制改革，构建科学的高等教育体系

对于社会转型期出现的许多结构性问题，只能通过尽快完成社会转型，建立新的社会行为规范才能得到解决，在发展中解决问题。对于社会转型期大学生越轨问题，加快教育体制可以解决其中因体制而产生的问题。当前需要采取的措施包括：

1. 重新确立科学的教育方向

顺应“精英教育”向“大众化教育”的历史性转变，教育不再是为社会准备精英而是培养合格的社会成员，应当树立以学生为中心的教育方向。

2. 树立正确的教育目标

教育应当培养学生的实际工作能力，着重于学生的可发展性的塑造，培养学生的创造性，以绝大部分学生的成功为目标。客观地分析，近年来大学生的就业困难很大程度上和学校教育与社会需求脱节相关。

3. 适时调整教育内容

一方面要防止随意更改课程，影响学科的稳定性，同时也要顺应时代和科技发展的社会实际，适时调整教学内容，同时教育应当考虑学生实际情况和学生未来的服务目标对教学内容的要求。

4. 创新改革教育方式

在对学生的教育方式上要面对变化中的实践采取灵活多样的方式，在处理学生越轨问题时，要尊重学生的权利和尊严，不得采用法律明文禁止的错误方式。

5. 建立科学的学生评价体系

在不同的教育方向和不同的教育目标体系中，必须要求有不同的学生评价体系。学生是教育的出发点和终点，必须建立新型的、科学的学生评价体系，确保学校的“好学生”也是未来社会中优秀的成员。

五、适时修正规则，推动社会进步

规则是我们实现目标的手段而不是目标本身，规则不应被神圣化而应被置于

"最低标准"这一世俗的地位。适时修正规则以适应社会发展的需要是一个历史的客观规律，固守规则而不顾这些规则制定的目的所在，是古人早已名之"数典忘祖"的可笑行径。中国正处于社会转型期，旧规则赖以存在的社会背景情况不断地发生变化，要求与教育相关的有关规则也应当适时地进行修正，防止出现坏的规则惩罚好的学生的不正常情况。

比如说教育部 2005 年 3 月 29 日教育部颁布的《普通高等学校学生管理规定》，取消了 1995 年的规定中"在校学习期间擅自结婚而未办退学手续的学生，作退学处理"的条文，对在校大学生能否结婚未作规定。这就使得原先作为严重越轨的行为合法化了，那与之相关的校园情侣行为规则也就应当有相应的修正。

余论　适度社会化

在即将结束本书主题研究的时候，总觉得还有些话没有讲完，如果继续写下去，又与本书的主题有些距离。于是想写几句留个“尾巴”，作为将来继续研究的提示：

社会转型期的大学生越轨问题具体情形很复杂，但本质上是“社会化①”过程中发生的现象：一种是“社会化不足”，部分大学生对于作为社会成员的行为规则该理解的没有理解，该做的没有做（或者）做不到，不能适应社会的要求。这体现在大学生毕业后不敢踏进社会，试图通过考研考博来获得“缓期执行”，甚至成了宅男宅女、“啃老族”；另一种是“过度社会化”，即超过一定的度。表现在个体方面常常有两类人被称为“过度社会化”，一类人是通常所讲的“少年老成”，另一类人则唯他人和社会是从，忽视或丧失个性，行为上可能唯唯诺诺，也可能八面玲珑、圆滑世故。

总体而言，从统计学角度而言，“社会化不足—适度社会化—过度社会化”的分布应当是“纺锤型”形态的，如果社会化程度不足，要么是我们高校未能适应社会的要求，关门办学，与社会脱钩了，要么是因为我们高校这近二十年过度扩张，力不从心。如果过度社会化的偏多，则说明我们的高等教育急功近利，难以为社会未来的发展提供源源不断的动力。

如何使我们的家庭、学校、社会成为一个有机结合的、连续（也许更准确地说该是“综合”）地进行真正的终身教育的系统，只有这样，大学生越轨问题才可能和其他社会成员的越轨问题一样得到有效的控制（彻底“解决”是一种美好的理想，但也是永远不可能实现的），这也是我在完成本书后需要扩展研究的视野：不是就大学生谈大学生，而是将大学生放在一个与其他学生、与老师、与学校、与社会互动的环境下，来讨论这个主题。

“在任何社会中，越轨都是一种难以完全避免的社会现象；毋庸讳言，我们的社会中也存在某些越轨现象”②。但，它正是新的希望所在。

---

① 社会化是个体在一定的社会环境中通过与他人的交互作用而不断发展、变化的过程，它有两方面的涵义：一是个人学习社会知识、技能和规范，取得参与社会生活的资格，发展自己的社会性；二是社会把一个“自然人”转化为“社会人”，即社会按文化标准把一个新生儿培养、教化成符合其要求的社会成员。（葛锁网主编《大学教育与管理心理学》南京大学出版社 2003 年 7 月第 3 版 P26-27）。

② [美]杰克・D・道格拉斯，弗兰西斯・C・瓦克斯勒著，张宁，朱欣民译：《越轨社会学概论》，河北人民出版社 1987 年 3 月第 1 版。

参 考 文 献

一、专著

[1] 郑杭生. 中国社会转型中的社会问题[M]. 北京：中国人民大学出版社，1995

[2] 霍华德. S. 贝克尔(美). 局外人：越轨的社会学研究[M]. 张默雪译. 南京：南京大学出版社，2011

[3] 中国社会科学语言研究所词典编辑室. 现代汉语词典(修订本)[M]. 北京：商务印书馆，1996

[4] 辜洪铭. 中国人的精神[M]. 海口：海南出版社，1996

[5] 吴康宁. 教育社会学[M]. 北京：人民教育出版社，2001

[6] 孙孔懿. 教育失误论[M]. 南京：江苏教育出版社，2003

[7] 罗伯特·金·默顿(美). 论理论社会学[M]. 何凡兴，等译. 北京：华夏出版社，1990

[8] 陈家麟. 学校心理卫生学[M]. 北京：教育科学出版社，1991

[9] 张保平. 犯罪心理学[M]. 北京：中国人民公安大学出版社，2003

[10] 戴维·波普诺(美). 社会学[M]. 刘云德，王戈译. 沈阳：辽宁人民出版社，1987

[11] 王登峰. 大学生心理卫生与咨询[M]. 北京：北京大学出版社，1992

[12] 张小虎. 转型期中国社会犯罪原因探析[M]. 北京：北京师范大学出版社，2002

[13] 李田夫，杨士祺，黄京平. 犯罪统计学[M]. 北京：群众出版社，1988

[14] 陈显容，李正典. 犯罪与社会政策——当代犯罪社会学[M]. 北京：群众出版社，1992

[15] 汉斯·约阿希姆·施奈德(德). 犯罪学[M]. 吴鑫涛，马君玉译. 北京：中国人民公安大学出版社，1990

[16] 恩里科·菲利(意). 犯罪社会学[M]. 郭建安译. 北京：中国人民公安大学出版社，2004

[17] 恩里科·菲利(意). 实证派犯罪学[M]. 郭建安译. 北京：中国人民公安大学出版社，2004
[18] 里查德·昆尼(美)等. 新犯罪学[M]. 陈兴良等译. 北京：中国国际广播出版社，1988
[19] Ronald Blackburn(英). 犯罪行为心理学：理论研究和实践[M]. 吴宗宪，刘邦德等译. 北京：中国轻工业出版社，2003
[20] 孙国华. 法学基础理论[M]. 北京：法律出版社，1982
[21] 肖扬. 贿赂犯罪研究[M]. 北京：法律出版社，1994
[22] 理奎德·A·波斯纳(美). 法律的经济分析[M]. 北京：中国大百科全书出版社，1997
[23] 张文显. 二十世纪法哲学思潮研究[M]. 北京：法律出版社，1996
[24] 凯尔森(奥). 法与国家的一般理论[M]. 北京：中国大百科全书出版社，1996
[25] 迈克尔·D·贝勒斯(美). 法律的原则：一个规范的分析[M]. 张文显，等译. 中国大百科全书出版社，1996
[26] OECD. 教育政策分析 2001 [M]. 周满生，谢维和译. 北京：教育科学出版社，2003
[27] 周川. 简明高等教育学[M]. 南京：河海大学出版社，2002
[28] 周晓虹等. 大学教育与管理心理学[M]. 南京：南京大学出版社，2001
[29] 世界银行、联合国教科文组织高等教育与社会特别工作组编. 发展中国家的高等教育：危机与出路[M]. 蒋凯主译. 北京：教育科学出版社，2001
[30] 梅伟强，王敏编. 犯罪心理学[M]. 北京：中国法制出版社，1999
[31] 罗大华，石起才. 青少年犯罪心理学[M]. 北京：中国政法大学出版社，1999
[32] 刘俊庭，吴纪饶. 大学生健康教育[M]. 北京：高等教育出版社，2000
[33] 陈家麟. 学校心理健康与教育—原理与操作[M]. 北京：教育科学出版，2002
[34] 吴汉德. 大学生心理健康[M]. 南京：东南大学出版社，2003
[35] 张明. 走向歧途的心灵 (犯罪心理学) [M]. 北京：科学出版社，2004
[36] 宋林飞. 西方社会学[M]. 南京：南京大学出版社，1999
[37] 阿什比(英). 科技发达时代的大学教育[M]. 滕大春、滕大生译. 北京：人民教育出版社，1983
[38] 周运清. 社会学[M]. 武汉：武汉大学出版社出版，1988
[39] 克莱门斯·巴特勒斯(美). 矫正导论[M]. 孙晓雳等译. 北京：中国人民公安大学出版，1991
[40] 吴志宏. 教育行政学[M]. 北京：人民教育出版社，2000
[41] 严元章. 中国教育思想源流[M]. 北京：生活·读书·新知三联书店出版

社,1993
[42] 张光兴. 大学生思想道德修养[M]. 北京:科学出版社,2002
[43] 江苏省教委培训教材. 高等学校管理学讲义[M] ,2003
[44] 广东省高等学校思想政治教育研究会学生工作专业委员会. 扩招后的学生教育与管理[M]. 广州:中山大学出版社,2002
[45] 杰克·D·道格拉斯(美),弗兰西斯·C·瓦克斯勒(美). 越轨社会学概论[M]. 张宁,朱欣民译. 石家庄:河北人民出版社,1987
[46] 亚历克斯·梯尔(美). 越轨:人为什么干"坏事" [M]. 王海霞等译. 北京:中国人民大学出版社,2014
[47] 金盛华,张杰. 当代社会心理学导论[M]. 北京:北京师范大学出版社,2002
[48] 邢莹,吴敏. 大学生心理健康教育[M]. 郑州:郑州大学出版社,2002
[49] 陈忞. 学生心理健康与社会适应[M]. 北京:国际文化出版社,2002
[50] 黄希庭,郑涌. 大学生心理健康与咨询[M]. 北京:高等教育出版社,1999

二、论文

[1] 王在山. 越轨的社会标签理论及其对预防违法、犯罪现象的启示[J]. 青年研究,1999(6):47-49
[2] 乐国安. 越轨行为诱因辨析[J]. 社会学研究,1994 (5):104-112
[3] 周瑜丽. 当前大学生越轨行为剖析[J]. 广西师院学报(哲学社会科学版),1997(2):109-112
[4] 辜伟节,耿传安. 班主任矫正学生越轨行为的艺术[J]. 河南教育,1995(5):30-31
[5] 周维德. 从越轨行为理论到青少年越轨行为——班杜拉社会学习理论及其启示[J]. 兰州学刊,1999 (6):34-36
[6] 席斌. 大学生越轨行为探微[J]. 绵阳经济技术高等专科学校学报,1999, 16 (6):47-48
[7] 孙正. 思想政治教育在学生越轨行为预防中的作用[J]. 思茅师专学报(综合版),1994, 10 (2):76-77
[8] 毕天云. 大学生越轨行为的社会学分析[J]. 山西财经大学学报(高等教育版),1999, 45 (4):54-57
[9] 张明德,刘长顺. 首都大学生越轨行为的调查[J]. 青年研究,1999(8):5-9
[10] 刘洁,徐宝华. 中国当代大学生犯罪问题研究[J]. 安徽大学学报(哲学社会科学版),1999, 23 (2):98-103
[11] 王先达. 论大学生越轨行为及其影响[J]. 黔南民族师专学报,2000(2):62-64

[12] 蔡楷有. 大学生越轨行为的原因及其控制[J]. 西南民族学院学报，2002，23(5)：248-250

[13] 池忠军，万国海. 大学生犯罪原因之探讨[J]. 青少年犯罪问题，1995(3)：34-35

[14] 方巍. 大学生越轨行为的亚文化分析[J]. 当代青年研究，1997(6)：31-33

[15] 陈世宜，王利福. 大学生越轨行为探析[J]. 辽宁高等教育研究，1997(5)：115-116

[16] 郑莉君. 中国心理健康教育的回顾与展望[J]. 内蒙古师大学报(哲社版)，2000，29 (4)：64-69

[17] 申继亮，王凯荣. 论教师的心理健康教育能力的构成[J]. 北京师范大学学报(人文社科版)，2001，163 (1)：12-19

[18] Robert · O · Keel. Introduction to the Sociology of Deviance: Otherness , Order and Social Control[EB/OL] (2007-1-29)，http://www.umsl.edu/~rkeel/200/intrdev.html

[19] 王京. 教育大家谈：大学生教室接吻 应如何管理？[EB/OL] (2004-9-23)，http://www.people.com.cn/GB/jiaoyu/1055/2803997.html

[20] 原春琳. 学生违规性行为的处理让校方头疼：高校学生管理工作者呼唤新规出台[N]. 中国青年报，2004-9-14(7 版)

[21] Russ Long. Deviance[EB/OL] (2004-4-18)，http://www.delmar.edu/socsci/rlong/intro/deviance.htm。

[22] 张明德，刘长顺. 首都大学生越轨行为的调查与分析 · 总论[EB/OL] (1999-11-18)，http://www.bjpopss.gov.cn/bjpopss/cgjj/cgjj991118e.htm

[23] 陈娟等. 兜里缺钱打工嫌累：一女大学生竟卖淫[N]. 扬子晚报，2004-9-13(A7)

[24] 伊焱. 论发展中国家教育的负功能[J]. 江西教育科学，2000(7)：8-11

[25] S · B · 埃卡纳亚克. 农村教育：农村发展的根本途径[J]. 教育展望(中文版)，1990(25)

[26] 孙生文. 关于马斯洛需要层次论的描述问题[J]. 河南大学学报(社会科学版)，1994，34 (4)：52-56

[27] 漆红，赵友文，李美琳. 脑血管病后抑郁的临床特点及相关因素[M]. 中国心理卫生杂志，1995，9 (3)：121-123

[28] 荆春霞，王声湧，吴赤蓬等. 广州市高校大学生自杀意念发生的危难因素[J]. 中国学校卫生，2003，24 (5)：469-470

[29] 宋专茂，冯冬梅. 有自杀倾向大学生的人格特征研究[J]. 健康心理学杂志，2002，10(6)：408-410

[30] 张道祥. 自杀倾向大学生的心理因素分析[J]. 中国学校心理卫生，2002，23 (6)：526-527

[31] 李伟文. 大学生越轨行为分析及控制[J]. 学校党建与思想教育,2003(4)

[32] 倪荫林. 对越轨根源的系统探究[J]. 社会科学战线,2003(4):279-281

[33] 赵文忠. 透视当代大学生违法犯罪现象[J]. 公安教育,2002(1):33-36

[34] 海剑. 破解女大学生犯罪之谜[J]. 法律与生活,2002(12):21-24

[35] 杨永明. 以"三个代表"为指导,建设和健全预防青少年犯罪的社会体系[J]. 青少年犯罪问题,2003(1):4-6

[36] 成杰芳.《自杀论》视阈下构建高校生命教育模式[J]. 教育理论研究,2011(11):177—178

[37] 李学林,周泽南. 基于价值失范的大学生自杀现象探讨[J]. 西南石油大学学报(社会科学版),2011, 13 (5):32-36

[38] 张希跃,张少利. 大学生自杀原因分析与高校应对措施[J]. 吉林教育学院学报,2011, 27 (4):12-13

[39] 陈恩前. 从培养大学生生命责任意识入手进行生命教育[J]. 山东电力高等专科学校学报,2011, 14 (2):59-61

[40] 兰纪平. 恩格尔系数的下降与基尼系数的上升[J]. 北京观察,2003(4):36-37

[41] 徐松,季明. 中国扶贫成就显著:贫困人口温饱问题基本解决[EB/OL] (2004-5-19), http://news. xinhuanet. com/newscenter/2004-05/19/content_1479440. htm

[42] 郑超. 高校宿舍悄现异性混居:专家认为大学急需开设情感课[N]. 中国剪报,2004-9-8(8)

[43] 张晶. 谁在导演大学生违规直销? [N]. 市场报,2004-9-10(5 版)

[44] 李径宇,韩福东. 调查:"老师越轨"[N]. 中国新闻周刊,2003-12-27

[45] 中共中央国务院关于深化教育改革全面推进素质教育的决定[R]. 北京:中共中央办公厅,1999-6-13

[46] Child Survival Collaborations and Resources Group(CORE) Workshop. About Positive Deviance [EB/OL] (2004-9), http://www. positivedeviance. org/ about_pd/impact. html

[47] 唐钧.《收容遣散办法》废止始末[N]. 外滩画报,2003-7-2

[48] 潘蓉. 后勤社会化环境下的高校学生宿舍管理[J]. 扩招后的学生教育与管理[M]. 广州:中山大学出版社,2002

[49] 邱莲. 大学青年教师心理健康状况的调查结果[J]. 四川精神卫生,2003(3)

[50] Gretchen · M · Spreitzer Scott Sonenshein(University of Michigan Business School). Toward the Construct Definition of Positive Deviance[J]. AMERICNAN BEHAVIORAL SCIENTIST, 2004, 47 (6): 828-847

附录:作者同主题论文

大学生廉正教育路径探究

王 琴 高 静

摘 要:“廉正”强调的是社会成员个人的品德修养,是“廉政”的社会基础和保障。“廉正”包含“廉洁”与“正直”两个方面的内容。大学生是祖国的未来和民族的希望,是社会主义事业的建设者和接班人。他们对廉洁和腐败等问题所持的态度,能否养成正直的品质,将直接影响其将来在工作中是否清正廉洁,直接关系到我国的社会廉政风气,关系到党和国家惩治和预防腐败体系建设能否顺利进行。大学生廉正教育应当包括正确的价值观、廉正意识、诚信教育、正直品质和对是否廉正的奖惩必须分明等几个方面。

关键词:大学生 廉正 教育

基金项目:本文系江苏省扬州市反腐倡廉制度研究所 2014 年项目(FFCL14B31)的成果

“廉正”是指“廉洁”和“正直”,是中华民族的传统美德之一,体现了为政以德、正己正人的核心价值理念,针对的是社会成员个体的素质要求。开展大学生廉正教育,既是对大学生进行人格塑造、陶冶情操的重要举措,也是养成高尚国民品质、清明政治风气、实现反腐大计的根本途径。

一、大学生廉正教育存在的问题

为了培养大学生的廉正观念、增强廉正意识,不少高校都开展了形式多样、内容丰富的廉洁教育活动,起到了积极的作用。但是,由于在相当长的时间内,“廉政”教育聚焦在党政机关领导干部,尚未形成全社会的“廉正”教育理念,因此大学生廉正教育缺乏坚实的社会基础,部分高校的努力也难以“独秀于林”,存在一些不足之处。

1. 学校层面:廉正教育重视不够

目前,高等院校普遍的认识是针对领导干部、重点岗位建章立制,并在此基础上开展党员干部和教师的廉洁教育,客观上对于纯洁校园风气,倡导学术新风起到了较大作用。但是,学生在高校人群中占据了绝对多数。大学生群体的重要特征还在于，他们在校园中是一个流动的群体。在校期间，他们是校园风气的浸染者，在适应校园风气的同时，他们也是校园风气的塑造者；数年以后，他们必将把校园风气带进社会，进而在适应社会、融入社会、领导社会以后影响社会。因此高校进行大学生廉洁正直教育不是教育过程中的点缀和时髦，也不是靠做报告、提口号、摆样子就能做好。高校本身不是传说中的象牙塔，不是不食人间烟火的净土，进行廉洁正直教育是现实的要求，更是长远的需要。教育教学部门和教师应当将廉正教育与教学内容有机结合起来，学校其他部门需要将法制意识教育、传统美德教育、基本道德教育、理想信念教育整合起来，在教书育人的过程中形成重视大学生廉正教育的氛围，丰富教育的内容、手段、方法，真正做到廉正教育"进教材、进课堂、进头脑"，而不仅仅是廉洁教育"三进"。

2. 学生层面：廉正意识比较淡薄

当下中国大学生廉正意识还较淡薄。校园在物理上有围墙，但是在风气上与"社会"并没有围墙，高校并没有也不可能独立于"社会"而存在。大学生入学时大都年满或将满 18 周岁，他们大都在法律上、生理上、心理上"成年"，是完全民事行为能力人。他们对于是非黑白具有了一定的鉴别能力，但是对于是非黑白的态度，则尤其应当引起我们的重视，因为这就是他们对于廉正的意识。大学生在廉正意识上呈现出"抽象层面、宏观层面肯定，具体事情、微观层面否定"的态度。一方面，大学生对反腐倡廉持肯定和支持的态度，内心也追慕古今廉洁正直的人与事，但在校园内的学生考试作弊、拉票竞选、攀比斗富现象，以及教师间互相攻讦、学术不端、阿谀奉承等现象面前，往往熟视无睹或是深感无力和无助，甚至自甘堕落、随波逐流，既不能对自己严格要求，也不愿对他人的越轨行为作出明确的价值判断和否定，缺乏正气。

3. 教育层面：廉正课程未成体系

2010 年 3 月，有关部门就明确要求"充分发挥课堂教学的主渠道作用，在高校思想政治课程标准中明确廉洁教育内容，扎实推进廉洁教育进教材、进课堂、进学生头脑。"[1] 多年来，在"教书育人"的理念下，应当公允地评价绝大多数老师都能够结合自己任教的课程，在教学过程中零星地传授大学生廉洁正直思想。从社会学角度来看，这是一种"隐性"教育，相较于显性的课程安排，隐性教育不易引起受教育者的抵触和反感情绪，因此，它的影响具有持久性、弥散性和普遍性。但是，系统地进行廉正教育，或是有意识地将这种隐性的教育进行整合，有利于提升大学生对廉正品质的重视度，有利于大学生对廉正意识"主流"地位的确认。

二、大学生廉正教育路径设计研究

1. 创新大学生廉正文化教育机制，为大学生廉正教育提供支撑和保障

高校要结合自身实际，探索建立"党委统一领导，党政齐抓共管，纪委组织协

调,其他党务部门各司其职,思想政治教育部门和院系紧密配合,广大师生员工共同参与”的工作格局,学校成立由校党政领导、院系和党务部门领导等组成的廉正文化教育领导小组,统筹兼顾、认真谋划、探索建立大学生廉正教育的长效机制。充分发挥党组织、共青团和工会等群团组织的优势,通过建立学生宣传、执勤和监察等社团,开展大学生“自我教育、自我管理、自我服务、自我约束”活动,促进校园廉正教育工作落到实处。廉正文化作为校园文化的重要组成部分,同样要纳入学校的教育教学工作,做到同部署、同检查、同考核。通过对大学生廉正教育的各个环节,运用客观、科学、可操作性的考核评价体系进行实效性评估,检查参与廉正文化教育的各职能部门、教师完成任务的情况和受教育的大学生对廉正的认知与实效。学校设立大学生廉正教育专项基金,加强高素质的廉洁正直的教育教师队伍建设,构建高校廉正文化建设支撑保障体系,求真务实地推进校园文化建设。

2. 充分利用信息教育平台,建设廉洁正直的校园文化环境

目前高校已拥有教育机构内部的廉政建设经验,积累了不少好的教育方式。高校开展大学生廉洁正直教育,要利用新媒体和校园信息平台等,积极开展灵活多样的反腐倡廉教育活动,建设形式多样、丰富多彩的廉正校园文化环境,营造风清气正的高校廉正文化氛围。校园是文化传播场所,各种文化载体很多, 以校园广播台、网站、学校报刊、板报宣传栏、电子显示屏等各类载体,定期播报勤政廉政先进典型,播放警示教育录音录像,发布廉政教育信息,树立大学生廉正意识;“通过举办专题讲座、演讲比赛、知识竞赛等‘讲廉正、颂廉正、明廉正、做廉正’的教育活动,增强廉正教育的趣味性和针对性;通过开展廉正教育主题班日、团日、党日活动,使廉正教育覆盖到全体学生;将廉正教育与职业生涯规划、职业道德规范、择业和创业教育紧密结合,充分发挥大学生自身的主动积极性,不断增强廉正教育的实效性;建立学校廉正文化廊,制作廉正格言警句,布置廉正书漫画展,占领校园文化阵地。”[2]大学生是现代科技的领军人,信息技术的运用相当普及和熟练。学校可“通过建设廉正教育专题网站、微博、手机报等,图文并茂,动静结合,传播廉正思想和知识以及当前反腐倡廉建设的形势等;依托信息技术载体,通过公信平台、微信、飞信等即时通讯平台,实现师生廉洁教育互动”[3],引导大学生有正气重气节的高素质公民,树立正确的廉正观。利用“廉洁文化进校园”活动,加强廉洁正直风尚的宣传力度,增强廉正教育的辐射度和渗透力。

3. 第一第二课堂互补,提升大学生廉正品质

将廉正文化教育纳入教育教学计划,充分挖掘和利用专业学科、相关学科廉正教育资源,结合不同学科和层次大学生的特点,在大学生思想品德课程中融入廉洁正直教育内容,多形式开展第一第二课堂,辅以思想道德品质和廉正文化的灌输与培养,促使廉洁正直之风入心进脑,形成大学生敬廉崇正的共识。在实施廉正教育

的过程中，一方面教师要积极改进教学方式方法，提高学生对廉正文化的学习兴趣，另一方面教师良好的师德师风、严谨的治学态度、廉正的教学风范也潜移默化地影响并引领学生廉洁自律。当然，学习的过程中，“学生是学习活动的主体，在推进廉洁教育工作中，要尊重大学生成长成才规律，注重激发学生自我学习、自我教育、自我提升的积极性和主动性。将教师主导与学生自主结合起来，形成互动”[4]，共筑廉正围栏。另外许多学校还通过与地方检察院和纪委、司法部门合作，共建大学生警示教育基地，大学生通过开展“送戏帮扶”等社会实践活动开展现身说法教育，通过鲜活的案例剖析使他们从思想上、心理上得到更进一步的洗礼与震撼，从而增强廉正教育的实效性。廉正文化课堂教育，将有效巩固大学生正确的世界观、人生观和价值观，提升大学生廉洁正直的高尚品格。

4. 找准教育着力点，提高大学生廉正教育的实效性

首先要加强法制教育，提高廉正意识。“法乃公平正义之术”，正义是法律的基本价值。法律是社会行为的底线要求。实现中国梦、与世界和谐相处，要求全体国民都有健全的法律意识，大学生只有提高运用法律的能力，才能保证其合法行动、依法维权、自觉履责。其次要强化诚信教育，提升廉正品德。廉正的本质即诚实与正直。积极开展大学生“诚信人生”、“诚信考试”、“诚信学术”、“诚信履历”等诚信教育，就是要将诚信作为大学生立身之本、做事的基础、履责的标准，将诚信内化为学生个人道德灵魂。第三要明确廉正义务，形成遏腐氛围。“廉正”之“正”要求每个人还有谴责或拒绝腐败的义务而不是满足于“独善其身”。大家在达成共识的基础上一起将腐败行为和腐败分子贴上了标签，对于腐败行为和腐败分子就会形成强大的遏制和压力。第四要坚持奖惩分明，弘扬廉正风气。高校有校规校纪、有各种各类的奖励及惩罚办法，对大学生进行廉正教育最直接的方式即严格按照校纪校规的规定，对大学生的行为进行奖惩。“法不在乎严而在乎平”。善必奖、恶必惩，大家才能不以善小而不为、不以恶小而为之。只有这样，大学生在校期间才能形成遵守规章制度的价值观，并且自发遵守与执行，从而在他们走上社会后，遵守各项法律法规制度以及岗位制度，形成人人守诚信、个个讲规矩的风气，也就是廉正的风气。

参考文献

[1] 杨俊杰，倪捷儿. 关于高校廉政文化建设的思考[J]. 宁波党校学报，2004(3)

[2] 戴世勇，张 勇. 大学生廉洁教育“三进”工作面临的问题与对策[J]. 廉政文化研究，2013. 3:67

[3] 张勇. 高校廉洁教育“三进”工作对策研究[J]. 黑龙江高教研究，2014-8:113

[4] 张勇. 高校廉洁教育“三进”工作对策研究[J]. 黑龙江高教研究，2014-8:113

财产申报公示制度的路径设计研究

——基于对腐败现象的再认识

王　琴

扬州大学校机关　江苏　扬州　225009

摘　要:公职人员应当申报并公示自己和相关人员的财产及其变动情况,这是反腐败斗争中许多国家的选择,我国自上世纪80年代末即开始着手研究,并对财产申报制度不断加以完善和有效推进,但效果并不十分理想。这与我们对腐败现象的认识的角度与深度是呈因果关系的,因为相关制度的设计、措施的选择必须基于对腐败现象自身的正确认识,方做到对症下药标本兼治。本文试通过重新认识腐败现象及其成因的复杂性,在此基础上对公职人员财产申报公示制度的路径设计提出切实可行的探索。

关键词:反腐败　财产申报公示　制度设计

基金项目:本文系江苏省扬州市反腐倡廉制度研究所2013年项目(FFCL13B11)

中共中央《建立健全惩治和预防腐败体系2013—2017年工作规划》第四部分提出要"科学有效预防腐败",把"完善领导干部报告个人有关事项制度,推行新担任领导干部有关事项公开制度试点"纳入"加强反腐倡廉法律法规制度建设,把权力关进制度的笼子里"。[1]这是对反腐败制度设计和工作实践认真总结经验教训而得出的结论,折射出对反腐败视野的扩大、认识的提高,反腐败已经从因应社会环境、腐败热点问题,转向到反腐廉政制度建设层面。

党的十八大以来,中央关于党风廉政建设和反腐败斗争作出一系列部署,反腐败力度不断加强,坚持"老虎"、"苍蝇"一起打,取得了较大的成效,形成了持续高压的反腐惩治态势。但这距离党的要求、人民的期待还有相当的距离。这种差距的存在,与我们对腐败现象的认识角度与深度是呈因果关系的。相关制度的设计、措施的选择必须基于对腐败现象自身的正确理解和认识。

本文试从重新认识腐败现象着手,对于公职人员财产申报公示制度的路径设计提出粗浅见解和可行性探索,以期有助于提高相关制度设计的科学性。

一、重新认识腐败现象

对于任何一种社会现象,不同的学科、不同的研究目的,都会作出不同的解释。因此,只有服务于特定的目标时,各种解释才有真正的可比较性,也才有"更好"的解释而没有"完美"的解释。本书的研究目的,在于给"公职人员财产申报公示的路径设计"提供解释的框架，并基于这一目的，对腐败现象进行再思考。

（一）腐败是一种历史现象

从历史角度来看，古今中外都不同程度地存在着腐败现象，而且是一种悠久的历史现象。毫不夸张地讲，腐败现象是与政治、吏治相伴随的政治现象、吏治文化现象。因此，其背后一定存在某种"合理性"，其存在也将呈现长期性。反腐败斗争绝不是一个可以一蹴而就的工作。

网友"钓翁"在其博文中，将"腐败的历史性"理解为人性发展过程中的"不成熟"，对于财产的剥夺和占有的欲望，因而他断言"我们并没有绝对性地离开剥夺和占有。因此，人类的弱点还有生存的基础和空间，腐败就不可避免"[2]。此虽为一家之言，但从人性的发展角度分析腐败现象存在的历史性，不能不说是一个独特的视角。在对腐败现象没有公认的权威解释以前，我们应当对一切自成逻辑的理论持开放的态度。

（二）腐败存在着结构性的原因

我们曾把腐败理解为是封建残余思想的作用。事实上腐败现象比封建制度的历史还古老；我们也曾将腐败理解为是一种个人行为，但在反腐败过程中发现许多地方都有"前腐后继"、"窝案"的现象。腐败并没有因为个别人的消失而消失，也绝不是个人的偶然行为，相反，腐败往往呈现行业、年龄、方法等特点，所以反腐败斗争才被引向制度设计方向。

事实上腐败现象的成因，并不是简单的因果对应甚至不是多因一果的对应，而呈现复杂的"结构性原因"特征。这些成因中，至少包含了而不仅限于以下因素。

1. 人性的不满足。俗话说"人心不足蛇吞象"，贪念一起即无涯。因为腐败的核心是对利益的追求，而利益的种类与数量都是无限的。历史上许多人建议用道德教化的方式来实现，而道德教化的实践表明，它可以使少部分人完全化解贪念、可以让大部分人收敛、遏制贪念，但绝对不会对全部人完全奏效。我们过去忽视了人性方面的因素，因而不基于人性考虑的制度最终对于人是无效的。

2. 制度的局限性。制度的作用，一是事先对于腐败的防范，包括权力的分解与牵制；二是事后的惩罚。但时代、地域、领域的不同，腐败总如水随形而化，呈现出无限的适应性。制度总是没有最好、只有更好，总是防不胜防。你分解他整合，你牵制他合作，"窝案"就是对纵向、横向权力和利益的整合型腐败。

（三）腐败的正功能的悖论

在对腐败进行研究的过程中，人们发现腐败有时候具有一定的"正功能"，亨廷顿在其《变化社会中的政治秩序》[3]中作了系统论述。在对我国当代现实观察中，腐败的正功能体现在以下几个方面。

1. 提高工作效率。许多情况下腐败分子自觉"冤枉"的原因就在于"贪赃不枉法”,甚至自我表功“做了不少好事”。就在于他们的作用只是加快了工作效率(当事人为了尽快取得工程款而行贿就是典型事例),他们甚至在自己的职责范围之内为他人融合资源(如斡旋受贿、利用职权影响受贿),客观上确实是促进了工作效率。

2. 吸引精英分子进入社会管理岗位。任何时代都需要社会精英进入社会管理岗位,唯有如此,才能促进社会事务的有效管理。吸引他们的因素很多:荣誉、成就、安全感等等,这些因素对于不同的人吸引力的强度是不一样的。但是,就年轻人而言,收入的安全感可能强度更大。这一点对于一直反对“高薪养廉”的我国而言,为什么公务员考试被称为“国考”?为什么有众多人参与竞争强烈的国考?职位的安全感是一个重要方面,收入高而产生的“成就感”、“荣誉感”是不是也是一个重要的方面?这或许可以从许多年轻人将“公务员”作为婚嫁的首选对象得到解释。

腐败是不是一种不得不接受的制度之恶,或许应该作为一个问题进行再研究,或许它就是腐败现象能够弥久存在的重要原因。至少是在“最完美”的制度出现之前,它一直存在的原因。

(四)腐败现象的核心是秘密操作

腐败现象能够长期存在,一个核心的原因就在于权力的秘密操作。老百姓由于不熟悉“机关”的运作,本来正常可以办到的事情,也不得不托人“走路子”——他自己不知道“路在何方”,只能求人指点。

值得注意的是如何解释当下社会公众对腐败的知情度?可能可以从两方面来解释:一是信息技术的发达,社会公众可以聚合信息并及时传播;再一个就是腐败分子本身的猖狂违反了腐败的“规矩”。

二、财产申报公示制度的路径设计

从世界范围看,最早的官员财产申报是在1766年的瑞典,美国、日本、韩国、我国台湾地区的财产申报制度都是1970年代以后的事,越南则是基于《国际反腐败公约》的要求,于最近修订了关于财产申报公示的法律规定。因此,一方面财产申报制度体现为一种历史的必然性和国际化的要求,另一方面它实施的难度也是相当的大。而且,这一制度在实际操作中,“囿于整体配套措施的不健全和干部群众认识水平的差异,我国的这项工作远没有达到预期效果。”[4]我们应当注意到,财产申报公示与我国传统的官民关系、官场文化,存在相当的冲突。因此,虽然在1988年监察部就开始起草有关规定,但实践中阻力甚大、进程曲折。虽然民间呼声震天,但实际上官场上对此进行抵制的不在少数。据全国人大代表王全杰所作的调查,接受调查的领导干部中高达97%对财产申报持反对意见,[5]只是在目前的政治环境下没有人敢于公开反对而已。

如何化解阻力、推进财产申报公示制度的实行？结合国外的实践以及国内各地的试探性做法，“公职人员财产申报的路径设计”是一个现实的课题，建议这种路径设计应当包括但不仅限于以下方面内容。

1. 初任公职人员须申报。在我国初任公职绝大部分是刚刚毕业的大学生，个人财产有限，“历史清白”，要求其申报，其个人压力和顾虑小，同时有利于从一开始就树立廉洁从政的思想意识。“老人老办法、新人新办法”。这一制度选择，是改革开放三十多年来屡试不爽的利器，它对于化解阻力、建立新规，能最大限度地形成共识为全社会接受。

2. 新提拔官员须申报。这符合对腐败“零容忍”理念。但我们应当区分作为执政理念的“零容忍”与作为政策的“可操作性”的关系。过去这些年，正因追求完美、理想的财产申报公示制度，才导致了既得利益者的抵制而无法全面实施。要求新提拔官员申报，一是阻止有腐败历史人员续任(因为有任期制)，也是在一定程度上对敢于申报者的某种宽容(后面要提到申报范围)。有利于安定人心、鼓励改过自新。

3. 申报的范围应当包括配偶、抚养的子女以及共同生活的人员。这是实行申报制度国家和地区的通行做法，否则申报制度就会流于形式。家庭是社会的基本单元，是亲情与财产的结合体，我国婚姻家庭法是以“夫妻一体主义”为原则的共同财产制度，要求一定范围内的人员共同申报，从制度上要求他们相互督促廉洁从事公共事务，有利于形成一个负责任的社会心态。

4. 首次申报的范围应当包括全部不动产(以纳税价格、购买凭证等申报价值)、动产(申报品名、数量、交易价格)、存款、权证等。一方面申报范围要广泛全面，以保证申报制度的有效性；另一方面对于申报的起点金额要根据各地情况适当区别对待，以避免在进行“变动状况”申报公示时工作量巨大降低相关工作的效率。

5. 初始申报后每半年集中申报、公示财产变动状况(取得、支出、变动)。对于申报后财产状况的变动情况进行申报和公示，这实际上是对于这一制度的常态化实施。变动状况的申报公示，有些国家和地区采取的是“及时”进行，也有的是“定期”进行。这主要是考虑到工作量、工作效率等综合性因素。在实施制度初期，我国可以选择每半年一次，也可以规定对于特定重大事项“及时”进行。

6. 建立财产申报审核和责任追究制，对不如实申报应当有严厉制裁措施。这是确保申报的严肃性、公信力、制度有效性的保证。国内有地方曾进行不同的申报公示制度，初衷无不良好，但由于是区域性“政策”层面的设计，因此即使违反也不应当产生“法律”层面的后果，因此这些试验的效果大多并不理想。同样的，我国刑法上有“巨额财产来源不明罪”，因为没有相应的财产申报制度为基础，实际上对于计算“来源不明”的依据不足,带来该罪的追究相当困难,实践中将对此罪的立案权上收到省级检察机关亦未能实现其立法目标。在进行新的财产申报、公示制度之初,就必须对财产申报的结果予以审核,对不如实申报的后果(制裁)予以明确。

7. 初始申报可暂不公示,但变动情况应当公示。这主要是考虑到制度实行之初的压力,化解抵制心理。任何一项制度,必须契合当地的人文心理才能最大限度地为社会公众所接受并内化为自觉的行动。申报不公示,可以化解改革开放三十年来积累的社会负担,解除一部分人对于“历史问题”的不安全感。要求变动情况予以申报和公示,是督促申报人员从第一个半年开始就能以新规为标准严格要求自己,只要在申报后能够廉洁从政,就能够化解历史问题,以此促进全社会最大限度的和谐。

8. 全民关心财产申报制度,全员参与申报监督。财产申报和公示的目的以期使申报人员的财产透明,促进从根源上遏制腐败现象的发生。因而也只有在全民全员的参与和监督下,方能达到预期效果与目的。

9. 效果预测。初步设想,这种路径设计可以阻止不愿意财产申报公示者进入公职人员队伍,是从源头上预防腐败的具体制度;它可以阻止不愿意财产公示者的晋升,把腐败控制在“小”、“早”阶段,遏制腐败的蔓延和扩大。根据目前的用人制度,经过5到8年左右,可以过渡到公职人员的全员财产申报、公示。这一路径可以减少财产申报公示的阻力,防止公职人员队伍的剧烈变动,保证社会事务管理的正常进行,防止产生巨大的社会动荡。

反腐败的关键在于“暴露”腐败,进而“阻止”或“制裁”腐败。财产申报与公示正是“暴露”腐败的出发点,此项制度的设计是预防腐败的有效机制之一,走好这第一步,对于转变反腐败思路,做好后续制度设计至关重要。谨以此文求教于方家!

参考文献

[1]《建立健全惩治和预防腐败体系2013—2017年工作规划》[EB/OL]. http://fanfu.people.com.cn/n/2013/1226/c64371-23947331.html,2013年12月26日.

[2]《钓翁的博客》[EB/OL]. http://blog.sina.com.cn/s/blog_530541220100hkqc.html.(2010-4-10).

[3]塞缪尔·亨廷顿.变化社会中的政治秩序[M].北京:三联书店出版社.1989.

[4]邹洪凯.领导干部财产申报的制度困境与路径选择[J].廉政文化,2013(3):18-26.

[5]王威.腐败最怕的“阳光法案”难出台[EB/OL](2007-03-10). http://news.xinhuanet.com/comments/2007-03/10/content_5822481.htm.

高校工程腐败案特点与应对路径的选择研究

王　琴

扬州大学　校机关　江苏扬州　225009

摘　要：高等院校是市场经济的主体之一，与其他单位一样存在着腐败现象，尤以基建工程领域为甚。已经发生的工程腐败案件显示，如果只注重于对市场参与者个人保护、提高腐败成本来设计相关工作流程、防腐制度、防腐对策，不足以全面遏制或消除腐败现象，应当转而从“减少、消除腐败机会，保护潜在行贿人”的角度考虑新的反腐路径。

关键词：工程建设　腐败　制度设计

中图分类号：G475　**文献标志码**：A　**文章编号**：1674-8522(2013)06-0050-04

高等院校作为市场经济的主体，直接参与市场交易的方方面面，已经不再是独立于社会之外的“象牙塔”，也不可能是独善其身的“净土”，个别地区高校甚至被认为是腐败案件的高发区，而在高校腐败案件中80%又与基建工程有关[1]P7，教育部为此曾于2009年10月12日专门召开了《教育部开展工程建设领域突出问题专项治理工作视频会》，袁贵仁同志在会上指出“教育基建领域反腐倡廉建设任重道远，要建立健全惩治和预防腐败体系[2]。”如何正确评判高校工程腐败案的特点，直接关系到在今后工作中各项制度、对策的设计与成败。本文试图通过分析业已公开的高校工程腐败案的特点，为该类案件的预防提供新的思路。

一、高校工程腐败案高发的背景与形势分析

上世纪90年代开始，中国高校面临两个重要的变化：一是招生规模急速扩大，学校硬件设施与教学需要矛盾加剧；二是城市规模迅速扩大，城市功能重新定位与高校所处位置不相协调。在此背景下，学校最初的在校园中“见缝插针”式的基础设施建设模式转化为高校集中转移建设新校区、城市开发“大学城”的模式。

“教育部原副部长张保庆在一次研讨会上称，从1998年到2005年4月，我国平均每年新建校舍300万平方米，大多数学校每年完成的基建工作量都在20万至30万平方米之间，新建、改建的学生宿舍和学生食堂的面积超过了过去50年的总和[3]”。高校基建大发展的同时，高校建设工程领域的腐败案件集中爆发，引起社会各界的关注。近年来报道比较集中、典型的案例包括：“安徽省芜湖市检察机关2010年查处了当地4所高校工程建设环节贿赂犯罪案件38件，查处副处级以上干部13人。而这些被查处的人中，有的是享受国务院特殊津贴的专家，有的是大学

教授,有的是高级管理员;我国高校最为密集的区域北京市海淀区人民检察院发布的一项调研结果也显示,该区域高校的犯罪主体中后勤基建的管理人员及相关领导已经成为一个重要群体,而基建已经成为腐败的重要区域;湖北武汉,更是校园工程腐败的重灾区。据湖北省人民检察院统计,从2001年到2009年,湖北省校级领导犯罪案件涉及17人,共牵涉到13所高校,其中,有80%左右跟工程建设领域的腐败有关。国内著名反腐专家、中共中央党校教授林喆认为近5年来,高校工程腐败案集中爆发已经成为反腐领域一个十分突出的特点”[3]。高校工程腐败现象几乎已经成了一种全国蔓延的现象,除了以上几个地方,河南、陕西、浙江、江苏等一些省份近些年分别也有多起高校工程腐败案被查获。应当说,高校工程腐败已经到了相当严峻的程度。

二、高校工程腐败案的实证分析

(一)从工程流程的观察

腐败行为可能发生在工程实施的全过程中,而招标、质检、支付则是其主要的节点。

1. 招标环节

《政府采购法》及《招投标法》等规定了特定资金来源、一定金额以上的项目及原材料和服务的采购均应采取招标方式进行,以期通过引进竞争消除腐败、降低采购成本。但是这一系列做法的前提是市场公开、信息透明。在实践中,一方面可以通过不及时广泛地发布信息,使得招标信息在“圈内人”之间进行,使得围标、串标等违法犯罪行为得以进行;另一方面,一些高校在工程建设时还会以建设工期紧、招标耗时长为由,不按国家规定进行招投标,而是采取议标形式,平顶山市某高校甚至上亿规模的建设工程都不招标。此外,还存在招标单位透露标底的现象。

在实行招投标的工程中,由于过分强调高资质,中标企业层层分包或是交由挂靠企业实施,建设费用的一部分转化为分包利润甚至贿赂费用,导致建造费用得不到保证,发生偷工减料现象,直接影响工程质量,事实上,许多工程腐败案的发案就是工程质量问题的暴露才引出的。

2. 监管环节

为确保工程的顺利进行,各高校都会有专人配合监理单位负责对工程中质量、进程的监管,以及对工程变项、增项的签收,设置这一环节本来的目的在于动态监督工程的质量防止留下隐患、确保工程如期施工,同时根据实际情况对工程进行局部设计变更或对增减项作出认可。实践中,甲方驻场代表可能会成为收买对象,从而使得变更设计和增项成施工单位的主要利润来源,而减项和其他事项的认可成为施工单位回避违约责任的依据,甲方代表的认可成为偷工减料的护身符。

3. 支付环节

高校基建，尤其是新校区的建设，由于财政体制原因，绝大多数都必须借助银行贷款才能进行，财政拨付部分往往也无法及时到位，因此是否能够及时、足额支付施工单位的款项就成为问题，施工单位往往不得不为此支付代价，要求有关领导及经办人员同意支付或是及时支付。

(二) 从时序角度的观察

贿赂案件是典型的“权钱交易”案件，这种交换关系的先后关系即为“时序”，时序一定程度上反映腐败行为严重性。实践中，贿赂的时间与事务的进行并无必然的联系，事前、事中或是事后行贿皆有可能，而事先行贿甚至是以“培养感情”方式进行，或是基于同学、战友、老乡进行事后行贿，都具有相当的隐蔽性。因为某些突发事件或是交易双方只是因工程相识或交往，则往往在事中进行，呈现“一手交钱、一手交货”的情形。而原延边大学副校长于永和被媒体称为“每个环节都收钱[4]”则体现了时下腐败行为的猖狂性。

(三) 从决策体制角度的观察

1. 决策民主化

为遏制腐败，防止权力的过分集中，高校基建工作过程中往往会成立专门的“项目指挥部”，由学校有关部门派员组成，以期相互制约，防止腐败。

实践中，不少高校理想中的“相互制约”变异为“相互支持”，最后表现为“集体腐败”的“窝案”，成为当前高校工程腐败案的独特风景。安徽省芜湖市检察院反贪局的调查发现：当地高校建设领域窝案串案较多，并且呈现出群发性特点。在安徽师范大学基建工程的系列案件中，新校区建设指挥部指挥长助理、后勤集团老总、工程项目部、工程技术部、工程财务部等工程建设环节相关部门的 12 名干部纷纷涉案被查处，其中处级干部就有 8 人；安徽商贸职业技术学院院长方光罗落马后，分管基建的副院长、分管业务的总务处副处长也均被查处。有人认为这种现象发生的原因一方面是建设领域本身是腐败现象的重灾区，另一方面新校区建设前很多高校领导未经历过大的工程项目，在利益面前，容易形成集体腐败[3]。

2. 决定个人化

南京工业大学孙义先生的研究发现，“在收集的 100 份罪犯样本中，100 名高校涉及基建领域的犯罪人员中，原任单位或部门‘一把手’(起决策作用的分管基建校领导、基建处处长、其他部门正职负责人)的为 75 人；具有一定基建职权的其他人员为 25 人。其中，原任正厅级职务的为 12 人、副厅级职务的为 22 人、正处级职务的为 41 人、副处级职务的为 13 人”[3]。这一数据从另一个侧面反映了高校工程建设中的实际决定的个人化。实践中存在的“决定个人化”还体现在具体事项的个人擅断,与形式上的级别与权限并不一致,比如说财务人员就可以在领导已经决定“是否支付”后仍然可以决定“何时支付”以此索取贿赂。

(四)从对策体制的观察

在反腐败已经上升到党的执政能力和生死存亡高度后,反腐败的制度设计一直是高层思考的主要问题,实践中存在着一些关系如何协调的问题,本文只讨论其中两点:

1. 过程民主化与决策集中化

这实际是对前述“决策集体化、决定个人化”的继续。决策过程的民主化已经异化为一种形式民主,而实质性决定权的高度集中导致了腐败的温床。

2. 外部干预与内部决策

腐败得以存在的最普遍的原因在于监督的缺失,高校因为隶属和干部管理体制的原因,通常与当地“社会”存在隔阂,地方党委政府往往对高校监管存在盲区。以至于教育部还专门开会要求高校要配合地方纪委、检察院的调查,反映了这一问题的普遍性。

此外,高校因为基础建设进入市场后,对于地方管理体制等方面,形成了形式上受到地方政府部门尊重,实质上“不懂规矩”的市场弱者,行政监管机关的个人得以借政府机关之名行个人利益之实。土管、规划、消防等等均可能向高校介绍施工队伍或是相关产品,对高校施加影响甚或是直接的干预。其结果是没有形成“外部监督”反而形成了“外部干预”,相当一部分高校负责基建的干部也是通过这一过程“学坏”的。

三、高校工程腐败案的对策思路

(一)过去的思路:提高腐败成本,保护监管人

反思这些年来对高校工程腐败案的对策,主要体现在“集体决策、分割利益、分项发包”几个方面,简述之:首先在制度上确定集体决策体制,防止个人擅权垄断利益,形成人与人的相互监督;其次是分割利益,将一项工程分成若干部门,防止利益过于集中,包括招标、工程分期、分片,都是为了引进竞争;三是将不同过程切割分包,形成施工过程中前后工艺间的相互监督。这一制度的核心,在于保护“潜在的受贿人”,以制度约束参与工程的人员避免诱惑。其实质在于提高腐败的成本,迫使“潜在行贿人”无法支付相应的成本。

实践表明:提高腐败成本的思路,有一个潜在的假定,那就是施工单位会确保在有收益的情况下保证工程质量。但事实是:一方面社会诚信的缺失施工方不惧“豆腐渣工程”甚至以此要挟受贿人员;另一方面如前所述可以通过受贿人员追加投入以保证施工方的收益。因此,这种思路事实上没有能够达到制度设计者所预期的保护“自己人”的目的，甚至是将个别人的腐败制度化为集体腐败。

（二）新的思路：减少、消除腐败机会，保护“潜在行贿人”

1. 利用制度减少、消除腐败机会

作为理性的“经济人”，施工单位本来并没有冒着法律风险将自己的利益与他人分享，其行贿动机无不是追求利益、实现利益的最大化。作为制度的设计者，是否应当考虑首先要减少或消除腐败机会？比如说，全国政协委员、监察部副部长郝明金认为，全面推行代建制，即高校通过招标的方式，选择专业化的项目管理单位——代建单位，负责项目的投资管理和建设组织实施工作，项目建成后再交付高校使用[5]。这一方案早在2004年7月16日的《国务院关于投资体制改革方案》（国发[2004]20号）中明确提出：“对非经营性政府投资项目加快推进‘代建制’，即通过招标等方式，选择专业化的项目管理单位负责建设实施，严格控制项目投资、质量和工期，竣工验收后移交给使用单位”，地方已有部分高校试行基建工程代建制，但至今没有在全国全面推开、严格执行。

作者认为，“代建制”只是反腐设计的方案之一，也不可能以这一制度解决全部问题，比如说，在国家投资体制改革之中，能否由各级政府统一设立“公共建设局”，根据需要并经法定程序批准，高校需要建设的基础设施，由“公共建设局”建设后交付使用，避免由缺乏建设经验的高校本身去组织一帮没有建设经验的外行组成临时机构负责工程建设。

2. 保护“潜在行贿人”

这一提法可能会让人产生歧义，事实上，这如同提出《刑法》、《刑诉法》是对犯罪嫌疑人、被告人的保护法一样。反腐败的制度设计也需要有保护“潜在行贿人”的思路才能得到他们的配合。

根据国外的经验，对于“潜在行贿人”的保护至少包括：①利益补偿机制。如果某一竞争者通过贿赂手段取得工程，其工程利益应当予以剥夺并分配给其他竞争者，或是赋予其他竞争者以合同撤销权[6]；②准入限制。凡以贿赂手段取得利益者，应当列入“黑名单”，限制其在一定时期内在同一地区从业的资格，以保护其他守法者；③保护机制。凡是举报索贿或收受利益者，应当得到法律的特别保护，以确保其今后的竞争不受歧视。

在一个讲究诚信、法制的国家，守法者应当得到法律的奖赏，让他们有动力成为反腐败的战士，至少是司法机关的同盟者。

反腐败是全人类在有史以来一直面临的一项任务，其艰巨性、长期性应当得到高度的重视。本文虽然对高校工程腐败和特点进行了考察并据之提出新的思路，但是我们还是应当认识到高校工程建设是全社会工程建设的组成部分，正如有领导同志指出：“工程建设领域突出问题专项治理是一项系统工程，必须把完善法规制度、规范权力运行、健全市场机制、强化监督管理结合起来,建立健全长效机制,不断增强工作的前瞻性、系统性和科学性[7]”。

参考文献

[1] 叶铁桥. 雷宇. 武汉成高校腐败高发区. 80%集中在工程建设领域[N]. 中国青年报,2011年2月18日第7版.

[2] 杜博. 教育部强调高校基建领域反腐倡廉[EB/OL]. 2011-10-10,http://politics. people. com. cn/GB/1027/10180709. html. 人民网.

[3] 李鹏. 高校腐败浮出水面. 北京科技报[N]. 2011年4月18日第A16版.

[4] 秦洪祥、于贺. 延边大学原副校长因受贿被判刑十五年. 检察日报[N]. 2010年11月9日.

[5] 郝明金. 推行代建制治理高校基建腐败[EB/OL]. http://news. qq. com/a/20100306/000391. htm,2010-01-06 检察日报

[6] 吴冬. 中国反商业贿赂的治理捷径. 民主与法制(新天地)[J]. 2011(15),60-61.

[7] 扎实推进工程建设领域突出问题治理长效机制建设. 党风廉政建设[J]. 2011(8),1-3.

论二级学院负责制下的研究生培养制度

王　琴

摘　要:研究生急速扩招后,研究生管理二级学院负责制成为各高校不约而同的选择。二级学院在综合性大学研究生培养过程中承担了重要的教育管理角色。建立规范化的二级学院研究生培养制度,是保证研究生培养质量的重要的基础工作。

关键词:研究生教育　二级学院　二级学院负责制

中图分类号:G643　**文献标识码**:A　**文章编号**:1007-8606(2009)05-0063-03

全国2009年研究生招生计划安排475 000人,其中国家计划386 931人,委托培养和自筹经费招生计划88 069人。招生计划中,博士生60 000人,硕士生415 000人。其后又增加5万名全日制专业学位硕士研究生招生计划,主要用于招收今年考研的应届本科毕业生。而1991年在校研究生人数只有近9万人,2004年也才80万人。我国研究生教育规模的高速扩张,旧有的研究生培养管理机制和模式已经严重不相适应,二级学院负责制成为许多培养单位不约而同的选择。

在二级学院负责制模式下,校级研究生管理部门对研究生的招生、培养和学位申请等各个环节仅实施宏观调控,二级学院在研究生培养工作中则担负主要教育管理的角色。因此,二级学院如何根据自身的实际,建立较完善的研究生培养管理制度,是保证研究生培养质量的一个重要的基础工作,也是各培养单位探索的重点所在。近年来,笔者所在扬州大学机械工程学院根据自身研究生培养实际,以规范化为中心,在二级学院研究生培养制度方面进行了持续的探索,以规范化建设为中心,学院内部采取"学院-学科-导师"三级管理模式,取得了一定的成效。

一、以规范化建设为中心进行制度创新

规范化的核心内容是:理顺二级学院、各学科、研究生导师、授课教师和研究生等主体间的关系;明确各方主体的行为规范和职责;科学设定研究生中期考核、各种评比、评估及奖惩的尺度,确保研究生培养具有相对稳定的标准,逐步树立起学院研究生培养的制度特色。

1. 规范化是教育法制化的要求

研究生培养恢复之初,由于师资、经验、实验条件等方面的不足,在具体做法上,允许研究生导师和授课教师根据具体情况,采取灵活措施开展培养工作,鼓励进行全方位探索,无疑是一种实事求是的做法,也积累了很多的经验和教训,从正

反两方面为我们今天的制度建设提供了有益探索。在研究生教育开展了10多年后,则要求将研究生培养工作中各主体以及各种行为规范化、制度化,以确保研究生培养质量,同时也为今后的各项评估、评比奠定良好的基础。

2. 规范化是教育科学化的必然要求

研究生教育是我国高等教育的一个重要组成部分,随着我国教育事业的发展,研究生比例逐步提高,研究生教育不是本科教育简单的时间上的延续,而是本质上的提升。本科教育多年来已经形成相对科学的教育制度,而研究生教育,由于其类别丰富、学科传承特点鲜明、服务对象较为明确等特点,一方面要求各学科、各导师形成自己的学术特色,同时又要形成一个学校、一个学院相对统一的培养模式,这是一个矛盾的统一体。在培养程序和形式方面形成统一的规范,正是尊重研究生培养过程中统一与特殊相结合的科学化的要求。

3. 规范化应当覆盖研究生培养的全过程

国家和学校在研究生入学、教学管理、学位授予等方面,都有一些宏观指导性文件和制度。在实际管理工作中,二级学院更需要一个系统的、覆盖研究生培养全过程的操作性较强的培养和管理规范。健全、完善、系统的规章制度,为研究生培养教育提供了外部质量保障。

4. 规范化是一个动态的过程

我国研究生教育发展迅猛,但是在对研究生教育管理本身的理论研究方面相对不足。国家对研究生政策的调整、社会经济环境的变化都要求研究生培养的规范化进行不断的调整和完善。因此,不论是我们的认识研究水平,还是外在的环境因素,都要求我们对规范化本身有一个不断科学化、合理化的过程。

由于各学院自身所处的特定环境,最科学、最合理的制度不一定是当下最合适的选择,因此,由“合适”到“科学、合理”也有一个不断适应的过程。

二、“学院-学科-导师”三级管理模式的设计与实践

在调研的基础上,我们提出了“学院-学科-导师”三级管理模式,实践的效果令人满意。

1. 理顺各主体间的关系

在二级学院中,与研究生培养相关的主体包括:学院(院学位领导小组、分管领导、研究生秘书、班主任、党团社团)、学科、导师、教师、研究生。各主体之间的关系,包括角色定位与职责如何划分,关系十分复杂(如图),目前无法在统一的文件中予以规范。因此,在涉及具体事项的过程中,首先应确定相关主体的角色定位与职责范围,在充分调查研究的基础上,在适当的时候出台一个文件来明确相互间的关系。

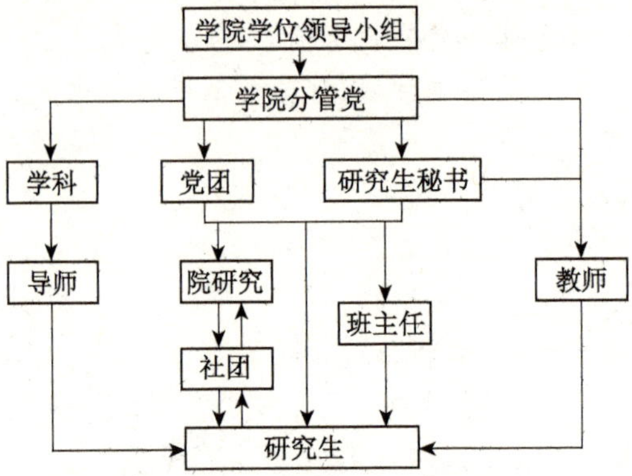

研究生教育管理管理工作关系图

在这些关系中，"→"表明箭头根部的主体对指向的主体具有领导、指挥、控制等作用。在"导师-研究生"关系中，我们将箭头的根部与前端置于框内，主要想强调的是：①特定的"导师-研究生"在一定环境中是一个利益整体；②"导师"相对于他所指定的研究生以外的学生，又是一个普通的"教师"。在"社团-研究生"关系中，相互深入的箭头，表明的是他们间的相互深入的关系。在"班主任-研究生"关系中，表明班主任只对应于部分研究生。上述"关系图"中的各种关系都应当在相应规范性文件中得到规定。

2. 健全和强化学院研究生培养过程管理机制，明确学院内部三级职责

研究生培养的质量，是培养过程中各环节共同作用的结果，为确保培养结果的"标准化"，要求有一个覆盖研究生培养全过程各环节的"基本标准"。这些标准由于发文主体众多，内容广泛，学院为导师和学生分别编印《研究生培养工作手册》和《研究生导学手册》，并开展导师工作培训，加强导师队伍建设，保障研究生培养质量，规范研究生的培养和管理，为导师的培养工作提供可鉴资料和可循规则，引导研究生循序渐进地成长。

第一，公开、公平、宽口径选拔优秀人才。二级学院在学校统一规定的程序和要求内完成研究生的统一招生考试和复试工作。学院按一级学科设置招生考试科目，面试注重学生科学素养和创新潜能等综合素质的考核，拓宽优秀生源选拔口径，把好复试关。在选拔本院优秀本科毕业生免试攻读硕士学位研究生推荐工作上，为确保选拔工作公平、公正、有序，学院特制定了《关于推荐优秀本科毕业生免试攻读硕士学位研究生实施细则(试行)》，从组织领导、推荐对象、条件、程序、汇总排名、候选人公示到复试等每个环节均作了详细安排。

第二，明确导师规制。教育行政部门和学校对于研究生导师职责的规范，散见

于多种文件中,尚没有系统的、集中性的规范性文件。为了在研究生培养全过程中更好地发挥研究生指导教师教书育人的作用,全面提高研究生的素质,确保研究生培养质量,二级学院通过制定《研究生指导教师职责》,进一步建立导师负责制,明确校内外导师在研究生培养工作中的权利和义务,重视和强化导师的培养责任,发挥导师在研究生的世界观、价值观和人生观形成及道德诚信修养提高中的指导作用,鼓励导师注重在科学研究、社会实践和工程实践活动中培养人才。

第三,健全研究生培养全过程的控制管理机制。在研究生培养全过程中,学院为二级学科建立一级学科硕士研究生培养方案,统一培养要求,根据个性发展要求调整课程结构,优化选课体系。

二级学院对研究生在完成培养计划内的课程学习以后的研究工作、学位论文选题、开题和撰写以及中期考核、学位论文评审、答辩、学位申请等研究生培养全过程,建立一系列管理规定,明确学科和导师在研究生学位论文选题、开题及撰写、研究生中期考核中的主导地位和责任,"开题报告会必须由本专业学科统一组织安排,所有应该开题的学生和相关导师参加开题报告会。各学科成立开题报告会审议小组……""硕士点考核小组由硕士点负责人任考核小组组长,本学科硕士点导师为成员,组成不少于 5 人的考核小组,对本硕士点研究生统一进行中期考核"。确定了导师在研究生学位论文中的第一责任人地位。

学院制定《硕士研究生学位论文评审、答辩和学位申请实施细则》,进一步规范研究生学位论文评阅和答辩工作,保证研究生培养质量,明确申请答辩的成果要求。规定了硕士学位论文由导师、学科审核通过后,学院统一组织"双盲"送校外专家评阅,校外专家评阅意见通过后,统一组织答辩。

这些培养方式和对申请学位的成果要求,以及学院对硕士学位论文统一双盲送审评阅制度,是学院把好人才培养出口关的基本措施。

第四,完善研究生评奖评优及其他行为规范管理。为鼓励研究生勤奋学习,促进德智体全面发展,制定《研究生优秀奖学金评定实施办法》,从研究生思想品德、课程学习成绩、科研能力、创新能力等各方面综合情况,对研究生进行评奖评优。

为培养研究生的"自我教育、自我管理、自我服务"的能力,支持和鼓励研究生参与校、院研究生事务管理,保障研究生的合法权益,促进研究生学术交流、社会实践、文化娱乐、体育锻炼等活动,增进研究生之间、研究生与校、院之间以及研究生与社会之间的交流,成立二级学院研究生分会和社团。鼓励研究生开展各级创新工程项目,对省、校未能立项课题,二级学院支持立项;院和各学科定期组织研究生开展学术交流和研讨,支持和指导研究生参加社会实践、社会服务和开展"三助"活动,规范三助管理工作。针对研究生业余承担社会兼职(校内外兼职)工作,二级学院制定《研究生校内外兼职管理规定》,对学生的社会兼职以及承担的职责等提出要求并进行备案管理。

第五，建立研究生培养资助体制。为保障研究生培养工作的顺利、有序开展，鼓励和支持优秀困难研究生的学习，结合学院实际，制定《研究生资助办法》，规定了学院和学科的资助面与额度，明确提出导师视科研项目和学生参与科研情况，适当给予学生生活补助，建立了学院、学科、导师三级资助体系，从而改善研究生学习、生活条件。

第六，搭建研究生心理沟通网络平台。开辟二级学院研究生网络和研究生QQ群工作平台，是做好研究生日常教育管理和思想政治教育工作的最有效手段。研究生教育管理中的许多工作通过这些平台及时传递；教育管理人员通过这些平台对研究生培养全过程进行宏观提醒、督促和就业指导等一系列教育管理工作；对个别学生中的一些不确定的想法或疑问在此进行交流、沟通和化解。现代化网络平台的充分利用，使得研究生的教育管理工作更加便捷，同时拉近了管理者与学生间的心理距离，事实上也成了思想政治教育的沟通平台。

研究生培养过程的一系列过程控制管理规范，有效地促进和提高了研究生培养质量和水平。实践证明：二级学院负责制是研究生扩招后的必然选择，“学院-学科-导师”三级管理是二级学院研究生教育管理趋势，适合自身的研究生培养制度是研究生培养工作的重要保证。在今后的工作中，我们将加强对研究生培养工作自身规律性的认识，通过实践丰富研究生培养理论研究的内容。

参考文献

[1] 陈建平. 研究生教育管理信息系统建设探讨[J]. 中国高等教育，2007(15/16)：54.
[2] 钱 进，吴宁萍，等. 论综合性大学研究生教育三级管理模式[J]. 前沿，2007(4)：50.
[3] 张振刚. 关于研究生培养机制建设和发展的思考[J]. 中国高等教育，2008(10)：28-30.

论研究生学术道德失范现象

扬州大学机械学院　王　琴

摘　要:道德等领域的"失范"是社会转型期不可避免的现象。研究生是高校科研队伍的重要组成部分,也是未来国家创新事业的中坚力量,重视和矫正研究生学术道德的"失范"具有重要的现实意义,事关国家和民族的长远利益。必须客观分析研究生学术道德失范的原因,建立有效的预防的矫正机制。

关键词:研究生　学术道德　失范

自1978年底以中共十一届三中全会为标志,中国进入了"社会转型期[1]P1","社会转型意味着制度的转换,在这一过程中,规模性的'失范'成为不可避免的社会现象[2]p1。"其中所谓"道德滑坡"、"道德重建"一度成为高频词,正是从语词社会学角度反映了这一社会问题的严重性,这一问题在研究生这一特殊人群中的反应之一就是学术道德的"失范"。

研究生"学术道德失范"包含两个方面的内涵:一是制度层面上的道德规范的缺失;另一是行为角度上的对道德规范的偏离。从某种意义上讲,制度的缺失也是行为偏离的原因之一,本文的研究主要是指后一种含义即研究生学术行为对于学术道德规范的偏离,旨在对研究生学术道德失范现象的归纳、分析并据以提出相应对策。

一、研究生学术道德失范现象的归纳

研究生的学术道德失范,首先体现在积累本学科基础知识的态度与方法方面,但主观方面的道德失范难以考察,行为层面的道德失范则主要表现在科研成果的形成与展示方面。

1. 挂名发表

为了更容易或增加获得论文发表的机会,在事先征得他人同意或未征得他人同意的情况下,将名家或导师等作为第一作者。利用他人的学术声望获取发表的机会,这种形式上"损己"的"以退为进"的手段背后,隐藏着对社会道德规范的"利用"。

近年来还有一种现象值得关注,这就是数名研究生集体挂名的现象趋多,真正作者署名第一二,其他人轮流挂名。通过这种"平等合作",人为地增加了成果的"数量",学术道德失范也由个人走向团体化。

2. 一稿多发

将同一研究成果，通过变更文章标题、结构的方式，甚至直接原封不动地多渠道发表。更为隐蔽的方式是将同一主题的思想从多个角度来发表“成果”。对于“成果”较多的人还有一种方式是多角度地“汇编”和“整理”自己过去的成果。

3. 有偿发表

通过支付“版面费”、“赞助费”等方式，获得论文发表。有偿发表也包括向有权决定发表的单位或个人给付其他利益。

4. 收购成果

以种种方式，在征得他人同意的前提下，以自己名义，发表他人成果。这种行为通常伴随着利益的交换，也有纯粹是同学、老乡等其它情感支持的原因。

5. 窃取他人研究成果

未征得他人同意，以自己名义发表他人成果，可能稍作“包装”，亦可能直接盗用他人成果。这是最典型、最原始的学术道德失范形式。

二、研究生学术道德失范的原因分析

1. 高校排名的驱动

“高校排名”是一项全球性行为，它可以帮助投资者、捐助者或委托人评价高校教学科研的能力、效率，并对学校管理当局的行为予以监督，促进学校的发展，因此，“高校排名”具有其内在的合理性。

学术论文的数量与质量相对而言更具有相对的“客观性”，通常也被作为高校排名考察的因素之一。另一方面，从世界各国的实践来看，“从研究生培养模式来看，基本有三种：一是课程模式（如美国），二是学徒模式（如德国），三是课程＋论文模式（如中国）。比较这三种模式可知，研究生学习期间基本都要接受科研训练[3]p65。”基于高校培养模式的共性，各校研究能力与研究成果具有某种可比性，而习惯于竞争性、精英教育的中国式教育，高校排名更是争取更多资源的需要，这种竞争的压力首先直接施加于教师，进而转嫁到学生身上。

2. 毕业门槛的压力

国内高校普遍将论文发表的数量、层次作为研究生毕业或取得学位的必备条件。研究生从入学到毕业时间有限，许多学生因此被迫通过不正当手段以形成研究成果丰富的假象。北京大学中文系取消了硕士生发表论文才能毕业的规定，上海财经大学有关领导也表示取消了硕士研究生发表学术论文才能毕业之规定。其实国家有关部门并未规定取得学位必须要公开发表论文。但是“学位与发文是否要脱钩?”对此，各校研究生管理部门、各二级培养机构、导师与学生的意见并不一致。实践中，各校、院、学科的具体做法也不一样。

有硕士研究生研究《发表论文之“必杀技”》[4]p22这样的问题,多少反映了“论文导向”的偏差。

3. 名誉的追求

实践中,研究生论文的发表,与研究生在校的各种考核、各种奖学金的评比、社会职务的取得、荣誉的评比等密切相关,研究生此期间发表论文的数量直接关系其考核评比的分值。由于这种对声望和社会地位的追求,又会促使学生采取不恰当手段“走捷径”。

4. 求职需要的驱动

国内企业普遍缺乏对人力资源的客观评价模式和体系,绝大部分单位在招聘职员的时候,直接套用行政机关、研究机构的评价指标或体系,将研究生的在校研究成果或各种奖励,作为评价其工作能力的重要指标,因此,有无公开的研究成果或研究成果的多少,直接影响到研究生求职的成败、岗位的分配。

5. 利益的驱动

研究成果在我国现行评价体制下,具有终身性。对社会现象具有一定观察力的研究生基于长远利益的需要,也会充分利用专门学习和研究生的在读时间,尽量多地形成成果以备将来使用。

6. 导师等监管缺失

“近几年,我国研究生招生规模以平均26.9%比率递增,在校研究生数量达到100万。通过了解得知:目前重点高校里一个导师带三十多个研究生的为数不少;普通高校里一个导师带十多个研究生也很正常[5]p60。”无论是研究型导师还是教学型导师,在自身繁忙的工作状态下,有的在事实上已经基本失去指导研究生的功能,尤其是文科类研究生导师,对于研究生学术道德的培养更没有得到应有的重视。

7. 违规成本过低

研究生违反学术道德的事件被发现,通常因为其处于弱者地位,加之学校与导师也深知社会总体学术风气之不良,通常只是以“忽略”不道德手段形成的成果处理,一般不会加诸其他责罚内容,因此,违规成本极低,这客观上会从反面对违规行为起到鼓励和纵容的作用。研究生学术道德失范缺乏严格的监督、管理规范和惩戒措施。

三、研究生学术道德失范的对策

1. 高校评估指标的科学化

高校评估,包括高校排名等在内的评价手段,在短时间内将是一个不可能改变的现象,但至少高校管理部门应当有科学的评估指标体系,高校评估与教育资源及其他资源的分配，不应当直接挂钩。对于社会机构设立的评估指标，也应当严加监管以保证其中立性，不得以高校评估作为谋取利益的手段。

应当建立具有公信力的、多目标的高校评估指标体系，保证评估成果使用者和社会公众能够从多角度地认识某高校的教学与研究的能力和效率等。

2. 强化“育人”意识

研究生导师对于研究生的个人影响往往是长久的，或是终生的，因此，强调导师的培养职责的同时更要强调其“育人”意识，即传统文化所说的“传道”功能是第一位的，同时要注意到“社会发展变化了，人们的价值观、维系人际关系的基本准则(道)也随之变化了，作为导师如果对这些客观的变化无动于衷，以抱残守缺的态度面对和理解自己所不熟悉的、不认同的现实，就难免把自己摆在学生的对立面[6]p19”。目前在研究生培养上，我国高校普遍实行的是“导师负责制”，同时如前所述导师所带研究生人数众多，导师指导研究生除数量外并无其他利益上的内驱力[7]p238-239，如何指导研究生事实上成为导师的一项道德义务。

强化导师的“育人”意识的一项重要内容，是如何建立起一套对于导师该项工作具有指导、规范、强制性的工作规则体系。

3. 正确应对个人需要

高校在教学目标中应当强调对于研究生的培养，不仅仅是学术能力的培养，更重要的是为国家建设和社会发展提供合格的建设者。“以人为本”已经成为全社会各项工作的出发点，我们应当注意到研究生培养阶段的个人需要的多样性，包括奉献需要、团队归属需要、社会能力发展需要、全面发展需要、职业发展需要、爱好多样性需要、认同感需要等[8]p26-29。高校应当教育研究生正确应对个人需要，将个人的需要或某阶段的需要，自觉地与国家、社会、团体的需要相结合，正确处理多种利益的冲突问题，作出正确的选择，以正确而健康的心态参与社会、完善自我。

4. 提高违规成本

一方面，学校应当对违反学术道德的行为，制定明确的规范，严格执行处罚办法，给予违规行为较为严厉的处罚，如责令退学、取消学位、剥夺荣誉、追缴奖励等。另一方面，全社会对于学术道德建设应当提高认识，各高校及研究机关，应当成立专门的学术道德委员会，审查各类违规行为并在全社会予以公开谴责，进而在就业、评比等方面确立准入制度。

5. 加强知识产权保护意识和执法力度

我们要尊重科研规律，“科研冲动是科技革命者探求真理的激情和良好的科研习惯。古今中外有许多科学家如饥似渴地探索自然奥秘，为了发明某项技术废寝忘食，有些科学家甚至不惜为此牺牲自己宝贵的生命[9]p30。”在认识到保护科研者的个人激情与习惯的同时，国家还应当完善知识产权保护制度、加大执法力度，让全体研究人员,包括研究生,认识到违反学术道德的同时,还可能是侵害他人权益、违反国家法律的行为,可能会受到法律的制裁。

加强知识产权保护力度,确保在该领域内"有法必依",打消某些人的侥幸脱法心理,往往比建立严酷的法制更为重要。

据统计,"2005 年全国本科生招生 230 万,硕士生招生 31.3 万,博士生招生 5.49万。硕士研究生招生数占本科生招生数的 13.6%,博士生研究生招生占硕士生招生数的 15.99%[10]p2。"研究生不论是绝对数量还是相对的比例都处在一个上升的过程之中。目前,"研究生是高校科研队伍中的一个重要组成部分,其科研质量不但对高校科研质量产生重要影响,而且对国家科技进步和社会发展也会产生重要影响[11]p57。"我们应当从国家的发展、民族的命运的高度,认识到研究和规范研究生学术道德失范现象的意义。它不仅仅对于现阶段矫正学术道德失范现象、纯洁学术风气具有现实的意义,对于规范学术行为、提升我国科研实力和研究成果质量,加快中华民族的复兴进程,更具有长远的历史意义。

参考文献

[1] 郑杭生.中国社会转型中的社会问题[M].北京:中国人民大学出版社,1995.

[2] 王琴.社会转型期大学生越轨行为问题研究[D],扬州大学,2005.5

[3] 袁祖望.文科硕士生培养理念选择[J]学位与研究生教育.2006(5):65

[4] 李巍巍等.发表论文之"必杀技"[J].中国研究生.2006(6):22-23.

[5] 周小军.如何提升研究生教育质量[J].中国研究生.2006(6):60

[6] 郭德侠.导师的自我反思与研究生培养质量的提高[J].学位与研究生教育.2006(4):19

[7] 杨秀平,翁钢民.中国研究生教育存在的问题及相关对策研究[J].求实.2005(1):238-239

[8] 屈晓婷.基于需要理论的研究生综合素质教育[J].学位与研究生教育.2006(4):26-29

[9] 夏玉成.提高研究生培养质量的思考与实践[J].学位与研究生教育.2006(5):30.

[10] 吴启迪.抓住机遇深化改革提高质量,积极促进专业学位教育较快发展[J].学位与研究生教育.2006(5):2

[11] 周文泳,等.论高校研究生科学研究的质量管理[J].学位与研究生教育.2006(4):57.

重评越轨行为　建设和谐校园

王　琴

扬州大学校机关　江苏扬州　225127

摘　要:“越轨”是对规则体系(包括道德规则、纪律规则和法律规则)的偏离,越轨存在积极的“正功能”。善用越轨的正功能、防止其负功能,是高校担当起建设和谐校园,为和谐社会孕育和谐成员历史使命的必然要求。

关键词:越轨　和谐社会　和谐校园　正功能

基金项目:2008 年度江苏省教育厅高校哲学社会科学研究基金项目(08SJB7100048)

“越轨”实质就是对特定规则体系的偏离,这些规则体系可以分为道德规则、纪律规则和法律规则[1](p22)。教育学、心理学、社会学和法学等学科对越轨现象作了不同侧面的解释,引起大学生越轨行为的发生也并非某单个因素,而是诸多原因的综合作用,是“原因结构”在起作用[2](p78),越轨具有其独特的正功能。

为了实现那些被偏离的规则所期望建立的社会秩序,也是作为对越轨的对策。党的十六大四中全会提出“和谐社会”这个新概念,并将此与物质文明、政治文明和精神文明一起作为全面建设的小康社会“四位一体”的目标。和谐社会是由和谐的人组成,而和谐的人是由和谐的校园孕育出来的。新的时代为教育赋予了新的历史使命——构建和谐校园。

在社会转型期提出“构建和谐校园”这一现实命题,要求我们的高校应该是一个民主法制、公平正义、诚实友爱、充满活力、和谐发展的校园。要实现这样的目标,我们首先要以科学的态度处理好校园中不和谐的音符—学生的越轨问题。结合现有的大学生越轨行为问题的有关研究,可归纳为:一是对负功能越轨的预防、矫正;另一是对正功能越轨的转化。高校要坚持以人为本的育人理念,建立科学高效的和谐管理模式,营造和谐教育的优良环境。

“社会固然需要受过专业训练的公民,然而需要更多的是有教养的公民”[3](p16)。1998 年的《中华人民共和国高等教育法》规定:“高等教育的任务是培养具有创新精神和实践能力的高级专门人才,发展科学技术文化,促进社会现代化建设”。我国高等教育的目的是使教育为社会主义现代化建设服务,为人民服务,使教育与生产劳动相结合,培养德、智、体、美等全面发展的社会主义建设者和接班人,也就是要培养适合社会发展需要的新的成员。在这一过程中,高校的任务之一就是善用越轨的正功能、防止和防范其负功能。

一、负功能越轨的矫正和防范

所谓负功能越轨,指的是越轨行为不仅仅是偏离了具体规则的要求,同时也是对这些规则体系背后的秩序体系的偏离。制定规则是一个相对简单的工作,对违反规则者予以制裁也不是困难的事,困难的是如何对越轨者进行矫正,使之回归到规则之“轨”上来,同时对其他“准越轨者”起警示和防范作用。陈家麟教授就学校心理健康教育方法就提出了心理诊断、心理教育、心理干预三个方面 19 种方法,并提出了实施这些方法所需要的五个途径:专门课程、学科渗透、寓于活动、优化环境和心理咨询。单这一个方面就是一个庞大的系统工程[4]。对青少年越轨行为的研究自芝加哥学派开始侧重于矫治,预防工作则建立在社区基础之上。

大学生作为一个特殊人群,他们在校园中通常只有四年,而且越轨行为的高发期在二、三年级[5](p196),作为特殊预防,对其采取惩罚措施,其意义有限,即使是最为严厉的迫使其离校的措施,其实只是将一个校园越轨者转化为社会越轨者而已,这绝不应该成为研究者的目标也不会是学校的目标。事实上,迫使越轨学生离校与其说是对越轨者的惩罚,还不如说是学校的技穷和绝望。因此,对大学生越轨的研究和对策应当以“预防第一”为原则,从制度上防止学生发生越轨行为,对越轨者进行惩罚时更应该考虑对其他潜在越轨者的威慑,否则还不如不予处罚。结合国内外学者的有关研究,为促进大学生健康成长,预防和矫治大学生越轨行为,应当着重从以下几方面着手开展工作:

(一)建立健全教育管理法规,及时修正不适时的、与国家法律法规相抵触的教育管理规定,实现教育的法制化和依法治校

目前我国已出台《教育法》、《义务教育法》、《高等教育法》、《教师法》、《未成年人保护法》等教育法律,其他的教育行政法规、规章也不少,这是社会转型中教育上的一个进步。但随着社会的不断发展和进步,这些教育法规远不能满足教育的发展,不合法律的规章还有待及时修正。现还有许多领域没有相应的规则予以规范和管理,或是与更高位阶规则相冲突的规则要求大学生去遵守。这些都将导致规模化的越轨行为的存在。社会上的“有法不依”而“土政策”盛行破坏了国家法制的统一和尊严。同样的道理,校园中如果长时间地强行实施不合理的“校规校纪”,也将导致校园失范现象的增多。

(二)推进教育改革,完善和加强学校管理体制,吸收社会力量共同教育、共同管理

教育在新形势下不断寻找自己的生长点,客观上需要有与之相适应的管理体制。促使学校教育机构及时调整和改革,改革和完善学校管理规定,促使学校提高自身的教育管理效率和效果[6](p78)。避免因学校教育管理失误或不到位带来学生越轨行为有机可乘,也避免学校管理工作上对学生中的问题或现象相互推诿诱发学生越轨。另外,针对大学生的违法犯罪行为,我们还应该积极吸收社会力量,通过现身说法及时教育学生,以防患于未然。

(三) 改革学校教学方式方法和教学内容,确立以学生为主体的教育教学体制

根据社会发展的需要设计教学内容和教学方法,提高学生的学习积极性和自觉性,激发学生的创新能力和创造力。社会上调侃某知名学府的学生是"除了自己的专业以外,什么都懂"。我们稍加观察不难发现,学生在校期间热衷于考外语、驾照、各种资格证书,而不是自己的专业。在人才市场,专业以外的技能成了学生推销自己的亮点,这实在是高等教育的悲哀。

教学方法上改变以往的"注入式"、"满堂灌"教学方法,要确立以学生为主体的教学体制,实行因材施教。学生应当是教育的主体而不是客体。允许学生大学期间自由选科和转专业,减少学生因专业不感兴趣带来的学习和心理压力造成的越轨(如考试作弊、退学等)。

对衡量教学效果的考试制度,需要从根本上进行改良。"'考试'这个科举的老方法,绝不是教育的方法,更不是现代教育的方法,而是反教育的方法。""考试的舞弊'本小利大',从而引人入胜"[7](p191)。在调查中发现,作弊作为大学生纪律越轨行为发生的第二大问题,应引起教育者的高度重视。对教学效果的评价是否可进行改良。

(四) 加强学生思想政治、道德和法制教育,提高大学生自身综合素质

改革开放以后,计划体制下的泛政治化现象得到纠正,但是在各个领域又出现了矫枉过正的现象。学生思想政治工作往往成了摆设甚至成为嘲讽的对象,学生思想领域呈现一定程度的混乱现象。我国的高等教育必须坚持坚定的政治方向,结合当前的社会实际,与时俱进地进行思想政治工作,提高思想政治工作的说服力和感染力,帮助学生树立科学的世界观和方法论,形成和培养学生良好的思想品德素质,加强大学生法制教育,增强大学生法律观念和自我保护意识,减少和避免大学生违法犯罪。加强大学生心理健康教育,优化大学生心理素质,增强大学生社会适应力和人际交往能力,增强对挫折的承受力。

(五) 提高教师的基本素质,维护教师身心健康,增强师生良性互动,引导学生健康成长

提高教师素质是当前不容回避的一个重要议题,"建设高质量的教师队伍,是全面推进素质教育的基本保证[8]"。从某种意义上说,推进素质教育的过程,既是提高学生素质的过程,也是提高教师素质的过程,并以此带动全社会的物质文明和精神文明的发展。因此关心和维护教师身心健康,加强和改善师生间的良性互动,寓道德品行教育于课堂教学和日常交往中,有利于大学生的健康成长。

(六)建立大学生心理健康维护系统

“马加爵事件”、“卢刚事件”发生后,大学生的道德观念、法律意识和心理康健问题等等一一摆到我们面前,健康的维护系统,即培养健康心理、消除心理障碍的社会系统的建立迫在眉睫。这样一个社会系统应包括:①自主的学生沟通。高校应当鼓励和支持学生参加有益的社团活动,给予团体更大的自由空间,让学生在其中学习技能、交流心得……②融洽的家庭心理沟通。③全过程的学校心理教育制度。学生心理健康的教育,应当始于接受教育的开始,并贯穿整个教育过程,甚至可以贯穿终身教育体制当中。④建立全社会心理援助网络。目前,心理咨询职业队伍的短缺是一个瓶颈,相对于我国3 000万心理问题的青少年,目前从事儿童精神科工作的医生却不到150名,美国人口是我国的1/5,儿童精神科医生却有6 000名。

(七)正确认识司法矫正功能

在处置大学生越轨行为的实践中,高校出于面子、评比、荣誉的考虑(如“综合治理”、“安全”等)或是为了保护学生的前途等等,往往将许多已经触犯刑事法律构成犯罪的行为通过校纪给予勒令退学或开除学籍处理,以“大事化小,内部消化”解决,而不是交由司法部门处置。有关司法部门对具有完全民事行为能力的大学生的越轨行为也一般从轻处理。司法机关的“暂缓不诉”等制度创新,实际上也是专为在校大学生而设计。无论是学校还是司法机关,其出发点都是好的,但是这些做法实际上都破坏了“法律面前人人平等”的宪法原则,实践中也误导了大学生对越轨行为的严重性的认识。本应受到刑事法律处罚的学生逃避了法律的制裁,在一定程度上助长了那些已经犯罪的人继续犯罪的心理,而那些有犯罪欲念还没有实施犯罪的人当然也感受不到受惩罚的震慑。这对实现国家法治是十分不利的。其实也有违学校的依法治校诺言。我们主张,要实行责任追究和教育执法,提倡司法介入。当然可采取较为人性化的手段(如保留学籍或在一定组织的监督下完成学业等)进行执法,以维护法律的尊严,同时也教育和帮助了学生。

二、正功能越轨的转化

所谓正功能越轨,指的是越轨行为偏离了具体的规则,但是符合这些规则体系所追求的秩序,甚或有利于更好的秩序的建立。一个充满活力的规则体系应当能够适时地根据这些正功能越轨行为修正旧有的规则。

(一)扩大大学生在高校管理中的参与度,实行民主管理,增加透明度

学生对学校纪律规则的违反,往往是由于对学校纪律规则的不认可甚至是反感,改善学校与学生的情感关联是一个重要的途径。有研究者指出:“无论怎样强调管理在高等教育中的重要作用都不过分”,并提出了“共享管理”的概念,“共享管理(shared governance,指的是高等院校参与国家高等教育政策的制定,在内部管理方面,专业人员、行政人员、校外人士乃至学生共同参与)也称合作管理(co-operative governance),是一种非常重要的管理形式……学生可以在一些影响他们生活的领域和一些他们有能力提出建设性意见的领域内发挥作用,例如在非学术领域,包括课外活动、宿舍管理和学生服务等方面。在学术领域,学生也可适当参与教学项目、教师评估和教学基础设施方面的管理[9](p51)。"学生参与学校纪律规则的制定有利于他们了解这些规则的制定意义、目标和确切的含义,学生参与学校管理,有利于将他们从情感上与学校成为一体,所有这些都有利于学生自觉地遵守学校的纪律规则。2005 年 3 月 29 日的《普通高校学生管理规定》中也提出了"学校应当建立和完善学生参与民主管理的组织形式,支持和保障学生依法参与学校民主管理"。

(二) 进一步推进后勤社会化管理

后勤社会化是高等教育改革的一项重要内容,也是保证高校集中精力搞好教学科研的一项重要措施。但是,由于近年来一系列校园安全事件的影响,教育行政主管部门出于自身利益等原因考虑,出台了一些与高校改革方向相悖的规定。我们认为,高等学校应当进一步研究、探索后勤社会化背景下的学生宿舍等方面的管理而不是向后看再走回头路。其中,学生住宿管理是一个重要内容。学生宿舍是学生活动的主要场所,大学生约 1/3 至 1/2 的时间在宿舍中度过,同学间对人生、社会问题的探讨、思想火花的碰撞、信息感受的交流、日常生活、人际交往以及各式各样的业余活动,构成了大学生宿舍生活的丰富内容;大学生的价值观、道德伦理观的形成,集体荣誉感、同窗友谊以及兴趣爱好的建立和培养,社交能力的锻炼和提高也无不与之相关。学分制的实行,班级作用弱化后,宿舍作用更显重要。学生宿舍也是学生真实思想集中、真实表现的场所,是学生互动作用影响最大的场所[10](p334)。后勤社会化后,学校仍然要为大部分学生提供住宿,学生绝大部分仍然相对集中住在一定的区域内,如何在新的形势下做好宿舍区域内的学生工作,发挥学生宿舍的独特作用是高校管理中亟待回答的问题。

(三) 建立科学的规则制定和评价体系

与高等学校和大学生管理的规则体系是相当复杂的,这些规则制定的主体不同,考虑问题的角度和出发点不一,规则制定的背景也各不相同。规则的繁杂导致规则间的冲突不可避免,当前十分需要有科学的规则制定制度,规范规则的制定程序和权利义务的设定。同时,还有要对规则实施的效果进行追踪评价的体系为旧规则的废止、修改和新规则的制定提供依据。

(四) 加快教育体制改革

对于社会转型期出现的许多结构性问题,只能通过尽快完成社会转型,建立新的社会行为规范才能得到解决,在发展中解决问题。对于社会转型期大学生越轨问题,加快教育体制可以解决其中因体制而产生的问题。当前需要采取的措施包括:①重新确立教育方向。树立以学生为中心的教育方向。②树立正确的教育目标。教育应当培养学生的实际工作能力,着重于学生的可发展性的塑造,培养学生的创造性,以绝大部分学生的成功为目标。③教育内容上的调整。一方面要防止随意更改课程,影响学科的稳定性,同时也要顺应时代和科技发展的社会实际,适时调整教学内容,同时教育应当考虑学生实际情况和学生未来的服务目标对教学内容的要求。④教育方式上的革新。在对学生的教育方式上要面对变化中的实践采取灵活多样的方式,在处理学生越轨问题时,要尊重学生的权利和尊严,不得采用法律明文禁止的错误方式。⑤学生评价体系的科学化。在不同的教育方向和不同的教育目标体系中,必须要求有不同的学生评价体系。学生是教育的出发点和终点,必须建立新型的、科学的学生评价体系,确保学校的"好学生"也是未来社会中优秀的成员。

(五) 适时修正规则,推动社会进步

规则是我们实现目标的手段而不是目标本身,规则不应被神圣化而应被置于"最低标准"这一世俗的地位。适时修正规则以适应社会发展的需要是一个历史的客观规律,固守规则而不顾这些规则制定的目的所在,是古人早已名之"数典忘祖"的可笑行径。中国正处于社会转型期,旧规则赖以存在的社会背景情况不断地发生变化,要求与教育相关的有关规则也应当适时地进行修正,防止出现坏的规则惩罚好的学生的不正常情况。

三、建设"和谐校园",培育和谐社会的新成员

胡锦涛总书记在国际舞台上将"和谐社会"的理念扩展为"和谐世界",同理,"和谐社会"的构建,需要其组成部分各单元的建设,在此基础上我们提出了"和谐校园"的概念。

校园是我们社会的重要组成部分,是"家庭"与"社会"连结的桥梁,其中高等学校就是这座桥的"桥头堡"。同时,大学生又是"家庭成员"走向"社会建设者"的过渡身份,他们是未来社会的中坚分子和精英分子的主要来源。

正因为校园及其成员大学生具有这种特殊性,因此,"和谐校园"的建设不仅仅是因为她是"和谐社会"的一部分,更重要的是因为"和谐校园"为"和谐社会"源源不断地输入新的成员,某种意义上讲,"和谐校园"建设的成败决定着"和谐社会"建设的成败和未来。

"在任何社会中,越轨都是一种难以完全避免的社会现象;毋庸讳言,我们的社会中也存在某些越轨现象"[11]。但,它正是新的希望的所在。社会转型期的大学

生越轨问题具体情形很复杂，但本质上是“社会化①”过程中发生的现象，如何使我们的家庭、学校、社会成为一个有机结合的、连续（也许更准确地说该是“综合”）地进行真正的终身教育的系统，大学生越轨问题才可能和其他社会成员的越轨问题一样得到有效的控制（彻底“解决”是一种美好的理想，但也是永远不可能实现的），这是我们在以后的工作中需要进一步思考的问题，这一问题得到了解决，构建和谐校园的目标也就近了，构建“和谐社会”的目标也就将成为现实。

参考文献

[1] 王琴. 越轨的正功能对学生管理工作的启示[J]. 扬州大学学报·高教研究版，2005(4)：22-25

[2] 王琴. 社会转型期大学生越轨原因结构论[J]. 法制与社会·理论版，2006(1)：78-80

[3] 阿什比. 科技发达时代的大学教育[M]. 滕大春、滕大生译，北京：人民教育出版社，1993：16

[4] 陈家麟. 学校心理健康教育：原理与操作[M]. 北京：教育科学出版社，2002.1.

[5] 王琴. 社会转型期大学生越轨行为分析研究[J]. 法制与社会（理论专刊），2005(6)：196-198

[6] 吴志宏. 教育行政学[M]. 北京：人民教育出版社，2000.7：78。

[7] 严元章. 中国教育思想源流[M]. 上海：生活·读书·新知三联书店出版，1993·11：191。

[8]《中共中央、国务院关于深化教育改革全面推进素质教育的决定》语

[9] 蒋凯主译. 发展中国家的高等教育：危机与出路[M]. 北京：教育科学出版社，2001.7：51。

[10] 潘蓉. 后勤社会化环境下的高校学生宿舍管理[A].《扩招后的学生教育与管理》[C]，广州：中山大学出版社，2002.12.：334-338。

[11] [美]杰克·D·道格拉斯、弗兰西斯·C·瓦克斯勒：越轨社会学概论[M]. 张宁、朱欣民译，石家庄：河北人民出版社，1987.3：3.

① 社会化是个体在一定的社会环境中通过与他人的交互作用而不断发展、变化的过程，它有两方面的涵义：一是个人学习社会知识、技能和规范，取得参与社会生活的资格，发展自己的社会性；二是社会把一个“自然人”转化为“社会人”，即社会按文化标准把一个新生儿培养、教化成符合其要求的社会成员。

社会转型期大学生越轨原因结构论

王　琴

摘　要:社会转型期大学生越轨的“原因”与具体的越轨行为之间并非简单的一一对应关系,也就是说,引发越轨行为的发生并不能从单个原因因素得到解释,每一个越轨行为的发生都是外在的社会客观因素与内在的个体主观因素的共同作用的结果,这些因素构成了一个“原因结构”。

关键词:社会转型　大学生　越轨　原因结构

任何社会都无法避免越轨行为,社会转型期的越轨则更为频繁。我国正处于社会转型期,虽然改革设计者一本中庸的传统坚持渐进的准则,但是在社会行为自身的惯性和改革中人们要求不断改革的“改革饥渴症”的推动下,旧的社会秩序迅速解体而新的秩序尚在凝聚共识的过程之中。随着经济体制的转型,与之对应的上层建筑领域的各项社会制度也发生了深刻的变化,社会心理也发生了剧烈的变革,“信仰危机”、“精神污染”、“价值多元”、“道德重建”、“诚信建设”等等在转型期中相继出现的新名词从某个侧面反映了中国社会的社会心理和个体心理在这一过程所承受的不断的冲击。在此,人们的价值观也处于转换过程之中,社会成员的认同感下降,这一特殊的历史时期给人们的心理带来了空前的压力,这种压力施加于社会各人群,大学生也不例外。各种人群、各个个人都在这种纷乱的价值中寻求自我实现和自我满足的途径,“越轨”便是其中的一种选择。

过去对大学生越轨行为的原因探究往往满足于寻求一个特定的或是“根本”的原因。本书提出大学生越轨行为是“以个体心理主导的,社会、家庭及交际圈交互影响”的结果。过分强调社会、家庭和生活环境的因素缺乏说服力,无法回答“为什么越轨者只是少数人”的提问,同时这种舆论环境会养成大学生推脱个体责任,不愿自省的不良心理和习性。单纯强调个体心理是越轨行为原因实质上“天生罪犯”这一臭名昭著的法学(犯罪学)命题的现代翻版,回避越轨时期社会价值混乱对个体影响,不利于社会的变革和进步。同时,人与其生活的环境是一个互动的过程。大学生越轨的原因是一个结构体,任何一个组成部分都既不是充分条件,也不是必要条件,而是综合作用才成为真正的“原因”。

一、社会因素与越轨

社会结构的形态及其变动,必须要最终影响到个体的行为选择。这是对越轨行为发生所作的宏观角度的解释，这一观察角度侧重于解释在特定社会中为什么会存在越轨行为。考察大学生这一特殊人群越轨行为这一问题时，不能离开当前中国处于转型期，社会结构处于变动过程之中这一背景。

社会转型期最大特点是社会的失范现象，即旧有的规则被废弃，而新的规则又没有建立起来。社会上缺乏共认的行为准则，而处于评判者地位的人的眼中于是充满了“越轨”的行为，而“越轨”者又往往自认代表着社会的发展方向。另一个值得注意的是在转型期中，社会分裂为一个个亚文化群体，处于非主流地位的文化的遵从者总是被定义为越轨者。

在本文中，我们重点关注与贫困相关的越轨问题。中国社会进入转型期以后，社会贫富分化剧烈，中国已经成为世界上贫富差距较大的国家之一。相当数量的贫困家庭的子女经过艰苦的努力取得入学资格，却无法在家庭的支持下安心读书，他们承受的压力是巨大的。“贫困生”问题是改革开放后社会分化和高等学校实行收费制等综合因素下出现的情况。这也是高校大学生越轨行为不断攀高的一个背景性的因素。同时，我们还要避免以各种形式（尽管有时是出于“好心”）给贫困生贴标签，如某高校设立“贫困生宿舍”等，这无意中也会伤害到学生的自尊心，给贫困生带来更大的压力。

“教育和培训在任何国家中的分配，都具有非常深远的政治、社会和经济意义”，“在知识经济中，教育和终身学习的分配对社会公平具有十分深远的影响。扩大学习机会可以缩小不平等，但是，如果人力资本过于集中，也可能导致相反的结果，而且由于这种人力资本可以代代相传，所以这种不平等也会越来越严重。在教育扩展的近几十年里，具有更多特权的群体和没有什么特权的群体的教育成果之间并没有出现明显靠拢的迹象。来自贫穷和缺乏教育的家庭的孩子，以及少数民族和有困难的家庭的孩子，在学习上仍然处于下游[1]。”贫困问题不仅导致不同背景的家庭出身的孩子处在不同的起跑线上，还在其成长的每一阶段发生着影响。如果没有相应的措施，在大学生群体中就会基于财富的分层进而引发更多的社会问题。

虽然中国共产党和中国政府基于政治伦理一直以促进“共同富裕”、构建“和谐社会”作为执政目标，但是社会成员之间有如一场以生命为周期的“马拉松比赛”，注定形成“一部分人先富起来”而且很可能永远如此的局面，由此而导致的社会心理的不平衡很可能诱致越轨行为的发生。大学生作为青年中的优秀群体，对于平等的追求意愿远甚于其他社会群体，这一社会心理因素的影响更值得注意。

转型期中，旧的社会结构解体了，新的社会制度还在建设和完善之中，这一过程导致结构性、规模性的如贫困家庭（导致贫困生的出现）、单亲家庭、社会共同信仰的丧失等社会问题，这些社会现象作用于大学生个体，超过其认知和接受能力，就可能使其心理扭曲,行为失范。我们看到典型的马加爵案件中就存在这样的因素。转型社会中大学生面临许多挑战,存在着多方面的压力源:一是来自于社会责任的压力;二是来自于生活本身的压力;三是来自于竞争的压力;四是来自于整个社会不断加快节奏所带来的压力。这种压力感过于沉重,就会给大学生带来心理障碍,严重的会出现越轨。

二、校园环境与越轨

学校对学生的主要作用就是把社会规范、道德观、价值观以及前人所积累的知识、技能传授给学生。在学校生活中,学生们主要是通过教师获得知识及道德教育,同时也在校内群体相处中学习适应共同生活的能力。社会转型期,由于社会失范带来教育失范,学校不免存在这样那样的缺陷和问题,诱发学生的越轨行为。

转型期,随高校体制改革的进一步深化,高等教育的发展呈多元化趋势,教育收费制、后勤社会化、民办高校等等,收费项目繁多(如选修费、重修费、补考费、实习费、转专业费等),这对于家庭经济困难的学生来说压力是相当大的,而高校资助经济困难学生工作还存在着薄弱环节(一是认识上不到位,工作不够深入;二是资助经费不到位;三是勤工助学岗位设置不够充分;四是积极主动争取和赢得社会上更多资金资助经济困难学生工作不够,工作思路和渠道比较窄。),这是造成大学生退学逐年增高的一个重大因素,也是在校大学生侵犯财物(当个人需要与实际相矛盾时)的一个不可忽视的背景因素。

学校不仅是对学生传道、授业、解惑的场所,同时还负有对学生的行政管理职能,是社会管理系统的重要组成部分。今天的教育,可以说比以往任何时候都更多地感受到来自社会和教育自身的各种因素的冲击和影响。

个体在社会生活中,在逐渐确立自我、完成个性化的同时,通过社会学习与社会同化,必然与其周围的群体或个体形成一定的人际关系。“近朱者赤、近墨者黑”是一句富有哲理的成语。大学生处于生理、心理的剧变期,具有极强的可塑性,也是其通过模仿进行学习的重要时期。“交友不慎”是许多越轨者总结的教训之一。校园作为大学生学习生活的最主要的场所。同学之间、高低年级之间的行为同样具有强烈的示范作用。彼此间通过其亚文化的认同而获得彼此间的信任。大学生非法传销、校园群架、考试作弊等越轨行为都可等到解释。与性相关的越轨行为的持续上升,是我国现阶段大学生越轨行为的一项重要特征。

值得注意的是,由于学校与社会的有形和无形墙已经不复存在,大学生的“交际圈”已经不局限于同学、校友、老师,同时也与社会人员互动,近年来大学生参加传销就是典型的案例,他们在社会人员的诱导下发动在校生进行传销,有的人为此荒废学业,甚至因为承受不了压力而致精神疾病[2]。因此,在讨论“校园文化”这一主题时，还应当注意到与校外的互动性的存在及其强度问题。

在过去对大学生越轨问题的研究成果中，对于学生间的互动影响予以了充分的注意，但是，对师生间的影响则显然不足。“教师”在中文中是一个真正的褒义词，但这并不能保证每一个教师都是值得褒扬的对象。由于教师劳动具有示范性特征[3]，教师的一言一行，为人处世的态度和方式，都会被学生视为学习和模仿的榜样。当教师在传授科学知识的“授业”活动时，其自身知识的渊博精深与否被学生当作样板而影响学生；当教师从事政治思想品质教育的“传道”活动时，其自身的品行与个性更被学生视为楷模而影响学生。

在社会转型中由于教育的失范，造成有的学校教学内容上失衡(重智轻德等)，学生对课程的适应程度，课堂教学方法手段滞后，不能调动学生学习的积极性和主动性，甚至有使学生产生厌学情绪，考试作弊、退学行为有增无减……当然校园环境对学生越轨行为的影响不仅仅是以上所述，还受来自校园不良文化、管理不到位、学校管理法规滞后和不完善等诸因素影响。

三、家庭氛围与越轨

作为初级群体的家庭，是个体社会化的最早场所。正常的家庭的存在和家庭人际关系的沟通，是维护心理健康的需要。人的一生大部分时间都是在家庭中度过的，尤其是幼年期，家庭是个体生活的环境，父母则是子女的第一任老师。因此，早期家庭生活的成长经历[包括家庭的人际关系、气氛、组成状况、社会经济地位、父母的素质(言谈举止)、教养方式等]都会对子女以后人生观的形成及其人格发展起着至关重要的作用和影响。家庭因素对青少年的影响主要是通过家庭结构的缺陷(家庭成员缺损、家庭经济结构的缺陷、家庭人际关系的不和谐)和家庭教育的缺陷发生作用的[4]。

家庭缺损严重地损害孩子人格的健康成长，容易在孩子稚弱的心灵引起各种不良的反应，可能使其逐渐变得性格孤僻、偏狭、自私、冷漠、难与人相处。根据湖南省心理学会1991年的调查，湖南少年管所等单位的210名少年犯中，属于家庭破裂的有87人，其中父母死亡孩子从小无人照管48人，父母离异失去母爱造成孩子心理变态的39人，占有41.1%。[5]这一切说明缺损家庭对子女有非常不良的影响。

家庭经济贫困本身并不是犯罪原因，世界上许多有成就的人物均成长于贫困的家庭中。但是，生长在贫困家庭中的孩子相对地说从家中分享的物质生活和精神温暖、正常教育等都自然少于其他家庭。这样家庭的父母整日为家庭的基本温饱而疲于奔波操劳，无暇也无力教育自己子女，甚至无能力在基本生活需要上满足子女的需要。在这样缺乏基本生活保障又缺乏教养的家庭中的学生，一旦不能自持,其易受品行不良人员诱惑而越轨。

在家庭教育中,父母对子女管教方法不当或教养态度、观念有误,也足以诱发子女越轨行为的发生。

中国进入社会转型期以后,有许多的家庭不再拥有传统的紧密形式——同居一个屋檐下,家庭成员同居一室共吃共住的格局被打破,有幸同居一室的家庭也会因家长或孩子的忙碌或网络、电视等现代家电而占据了时空。忙碌的父母放纵了对子女的家庭教育,父母与子女实际距离(包括心理距离)在加大,家庭成员间缺乏良好沟通,孩子的不安全感和孤独感凸现。由于长时间的分离,父母对于孩子的"补偿"心理强化,更加倾向于用物质来满足孩子或是迁就他们不适当的要求,塑就了独生子女贪图享受、爱慕虚荣等不良个性。

家庭对青少年犯罪(越轨)的影响,主要是通过对其人格形成的影响为中介而实现的。大学生尽管已成年,由于其尚未进入社会,其人格还未完全定型且其幼年、少年多在家中度过,因此家庭的不良因素对大学生行为仍有很大影响。统计中发现有大学生因家中邻里不和,家人与邻里发生争执,该生获悉后跑回老家将邻居打成轻伤被告上法庭。

社会学、心理学等学科的研究都证明了早期的成长经历对于个人的重要性,弗洛伊德将其绝对化固然会有牵强的成分,但是其证明力并不应当因此受到怀疑。家长和其他家庭成员的行为对于子女的行为具有示范作用,犯罪社会学对此早有定论,虽然"小偷的儿子肯定是小偷"是错误的论断,但是小偷的儿子成为小偷的可能性却是肯定要超过正常人家的儿子。

家庭是孩子成长的安全港同时也是孩子接受启蒙教育的最初环境,家庭成员的不良行为对个体越轨行为在一定程度也会起着潜移默化影响。良好的家庭人际互动关系是维护和促进大学生健康成长重要环节之一。因此,了解个体成长的家庭环境这一微观社会学单位,有助于解释其行为习性和心理特征。

四、个体因素与越轨

我国现阶段全日制在校大学生的年龄一般在十八九岁到二十二三岁之间,这个年龄正处于青年中期,这是一个人身心机能不断趋于完善的阶段,也是一个人身心发展的重要时期。在这个发展阶段,个体的生理发育已基本成熟并趋于稳定,这为大学生的独立生活和学习提供了必要的生理前提,也为他们不断完善个性,逐步达到心理成熟准备了物质基础。

在这一时期,由于社会生活环境的影响,特别是大学生特有的学习和生活方式,使他们的心理发展处在一个迅速走向成熟而又未真正达到成熟的阶段。生理因素会诱发心理不健康,由于生理原因导致心理上的不健康若不能得到及时引导或控制，越轨行为就会随时发生。

张保平先生从犯罪心理角度，提出“犯罪心理结构”的概念，指出“犯罪心理结构”包括①犯罪认知心理、②犯罪的动力心理、③犯罪个性心理、④犯罪的情境心理四个方面[6]。

对于心理健康的标准，陈家麟教授在回顾了心理健康概念的沿革和比较了国内外学者的不同见解并结合自身开展心理健康教育工作的经验，提出了 6 条标准：1.智力发展正常；2.情绪稳定乐观；3.意志品质健全；4.行为协调适度；5.人际关系和谐；6.人格独立完整[7]。

大学生不良的心理品质是大学生越轨的一个重要原因。一些大学生越轨行为的产生与他们消极的自我意识、意志、性格、动机、气质、需要等心理品质密切相关。从自我意识来看，一些大学生具有独特的自我意识，不同程度地表现出一种反约束感、所处地位的优越感和强烈追求自由的倾向，喜欢随心所欲，一切以自我为中心；从意志上看，一些大学生往往缺乏自我约束力和自制力，目无组织纪律，意志薄弱，管不住自己，在行为上表现为“明知不可为而为之”；从性格上来看，一些大学生表现为任性、好强、敏感、偏激、时冷时热的“外向型”性格，虚荣心极强，当客观条件有限与虚荣需要发生矛盾时，强烈的欲望产生越轨冲动，一有机会便会付之行动；从动机上来看，一些大学生是为了满足个人不正当的需要而越轨；从需要上看，每个越轨行为后面实际上多多少少地反映了大学生的特定的个体需求(生物和心理需求)。马斯洛的需要层次理论，它揭示了学生成长过程中的心理变化过程，我们也可以用它来解释大学生越轨的现象。

由于大学生处于特定的年龄阶段，许多行为除了惯性作用外，还要考虑到偶然性的时空因素。

心理是行动的动因，因此，心理不健康必将导致行为偏离正常的轨道。在越轨原因结构诸因素中，心理因素是对越轨行为的微观观察，它可以直接说明个体为什么选择了越轨而不是对规则的顺从。

五、结论

单个的原因都不足以必然地引发特定的越轨行为，单个的原因作用于不同的个体可能会引起完全不同的结果。理论和实例都证明了越轨行为不是简单的一一对应的因果联系而是复杂的多因多果的复杂结构。我们认为：引起越轨行为的是一个“原因结构”，本文前面分析了这个原因结构的各个侧面，原因结构是外在的社会客观因素与内在的个体主观因素共同作用的整体。“原因结构”只是对越轨原因分析的 个指导原则，对具体个例的分析并非一定包含上述全部内容，也不一定仅限于以上分析的内容，但是它一定包括这两个方面的共同作用。

参考文献

[1] OECD. 教育政策分析 2001. 谢维和等译. [M]. 北京:教育科学出版社,2003 年 12 月第 1 版:5859.

[2] 张晶. 谁在导演大学生违规直销? [D].《市场报》,2004-9-10 第 5 版.

[3] 周川. 简明高等教育学[M]. 南京:河海大学出版社,2002 年 8 月第 1 版:153.

[4] 梅伟强,王敏. 犯罪心理学[M]. 北京:中国法制出版社,1999 年 6 月第 1 版:63-66.

[5] 罗大华,石起才. 青少年犯罪心理学[M]. 北京:中国政法大学出版社,1999:44.

[6] 张保平. 犯罪心理学(第三版)[M]. 北京:中国人民公安大学出版社,2003 年 6 月第 3 版:7-8.

[7] 陈家麟. 学校心理健康教育:原理与操作[M]. 北京:教育科学出版社,2002 年 1 月第 1 版:1-25.

社会转型期大学生越轨行为的分析研究

王 琴

摘 要:在社会转型过程中,通常都伴随着大量的社会失范现象,作为较为活跃的大学生这一特殊群体,在新旧规范转换期间,越轨行为更为突出。本书以某综合性高校4年的实际数据作为研究的样本,进行了多角度的统计分析,以此总结出大学生越轨行为的特征。并特别关注到基于"非典"这一突发事件而制定的特别规则在大学生越轨行为中的影响。

关键词:社会转型期 高等教育 越轨 大学生

项目基金:江苏省高校哲学社会科学基金项目(08SJB7100048)

越轨,是被他人认为与某个(些)标准不相符合的行为。就大学生越轨行为而言是指大学生违反国家法律法规、教育行政管理部门和学校、班集体的有关管理规定和约定俗成的行为规范的行为。[1]

我国目前正处于社会转型时期,我们的社会中也存在着许多越轨现象,这是因为社会结构、社会体制、社会观念都处在一个转化的过程中,新旧体制、新旧观念之间的矛盾和冲突极易造成大量的社会失范现象。社会转型期社会控制弱化,国家对社会的控制力度不断减弱,社会生活中许多领域出现了失控现象。在社会转型期,新的价值体系处于创建之中,许多方面很难凝聚社会共识。

在中国,大学生在上世纪70年代末被称之为"天之骄子",大学教育是典型的"精英教育",大学生一毕业就自然取得"国家干部"身份,进入主流社会。而到了90年代末,仅仅是短短的20年,以高校"扩招"为标志,大学教育迅速由"精英教育"转化为"大众化教育",[2]大学教育逐步进入普及化阶段,大学毕业与失业往往紧密相连,大学生进入公务员序列、法律界等行业必须通过严格的资格考试等残酷的竞争才能取得入门资格,大学生在就业竞争中不再像20多年前的毕业生那样拥有优越感,且对未来时刻存有一份忧虑感。也正是在这一大的社会背景下,大学生越轨开始成为"问题",并成为多学科的研究对象。越轨的实质意义在于其违反了行为人应当遵守的规则体系。从大学生应当遵守的规则层面看,这些规则根据约束的力度和规则体系的来源,可以分为三大类:①道德规则;②纪律规则;③法律规则。依此大学生越轨可分为道德越轨、纪律越轨和法律越轨。

针对大学生越轨现状,通过运用教育科学技术统计,通过对某高校学生越轨行为的统计分析,研究当前大学生越轨行为的规律和特点。某高校是位于长三角的一所综合性大学,学校学科门类齐全,较能代表大学生越轨的一般特征。本文是作者主持的江苏省高校哲学社会科学基金项目(08SJB7100048)的阶段性成果,选择2000—2003年度,主要是考虑到该期间出现了“非典”这一突发事件,有关方面因之制定了临时性规范,许多大学生因不能适应而产生“越轨”行为。本文运用SPSS11.5统计分析软件对该校2000—2003年四年的1 284例受处分学生和220例自动退学学生资料进行单变量和双变量的统计分析得出如下结论:

一、越轨行为呈稳定上升趋势。

大学生越轨呈上升趋势(表1)。在2000—2003年这四年中,2000年共处分学生224人,占分析总数的17.4%。2001年共处分学生192人,占分析总数的15%。2002年共处分学生240人,占分析总数的18.7%。2003年共处分学生628人,占分析总数的48.9%。可以看出,2000—2002年这三年越轨学生总数相近,而2003年却激增了近三倍,其主要原因在于2003年发生了全国性的非典病毒大流行,中国政府和社会各界尽了最大努力进行遏制,而高校是人口密集之地,一时间自然引起大家的高度重视。在那个特定时期,学校尽可能地加大了对学生的管理工作,也由于有的学生对非典期间特殊规则的重视不够,没能及时赶上学校的管理步骤,导致受处分大学生人数急剧上升(表2)。

表1　某高校2000—2003年越轨大学生年份比例分析

	年份				总计
	2000	2001	2002	2003	
频数	224	192	240	628	1 284
所占百分比	17.4	15.0	18.7	48.9	100.0

表2　某高校2003年越轨大学生性别/原因分析

性别	不恰当男女关系	打架斗殴	盗窃	赌博	非典	旷课	迷网	其他	酗酒	夜不归宿	作弊	总计
不详					11	11		9				31
男性	3	68	12	12	78	134	37	31	3	106	49	533
女性	1		3		12	8	2	20	1	13	4	64
总和	4	68	15	12	101	153	39	60	4	119	53	628

说明:表“非典”系指非典时期违反有关特别规定。

“非典”出现后,中国政府和各级相关部门积极应对,制定了若干专门规定。这些规定与大学生所熟悉的行为规范有较大的出入,许多人难以及时适应。从上表中可以看到:因非典规则调整而带来的越轨事件中,占总事件数的16%,由于非典而导致大学生越轨行为激增揭示了一个重要的规律:规则的变化会导致大学生的不适应感,同时也会导致管理者(评判者)从严掌握评判的标准。事实上我国大学生越轨整体上呈上升趋势与我国处于社会转型期,全社会均有不同程度的不安全感、不适应感有关系。

二、男生发生越轨行为的比例高于女生。

性别因素:在2000—2003四年中,该高校共有1 284人受到各种处分,其中以男生占绝大多数,共1 017人,占全部受处分比例的79.2%,女生相对较少,共176人,占处分总数的13.7%(表3)。

表3　某高校2000—2003年越轨大学生男女生比例

性别	频　数	所占百分比
性别不详	91	7.1
男性	1017	79.2
女性	176	13.7
总计	1 284	100.0

当然,考虑受处分的学生性别因素时,除了由此可以得出男生越轨的比例高于女生以外,还应当考虑到:①该校是一所地方综合性大学,学生男女生比例关系,这也是阅读其他统计资料应当注意到的问题,否则很难真正反映性别与越轨的关系。在由于学科设置原因男女生比例严重不对称时,不考虑全部学生的人数比而单独比较越轨行为中的性别比是没有意义的;②由于原始资料中有些数据未表明受处分者的性别,因此上述比例关系与实际比例存在一定差异。

三、女生越轨行为增长迅速。

表4可看出,2000年女生受处分人数为21人,占处分总数的9.4%。2001年为41人,占21.4%。2002年为50人,占20.8%。2003年为64人,占10.2%。可以看出女生受处分的绝对人数在不断增加,2000—2002年三年内,女生受处分的比例大幅上升,从2000年的9.4%猛增为21%左右。2003年该高校受处分人数剧增,从2000、2001、2002年的224人、192人、240人激增至2003年的628人(这里面当然含有非典事件的特殊原因),虽然女生占受处分总数的比例有下降,但其绝对数还是上升了。由该高校4年内女生受处分的情况可以看出,近年来女大学生越轨行为呈上升趋势,应该引起学校和社会各界的高度重视。

表 4 某高校 2000—2003 年每年越轨大学生男女生比例

	2000 年			2001 年		2002 年			2003 年		
	不详	男性	女性	男性	女性	不详	男性	女性	不详	男性	女性
频数	2	201	21	151	41	58	132	50	31	533	64
百分比	0.9	89.7	9.4	78.6	21.4	24.2	55.0	20.8	4.9	84.9	10.2
总计	224			192		240			628		

四、女生越轨行为与性观念密切相关。

2000 年女大学生受处分的主要原因为夜不归宿(6 人)和作弊(6 人)(表 5),两者合起来超过了该年度女大学生越轨比例的一半以上。(表 6)2001 年女大学生受处分的主要原因依次为作弊(19 人)、旷课(9 人)和夜不归宿(7 人),三者合起来占了该年度女大学生越轨比例的 85%以上。(表 7)2002 年女大学生受处分的主要原因依次为旷课(33 人)、夜不归宿(8 人)和不恰当男女关系(4 人),三者合起来占了该年度女大学生越轨比例的 90%。(表 2)2003 年女大学生受处分的主要原因为夜不归宿(13 人)和旷课(8 人)。如上所述,近年来女大学生主要的越轨行为为夜不归宿、旷课和作弊,男女之间不恰当关系的比例上升,实际上在很多旷课的背后亦存在着这种可能。女生越轨行为背后隐含了当代大学生性观念、高校后勤管理等多方面的复杂原因。

表 5 某高校 2000 年越轨大学生性别/原因分析

性别 \ 频数 \ 原因	不恰当男女关系	打架斗殴	盗窃	赌博	旷课	其他	酗酒	夜不归宿	作弊	总计
不详									2	2
男性	5	19	17	4	55	18	4	12	67	201
女性	1	1	1		3	3		6	6	21
总计	6	20	18	4	58	21	4	18	75	224

表 6 某高校 2001 年越轨大学生性别/原因分析

性别 \ 频数 \ 原因	不恰当男女关系	打架斗殴	盗窃	赌博	旷课	其他	酗酒	夜不归宿	作弊	总计
男性	1	29	3	17	1	2	1	17	80	151
女性	2	2		9	1	1		7	19	41
总计	3	31	3	26	2	3	1	24	99	192

表 7　某高校 2002 年越轨大学生性别/原因分析

性别＼频数＼原因	不恰当男女关系	打架斗殴	盗窃	赌博	旷课	其他	酗酒	夜不归宿	作弊	总计
不详					2				56	58
男性	5	27	9	2	59	1	2	10	17	132
女性	4		4		33			8	1	50
总计	9	27	13	2	94	1	2	18	74	240

五、越轨行为与在校时段相关。

通过分析 2000—2003 年四年中不同年级大学生越轨比例可以看出，各年级的越轨人数从高到低排列分别为二年级(共 444 人，占 34.6%)、三年级(共 364 人，占 28.3%)、一年级(共 272 人，占 21.2%)、四年级(共 184 人，占 14.4%)(表 8)。根据数据可不可以说大二学生最容易发生越轨行为，而大四学生正好相反呢？或者我们可不可以说是因为学校对大一、大二、大三管得严，因为照顾到马上要毕业而对大四学生管得松呢？实际上这两个方面的原因都是存在的。这种年级关系还与大学生的心理变化过程直接相关。一年级新生大多努力适应规则，自觉地克制自己，而二三年级已经熟悉规则，年轻人的反叛性格在此阶段充分发挥。而到四年级，大学生开始考虑适应社会、选择就业的问题，希望能以一个“好学生”的面貌到社会的心理迫使其自觉约束自己的行为。

表 8　某高校 2000—2003 年越轨大学生各年级比例分析

	年级						总计
	不详	一	二	三	四	五	
频数	17	272	444	364	184	3	1 284
所占百分比	1.3	21.2	34.6	28.3	14.4	0.2	100.0

六、越轨行为的代价偏轻。

学校所采取的处分方式最常见的是警告(含严重警告)(695 人，占 54.1%)，接着依次为留校察看(342 人，占 26.6%)、记过(128 人，占 10%)，勒令退学和开除学籍只占到 5.7%(表 9)。可见学校对学生采取处分的宗旨主要以挽救教育为主。这一指导思想是否对潜在的越轨者不能起到警示作用？由于本次调查的条件限制，我们未能展开，甚为遗憾。

表 9　某高校 2000—2003 年越轨大学生处分类型分析:

	处分类型						总计
	记过	警告	开除学籍	勒令退学	留校察看	通报批评	
频数	128	695	12	62	342	45	1 284
所占百分数	10.0	54.1	0.9	4.8	26.6	3.5	100.0

七、越轨行为种类繁多,但相对集中。

通过表格我们发现,该校大学生的越轨行为主要是旷课(331 人,占 25.8%)、作弊(301 人,占 23.4%)、夜不归宿(179 人,占 13.9%)和打架斗殴(146 人,占 11.4%)(表 10)。这四种越轨行为加起来占到整个该校大学生越轨行为的 74.5%。可以看出,以上四种越轨行为就是当今大学生越轨中比较普遍的现象。

表 10　某高校 2000—2003 年越轨大学生处分原因分析

	处分原因											总计
	不当男女关系	打架斗殴	盗窃	赌博	非典	旷课	迷网	作弊	夜不归宿	酗酒	其他	
频数	22	146	49	18	101	331	41	301	179	11	85	1 284
占百分比	1.7	11.4	3.8	1.4	7.9	25.8	3.2	23.4	13.9	9	6.6	100.0

八、越轨行为的主要种类与性别呈一定相关。

该校大学生的越轨行为从高到低依次为旷课(331 人,占所有大学生越轨行为

表 11　某高校 2000—2003 年越轨大学生性别/原因分析

性别		不当男女关系	打架斗殴	盗窃	赌博	非典	旷课	迷网	其他	酗酒	夜不归宿	作弊	总和
不详	总数					11	13		9			58	91
	百分比					12.	14.3		9.9			63.7	100.0
男性	总数	14	143	41	18	78	265	38	52	10	145	213	1017
	占男性百分比	1.4	14.1	4.0	1.8	7.7	26.1	3.7	5.1	1.0	14.3	20.9	100.0
女性	总数	8	3	8		12	53	3	24	1	34	30	176
	占女生百分比	4.5	1.7	4.5		6.8	30.1	1.7	13.6	0.6	19.3	17.0	100.0
总数		22	146	49	18	101	331	41	85	11	179	301	1 284
占总数百分比		1.7	11.4	3.8	1.4	7.9	25.8	3.2	6.6	0.9	13.9	23.4	100.0

的 25.8%)、作弊(301 人,占所有大学生越轨行为的 23.4%)、夜不归宿(179 人,占所有大学生越轨行为的 13.9%)和打架斗殴(146 人,占所有大学生越轨行为的 11.4%)(表 11)。其中大学男生的越轨行为从高到低依次为旷课(265 人,占所有大学男生越轨行为的 26.1%)、作弊(213 人,占所有大学男生越轨行为的 20.9%)、夜不归宿(145 人,占所有大学男生越轨行为的 14.3%)和打架斗殴(143 人,占所有大学男生越轨行为的 14.1%);大学女生的越轨行为从高到低依次为旷课(53 人,占所有大学女生越轨行为的 30.1%)、夜不归宿(34 人,占所有大学女生越轨行为的 19.3%)、作弊(30 人,占所有大学女生越轨行为的 17%)(表 11)。男生除了女生所常犯的旷课、夜不归宿、作弊外,最主要的越轨行为就是打架斗殴了,体现了男性特征。

九、自动退学呈上升趋势。

表 12 中除出国求学(2000 年 5 人、2001 年 1 人、2002 年 3 人、2003 年 6 人)不是消极行为外,其余的退学行为就大学生身份而言在一定程度上是消极行为,与社会、学校、家庭及其本人等的愿望是不一致的,也应该说是大学生的一种越轨行为。自动退学学生占当年在校生的比例分别是 0.185%、0.137%、0.17%和 0.37%,呈现出上升的势头。自动退学实质上是对学校教育的否定评价,导致这一评价形成的原因在于学生认为所在学校不能帮助其实现入学时的理想。自动退学现象上升的原因是比较复杂的,包括社会上对个人"成功"的评价标准的多元化、学校办学质量的异动、学生家庭财政状况的恶化等。其中值得注意的现象包括:①"专业无兴趣、厌学"4 年共有 141 人,占越轨现象中的绝对多数。表明我们专业设置与社

表 12　某高校 2000—2003 年学生自动退学·原因情况表

项目		2000 年	2001 年	2002 年	2003 年
学生总人数		21614	24114	26508	27552
专业无兴趣、厌学	退学人数	20	20	27	74
家庭困难(打工、压力大)	退学人数	9	10	9	10
身体疾病	退学人数	3		4	8
抑郁、神经衰落等病	退学人数	2	1		1
出　国	退学人数	5	1	3	6
工　作	退学人数	1	2	1	
未　注　册	退学人数			3	5
退学	总人数	40	33	45	102
退学	占学生总数百分比	0.185	0.137	0.17	0.37

会需要之间可能存在差距,同时也与校内专业的变更缺乏灵活性有关。②“家庭困难(打工、压力大)”是越轨中的重要原因(4 年共有 38 人)。尽管教育行政和有关院校都承诺决不让一个大学生因为经济困难而辍学,但实践中由于贷学金、奖学金制度的不完善和心理疏导机制不健全,有关不利因素转化为对学生巨大的心理压力从而导致了学生选择退学。③虽然只是在后两年出现了 3 例和 5 例“未注册”现象,但这一现象可能会在今后呈上升趋势,这与某些学生不报到转入较好的学校的民办二级学院或是选择来年重考等因素相关,当然也有其他退学因素。有关这方面的问题,需要有更多的调查数据来作为分析的基础。

参考文献

[1] 王琴. 越轨的正功能对学生管理工作的启示[J]. 扬州大学学报高教研究版,2005,(4):22。
[2] 周川主编. 简明高等教育学[M]. 南京:河海大学出版社,2002 年 8 月第 1 版:191-192。

越轨正功能对学生管理工作的启示

王 琴

摘 要:越轨是对规则的违反。因为规则具有变动性,外在主体总是具有控制意图和个体内在的趋利性等因素的存在,使越轨的产生具有了必然性。但越轨并不总是消极的现象,它也具有正功能,它可以明确规则的目的和要求、暴露旧规则的不足、推动新规则的建立和引导社会变革。正确认识和评价越轨的正功能,对于社会转型期大学生越轨行为的教育管理具有重要的理论意义和指导作用。

关键词:学生管理工作 大学生越轨行为 大学生越轨行为正功能

中图分类号:G647;G645·5 **文献标识码**:A **文章编号**:1007-8606(2005)04-0022-04

"轨"在现代汉语中主要有四种含义:路轨;轨道;比喻办法、规矩、秩序等;依照、遵循。与本文最相关的是第三种含义,即比喻意义上讲的办法、规矩和秩序等。与此义相关的常用词"轨范",指"行动所遵循的标准"。"越轨"是一个衍生词,是与"轨范"相对应的矛盾概念,其中的"越"是指"不按照一般的次序;超出(范围)","越轨"是指"(行为)超出规章制度所允许的范围"。综合上述,我们可以给"越轨"下一个简单的描述性的定义:越轨,是被他人认为与某个(些)标准不相符合的行为。就大学生而言,其越轨行为是指大学生违反国家、教育机构、学校和班集体的规章规定和约定俗成的行为规范。

"越轨"这个词被赋予了太多的贬义,但是任何一种社会现象,其导致的结果都是复杂的,越轨的"正功能",即它的积极作用也正日渐被人们所认识。

一、越轨产生的必然性

无论是道德、纪律还是法律,都体现了个体与群体间的互动关系,基于这一点,我们可以借鉴柯林斯(Ran-dall Collins)的"冲突论",柯林斯吸收"符号互动论"的观点,认为"人类生活在一个以象征符号互相交往的世界中。这个现实的世界是由通过人际交往而确立的共有的主观定义和期望所构成的。随之而来的,必然是人们的主观现实不断地被重新商定。因此,社会现实本身是脆弱的,不稳固的。在社会生活中,冲突的主要根源就是人们想竭力左右或支配他人的主观定义,以便在个人间的际遇中最大限度地增加自己的优势"[1](p.364)。这一论述对于"越轨"的产生同样具有解释力,它至少包含了三个方面的内容:

1. 规则的变动性

人的行为具有惯性，规则的变动总是导致个人的不适应，犹如车辆的突然启动或刹车会导致乘客的后倒与前倾。（道德规范的地域性和人群性总是使得我们时刻注意"入乡随俗"，纪律的变动，或是我们进入不同的团体，规则的适应是特定个体面临的重大问题，而法律也是始终处于变化之中的。）在社会转型期，这种变动尤其频繁和剧烈。如果规则不发生变动，而社会生活发生变化，个体可能更加不适应。近年来，大学生性行为的各种问题和案例时常成为媒体炒作的对象，应该讲也正是因为社会情境发生了巨大变化，而高校对学生行为的规制仍然停留在若干年前的认识水平所致。

2. 外在主体的控制意图

任何一个组织对于其成员都具有控制的欲望，并且是不断加强的欲望，在中国这样一个具有长期封建传统的社会中，这一点表现得尤为明显。2004 年 6 月 3 日，教育部教社政(2004)6 号文《关于切实加强高校学生住宿管理的通知》就是一个典型事例，该文导言部分说明了发文背景，即"近期以来，一些高校出现学生住宿场所发生治安伤害事件。继 2 月 23 日云南大学发生四名学生在校内公寓被害案后，又有部分地区高校学生在居住地相继发生偷盗、抢劫、伤害等刑事治安案件。此外，近年来一些在校大学生自行租住校外民房，条件参差不齐，有的不具备基本的安全设施，有的周边治安环境复杂，安全或治安事端时有发生。4 月 27 日晚，西藏民族学院两名学生在校外租住房遭歹徒绑架抢劫，近期相继发生高校学生在校外租房被害以及煤气中毒死亡事件。"该文件实质性内容在于最后一部分："各高校应积极创造条件为学生解决住宿问题，原则上不允许学生自行在校外租房居住。对已在校外租房的学生，应要求其搬回校内住宿。对极少数坚持在校外租房的学生，要向他们耐心说明可能产生的后果和个人应承担的责任，并逐一登记，建立报告和承诺制度，说明租房的原因、房屋详细地址、联系方式，承诺加强人身和财产安全的自我保护，经本人与家长双方签字报学校备案。要切实加强学生校外租房的管理，决不能留下管理和教育工作的空白点。"有媒体将该文概括为"禁租令"。高校后勤管理社会化本是高等教育改革的一个方向，也是值得倡导的做法，而在一系列突发事件后颁行此文，应该说并无实质意义，其结果必然是难以落实。校外租房学生发生意外有客观方面的不安定因素，但多数是由于学生自身在社会化过程中的不良诱因导致。

3. 个体的趋利性

大学生个体有如其他社会个体，在对规则的适应（包括反抗）过程中，作为一个理性的个体，总是时刻在"计算"自己的得失。贝勒斯谈到法律"理性人"时说："'理性人'运用逻辑推理和所有相关的可以获得的信息，去实现愿望和价值，决定如何行动，以及接受法律原则。"[2](p. 4) 应当承认，在绝大多数情形下，大学生越轨是一个

"理性"选择的结果，即使是所谓的"激情"越轨，也往往反映了大学生内心潜在的价值判断在紧急时刻的表露。正是基于这一认识，我们认为不论是对规则的顺从还是违反，实际上都体现了规则的作用。

由于上述因素，"越轨"只是表现为对照规则的"不正常"，但是其产生具有客观必然性，从哲学层面讲，越轨实际体现了人的认识（体现在规则制定对未来的预测）与客观运动的不一致，这是一种十分正常的社会现象，因为人们总是在实践中修正自己的认识并不断使之提高。

二、越轨正功能的体现

阿什比说："大学教育就其最高境界而论，就是培养学生反抗流行的理论和向传统进行挑战，从而促进学术的发展。"[3](p. 16)这一见解是从教育目的论角度出发的。波普诺认为：尽管违规很少被认为是理想的，但它有时确实能帮助社会体系发挥作用，并朝着理想的方向变化。下面是一些违规的社会功能：其一，违规有助于澄清并定义社会规范。许多社会规范直到被破坏时还是模糊不清的，这时的群体反应才使规范有了确切的定义。其二，违规能够增强群体团结。群体成员对违规现象有共同的态度，多数情况下他们采取一些共同的行动来控制和制止违规现象。有时一个群体为了一个违规成员而团结起来，这个群体可能要保护它的违规成员免受违规影响，或帮助违规者遵从社会规则。其三，违规能带来社会体制中所需要的变化。正如上面所讨论的，非遵从违规者希望通过违规而引起社会变化。有时候一些成员的违规行为会使整个群体中的其他成员都意识到某一条规则不太合理，或者它与别的更重要的规则相抵触，这条规则就改变了。其四，违规从反面促使人们更愿意遵守规范。这种结果仅仅在违规者不成功或受到惩罚时才能产生。[4](p. 445-446)周远清认为："根据离轨的社会后果，我们可以把离轨分为消极离轨和积极离轨两大类型，判断离轨是否具有积极意义，一般认为要看它是否能推动社会的进步与发展。对社会有益，能提高生产力，推动社会的进步与发展的，就是积极离轨。例如，给领导提合理化建议、搞革命活动、移风易俗、创造性劳动、思想解放等等都是积极离轨。"[5](p. 358-359)

结合相关论述，我们认为越轨的正功能主要体现在下列几个方面：

1. 明确规则的目的与要求

20 世纪 80 年代初，《中国青年》以"潘晓来信"[6]为契机发起了关于人生观的讨论，在当时百废待兴的中国，用心良苦的编辑们，用一个综合出来的"典型"人物的语言加上一年多的时间，凝聚了全国青年的共识，那个时代的知识青年，谁也不会忘记这　场被导演的人讨论。这场讨论在当时明确了国家、社会对青年的要求。从制度方面来看，法律实践有更好的例子。如"英美法系"中实行的"判例法"，法官通过一个个具体案件的判决向人民宣传应当遵守的法律是什么,可以说每一个判例都让人们更好地了解了什么是“法律”。在现实生活中,我们也是通过一个个事例来明白该做什么和不该做什么。用一句通俗的话来讲,“越轨”提供了“反面教材”。

2. 暴露旧规则的不足

在现实生活中经常有人说“法不容情”,以此来说明某个事情从情理上大家能够接受,但是法律并不允许。从法律哲学层面来讲,出现这种情况可能是:人们的“情”出了问题,或者是法律出了问题。褚时健事件发生以后,法律、经济、社会学各方面的专家都认为这是规则的悲剧。如果通过合理的奖励规则来确定他的合法所得,这种悲剧兴许会避免。

3. 推动新规则的建立

制度的形成是比较漫长的,制度的变革总是和极端的事件联系在一起。如收容遣送上世纪 50 年代初就有,当时主要是收容国民党散兵游勇、妓女、吸毒者和流浪乞讨人员等,到 1982 年才通过立法的方式确立了制度。1982 年确立后又延续了 20 多年。治安的维护功能、公共利益的保护、国家权益的实现,使得这个制度在制定的当初有其合理性。当它演变成治安管理制度时,情况有所失控。2003 年,因为发生了“孙志刚事件”,导致了旧的《收容遣散办法》的废止和《城市流浪乞讨人员收容管理办法》的出台。这一事件带来的另一个不被人们关注的是 12 个人被判刑,事实上,这 12 个人又何尝不是收容制度的牺牲品?

4. 引导社会变革

当越轨不是孤立的事件而成为规模性的“常态”事件或群体越轨以后,越轨导致的就是移风易俗的结果,最初的越轨者事实上引导了社会的变革。由于人们总是基于现实的社会生活条件来制定行为规则的,而且作为一种行为规则为了凝聚社会共识,不得不迁就广泛的社会大众的认识水平,同时,规则还要保持相对的稳定性,因此,任何“规则”本质上都具有一定的保守性。这也决定了在任何时候都必然有越轨的行为存在,强调越轨的正功能的意义就在于不仅要强调社会生活的稳定,更要强调社会在稳定进步。在社会转型期,强调越轨的正功能意义则在于为改革提供了理论基础,为实践发挥了直接的指导作用。

三、越轨正功能对学生教育管理工作的启示

如前所述,越轨具有正功能,因此在大学生教育和管理工作中,不应当以防止和消灭大学生越轨行为为目标,而是要针对大学生越轨的实际情况具体分析,善用越轨的正功能,防止负功能的发生,具体而论,可采取如下对策:

1. 扩大大学生在高校管理中的参与度,实行民主管理,增加透明度

学生对学校纪律规则的违反,往往是由于对学校纪律规则的不认可甚至是反

感，改善学校与学生的情感关联是一个重要的途径。世界银行、联合国教科文组织高等教育与社会特别工作组编著的《发展中国家的高等教育：危机与出路》在《高等教育管理》一章中指出："无论怎样强调管理在高等教育中的重要作用都不过分。"特别工作组提出了"共享管理"概念："共享管理（shared governance，指的是高等院校参与国家高等教育政策的制定，在内部管理方面，专业人员、行政人员、校外人士乃至学生共同参与。—中译者注）也称合作管理（co-operative governance），是一种非常重要的管理形式……学生在共享管理中的角色是一个争论不休的问题。学生在学校时间有限，教员和管理人员待在学校的时间比学生长。在内部管理上，教员和管理人员在许多事情上相对于学生有一种自然而然的权威，尤其在入学标准、评分政策和学位要求方面。然而，学生可以在一些影响他们生活的领域和一些他们有能力提出建设性意见的领域内发挥作用，例如在非学术领域，包括课外活动、宿舍管理和学生服务等方面。在学术领域，学生也可适当参与教学项目、教师评估和教学基础设施方面的管理。"[7](p. 51)学生参与学校纪律规则的制定有利于他们了解这些规则的制定意义、目标和确切的含义；学生参与学校管理，有利于他们从情感上与学校融为一体；所有这些都有利于学生自觉地遵守学校的各项纪律规则。

正确认识处理好高等学校与学生的关系也是目前需要加以重视的问题。当高等学校的办学以国家需求为根本导向时，学生是作为国家所需后备人才来培养的，教育成本主要由国家承担，学生入学需要经过一定的选拔，课程设置上需要一定的培养口径，学生毕业后的就业也有明确的方向；而当高等学校的办学主要受社会入学需求支配时，学生被作为高等学校的"顾客"，通常必须为接受高等教育支付一定比例的教育成本，高等学校的入学一般具有较大的开放性，课程设置上注意适应学生多方面的需要，学生对毕业后的就业也可以有比较自由的选择。21世纪素质教育就是承认学生在教学过程中的主体地位。学生是教学的主体，自然他们也应成为教学目标管理的主体。要使学生全员全程参与教育目标的管理，其实质就是要把教育目标的实现作为学生自己的责任，化为学生自觉的行为，实现自我管理、自我教育。我国当前正处于社会转型期，学校教育目标也处于转型期，正确地对学校与学生的关系进行定位是正确、有效管理高校的基础。

2. 进一步推进后勤社会化管理

后勤社会化是高等教育改革的一项重要内容，也是保证高校集中精力搞好教学科研的一项重要措施。但是，由于近年来一系列校园安全事件的影响，教育行政主管部门出于自身利益等原因考虑，出台了一些与高校后勤社会化改革方向相悖的规定。我们认为，高等学校应当进一步研究、探索后勤社会化背景下的学生宿舍等方面的管理而不是向后看、再走回头路，并且应重点解决学生合理需求与服务滞后的矛盾、共性制约与特殊要求的矛盾，只有这样，才能真正落实改革措施，提高管理效益。

3. 建立科学的规则制定和评价体系

高等学校和大学生管理的规则体系是相当复杂的,这些规则制定的主体不同、考虑问题的角度和出发点不一、规则制定的背景也各不相同。规则的繁杂导致规则间的冲突不可避免,当前十分需要有科学的规则制定制度、规范的规则制定程序和权利义务的设定。同时,还要有对规则实施的效果进行追踪评价的体系,以进一步为旧规则的废止、修改和新规则的制定提供依据。

4. 加快教育体制改革

对于社会转型期出现的许多结构性问题,只能通过尽快完成社会转型,建立新的社会行为规范才能得到解决,在发展中解决问题。对于社会转型期大学生越轨问题,加快教育体制改革可以解决其中因体制而产生的问题。当前需要采取的措施包括:一是重新确立教育方向。顺应"精英教育"向"大众化教育"的历史性转变,教育不再是为社会准备精英而是培养合格的社会成员,应当树立以学生为中心的教育方向。二是树立正确的教育目标。教育应当培养学生的实际工作能力,着重于学生的可发展性的塑造,培养学生的创造性,以绝大部分学生的成功为目标。客观地分析,近年来大学生的就业困难很大程度上与学校教育与社会需求脱节相关。三是教育内容上的调整。一方面要防止随意更改课程,影响学科的稳定性,同时也要顺应时代和科技发展的社会实际,适时调整教学内容,同时教育应当考虑学生实际情况和学生未来的服务目标对教学内容的要求。四是教育方式上的革新。在对学生的教育方式上要面对变化中的实践采取灵活多样的方式,在处理学生越轨问题时,要尊重学生的权利和尊严,不得采用法律明文禁止的错误方式。五是学生评价体系的科学化。在不同的教育方向和不同的教育目标体系中,必须要求有不同的学生评价体系。学生是教育的出发点和终点,必须建立新型的、科学的学生评价体系,确保学校的"好学生"也是未来社会中的优秀成员。

5. 适时修正规则,推动社会进步

规则是我们实现目标的手段而不是目标本身,规则不应被神圣化而应被置于"最低标准"这一世俗的地位。适时修正规则以适应社会发展的需要是一个历史的客观规律,固守规则而不顾这些规则制定的目的所在,是"数典忘祖"的可笑行径。我国正处于社会转型期,旧规则赖以存在的社会背景情况不断地发生变化,要求与教育相关的有关规则也应当适时地进行修正,以防止用不合理的规则惩罚好学生的不正常情况的出现。

参考文献

[1] 宋林飞. 西方社会学理论[M]. 南京:南京大学出版社,1999.

[2] 迈克尔·D·贝勒斯. 法律的原则:一个规范的分析[M]. 北京:中国大百科全书出版社,1996.
[3] 阿什比. 科技发达时代的大学教育[M]. 北京:人民教育出版社,1983.
[4] 戴维·波普诺. 社会学[M]. 沈阳:辽宁人民出版社,1987.
[5] 周远清. 社会学[M]. 武汉:武汉大学出版社,1988.
[6] 钟鹭. 潘晓:这难忘的名字[EB/OL]. http://www.top81.com.cn/bwl/article/panxiao02.htm,2005-03-10.
[7] 蒋凯主. 发展中国家的高等教育:危机与出路[M]. 南京:教育科学出版社,2001.

单位负责人"挪用"行为之分析

王　琴

1997年《刑法》第三百八十四条的"挪用公款罪"和第二百七十二条的"挪用资金罪"案件中,经常涉及到"单位负责人"的行为是否构成"挪用"的认定问题,司法实践中认识很不一致。本文试对认定标准进行讨论。

一、"单位意志"的认定

"单位负责人"之所以成为相关犯罪疑难问题,在于"单位负责人"往往就是"法定代表人"或"法定负责人",从法律上讲,其个人意志对于相对人而言,在无其他证据证明的情况下,有理由推断为就是单位意志。在进行刑事司法判断时,应当首先考量特定单位意志的规则。比如说:相关规则确定形成资金出借的单位意志,应在特定范围内集体讨论,则某人的决定一般不应认定为单位意志。但是,如果作出决定者是法定代表人或分管领导,还应根据其他证据综合判断,以区别"擅自决定"和"一般越权"。

二、"单位利益"的认定

禁止企业间相互拆借是历年来的一贯的规则,但实践中屡禁不止的原因很复杂,基于犯罪的目的固然存在,其他的非犯罪原因也应予以正视。由于我国融资体制不健全、渠道不畅,客观上需要适度的违法违规的融资作为补充以发展经济。在出借资金一方,如果是为了收取高息为单位搞福利、谋创收,就应认定为"单位利益"。在"关系单位"间发生出借,一般应认定为"单位利益"。实践中,在以单位名义并约定了正常利息甚至较高利息时,应认定为"单位利益"。

三、"私自"的认定

在"挪用"犯罪情形下,由于行为人的目的是"私利",因此其行为具有一定的隐蔽性,而在行为人非为谋取私利的情形下,则通常呈现为分开性。比如说在个人决定后,以一定的形式通报决策层,或是较大范围内公开借用事实。在形式上,通常也订立了书面的协议,或是在一定范围内形成日后可能确定的口头协议。

在财务上,通常有明确的财务记载。但是在运用"小金库"资金时,虽然没有书面记载,但有一定知情范围时,亦应认定非"私自"。

四、"公私混合"情形的认定

通常在关于"挪用"的案件中，都有"公私混合"的情形，即单位的正常利益得到了保证，同时单位负责人也得到了个人好处。在此情形下，"挪用"不应被认定，对于个人好处部分，可按照"受贿"或"公司企业人员受贿"的规定进行处理。

五、"控制权"的认定

我国经济生活中，公司控制权越来越多地转移到自然人手中，在一个行为人绝对控股的企业，更呈现了"单位—法定代表人—股东"意志区分的难题，实务中应具体案件具体分析，应谨循刑法谦抑的原则予以认定。

高校学生管理合同制的可行性探讨

扬州大学师范学院　王　琴

社会主义市场经济体制的建立和发展,要求社会生活的各个方面建立和发展起一系列与之相配套的制度。《中国教育改革和发展纲要》(以下简称《纲要》)指出:“九十年代,随着经济体制、政治体制和科技体制改革的深化,教育体制改革要采取综合配套、分步推进的方针,加快步伐,改革包得过多、统得过死的体制,初步建立起与社会主义市场经济体制和政治体制、科技体制改革相适应的教育新体制。”这就需要教育管理与之相适应,并进行必要的改革。

作为高校管理工作组成部分的学生管理工作,按照《纲要》的要求,在新的形势下也需要进行相应的改革,即改革陈旧、僵化的学生管理模式,建立具有中国特色的适应社会主义市场经济要求的新的学生管理制度。

高校学生管理模式是在一定的管理思想指导下,为完成高校学生管理任务而建立起来的比较稳定的管理程序及实施方法的策略体系。

在我国,传统的学生管理制度主要是一种经验型的管理,缺乏必要的规范,有很大的随意性,在学生心目中是一个外在的“异物”,缺乏必要的感情的权威感,很难内化为学生的自觉行动。这种管理体制还具有很强烈的行政色彩,它主要是以教育行政部门的少量行政法规、学校及其各部门的一些规章为指导。在这种体制下,学生是被动地被管理,被人为地置于学校管理者的对立面,影响了学生在这个管理活动中的积极性。

新形势下,各个高校在进行教育体制改革的同时,就探索建立新的高校学生管理体系进行了许多有益的尝试。通过对一些理论和实践的研究,笔者认为,高校学生管理采用合同制模式是一种行之有效的管理模式。所谓高校学生管理合同是指作为平等主体的高等学校和学生之间,为实现一定的学生管理目标,明确相互间权利、义务关系的协议。因此,合同化管理也就是高等学校运用高校学生管理合同对学生实行规范化管理的一种管理模式。学校将要求学生遵守的有关规章及奖惩措施等内容明确地列于合同之中。学生如对学校的处分不服,可依合同的约定途径提出申诉或诉讼。本书试就这一管理模式的可行性作一粗浅的探讨。

一、合同化管理在形式上的可行性:易于接受

在建立社会主义市场经济体制的过程中,作为市场行为的主要连接方式——合同,已为人们普遍接受。农村承包经营合同、城市的各种承包租赁合同、商品买

卖合同、人身保险合同等各种合同形式，已为人们所熟知。可以说，合同已渗透到社会生活的各个方面、各个领域。

在形式上，合同所涉及的各方当事人是平等的，合同是双方共同意愿的记载，作为合同理念基础的平等思想、公平思想早已深入人心，它容易被人们接受。在高校学生管理中引入合同机制，对于思想活跃、平等意识较强的高校学生而言，要比命令式的单纯的规章制度更易接受。在合同制管理下，学生所必须遵守的某些规章不再被视为强加的义务，而是被当作对自己承诺的信守。另一方面，与此相关的学生家长，因在其生活中早已适应合同的运作，所以也易于接受这种管理方式。

二、合同化管理在内容上的可行性：具有系统性

高校学生管理合同制，与高等学校其他管理改革相辅相成，构成完整的体系，具有系统性。

"体系是有关事物互相联系、互相制约而构成的整体。"高等学校管理是一个集计划管理、教育管理、科研与学术交流管理、体育管理、师资队伍管理、学生管理、图书情报资料管理、实验室管理、校园管理等多项内容而成的一个完整的体系。在这一体系中的某些方面，如后勤管理中，早已普遍引入了合同管理的方式。在学生管理中，对进修生、委培生、自费生的管理也早已部分地引入了合同机制，如某些高校与有关单位签订合同，通过由双方共同确定培养目标、培养方式、考核办法以及双方在其他方面的权利、义务等内容，来对委培生进行培养、教育。

高校学生管理合同，其内容将穷尽高校学生学习、生活、行为的方方面面，包括政治思想教育管理、学籍管理、生活管理、课外活动管理、校园秩序管理、奖励与处分管理、学生毕业分配管理等方面的内容，它不仅仅是对高教管理一种有益的尝试，同时与高教管理的其他方面相衔接，共同构成完整的体系。

三、合同化管理在性质上的可行性：具有合法性

社会主义法制强调权利和义务的统一性，市场经济体制更强调主体的权利与义务的平衡、主体间的平等。而合同正是这些观念的最好的表现形式，也正因如此，合同在我国社会生活中正发挥着越来越大的作用，合同已成为社会行为主要的连接纽带。

高等学校与在校学生间存在着管理与被管理的关系，或者说是一种行政关系。在某些内容上，他们是命令和服从的关系，但这并不妨碍他们在法律主体意义上的平等。我们认为，《中华人民共和国教育法》的颁布实施，标志着教育体制走上法制轨道，它要求与此相对应的教育管理体制也要纳入法制轨道。而高校学生管理合

同化模式的选择正是高校学生管理法制化的体现。高校学生管理采取合同管理模式符合依法治校、依法治国的要求。这不仅是管理合同存在的依据,也是其具有法律效用的保证。

四、合同化管理在运行机制上的可行性:体现了效率和公平的统一

对高校学生在进行合同制管理的过程中,学校作为合同一方,不再时时处于命令者的位置,对学生的行为进行动态的指导和控制,而是处于监督者地位,用合同指明学生行为的一般准则。学校只是依合同进行管理,侧重于对一些主要问题的教育、关心、督促,精力相对集中。合同双方都能预测自己行为的后果,这样一来,整个管理活动有章可循,有规可依,有条不紊,不但有利于学校集中精力解决主要问题,同时学生可以在不违反合同的前提下自主决定自己的行为。这体现了公平的要求,改变了过去那种僵化的管理模式。这一模式的运用,有利于学校和学生作为合同双方,产生实际的责任感和任务感,增强学生管理工作的透明度,充分调动学生自我管理的内在动力,培养学生自我教育、自我管理、自我服务的能力,以达到教书育人的目的。这真实地反映了高校学生管理民主性原则,体现了管理与教育相结合的原则,这一模式,兼顾了公平与效率的要求。

五、合同化管理在实现手段上的可行性:具有权威性

《中华人民共和国教育法》第 42 条规定受教育者有权"对于学校给予的处分不服向有关部门提出申诉,对学校、教师侵犯其人身权、财产权等合法权益,提出申诉或者依法提起诉讼。"

学生管理合同的内容,不仅包含了高校和学生双方各自的权利和义务,同时还包含了任何一方因违反合同而应承担的责任,以及合同纠纷的处理方式,是由教育行政主管理部门处理,还是由中介机构仲裁,或是由人民法院进行审理。这样,任何一方违反合同,可依据合同的规定,提请仲裁或诉讼,其结论具有法律效力。

而在过去,学生往往只能是接受处分,对于处分不服没有正常的、规范的申诉途径。这样一旦学校处分失当,或是学生不能正确地认识学校的处分,往往会诱发一些意外事件,如有些学生离校出走、轻生,或是对有关教师、领导或其他人员实施报复行为等。这些事件虽然并不多见,但是一旦发生,其影响十分恶劣,将严重影响正常的教学秩序,对高校管理产生相当大的冲击力。一些家长在事情发生后,往往也会冲击学校,或是无理纠缠,或是提出过分的要求,这样反过来又影响到学校处分的权威性,最终妨碍了学生管理职能的顺利实现。

高校学生管理合同化后,一方违反合同时,对方可依法提起诉讼,法院由于其地位的超然性,其判决结果易于为双方所接受;同时,由于法院判决代表了国家意

志，具有法律效力，其确定的权利和义务由国家强制力保证实现，这样，学生管理职能的实现就有了坚强的保证。高校学生管理合同促使合同双方严格履行合同，带有很强的权威性。

六、合同化管理在社会环境上的可行性：既灵活又适时

高校教育职能的转变为合同化管理提供了良好的契机。过去，学校工作是国家计划的组成部分，是为国家生产一种特殊的“产品”——高层次的劳动者，生产多少、生产什么样的“产品”与工厂一样都是由国家来统一计划。如今，各行各业是在国家宏观指导下进行市场调控。同样，各高校在招生、专业设置等问题上也都有了自主权。高校多方面的改革，也要求学校在管理方式上有相应的改革，对高校学生管理实行合同化，为适应不同学生与学校形成不同的关系提供了灵活性。例如，学校与计划生、委培生、进修生、自费生可签订不同类型的合同，而这些学生可能就是在同一个班上读书。合同的灵活性还可以体现在学校对同一类学生实行不同的管理内容，如对于免试、特招学生的特殊管理，对于某些具有特殊才能学生的优惠待遇等等。

高校采用合同制管理学生，是新形势的产物。高校后勤工作合同化的成功实践，为学生管理工作等方面引入合同机制提供了有益的经验。合同具有普遍的社会适应性，我们相信，高校学生管理合同化是高校管理实现社会化的有效途径。

高等教育管理是一门科学，是处在不断变化中的科学，它的发展具有自身的客观规律性。高校学生管理工作是为了实现高等教育的功能并为高等教育服务的一种管理活动，其特征是由高教发展规律所决定的，因此，学生管理工作需要按照教育学所揭示的教育规律去实施。前面我们已经论述过，合同这一形式，适应了当代中国教育制度的内在要求，易为教育机构、教育者和受教育者各方所接受。它适应时代特点，符合国家法律的基本要求，实践中也有利于界定各方当事人的权利和义务，兼顾了效率和公平的统一，其形式规范，操作简便，具有法律效力，切实保证了学生管理工作目标的实现。

我们相信，随着我国教育体制改革的深入发展，学生管理合同等教育合同制度也将逐步地得到完善和发展。

高校学生校外租房现象浅析

王　琴

高校学生应该住在什么地方?

这似乎不应该成为问题,因为多少年来高等教育一直由国家包办的,宿舍就应该在学校之中,学生住在学校是理所当然的事情。从现行的法规来看,中华人民共和国国家教育委员会于1989年11月7日颁布的《高等学校学生行为准则(试行)》十三条规定:"遵守宿舍管理规定,按时熄灯就寝,不喧哗、打闹,不影响他人的正常学习和休息;不损毁和私自拆装宿舍设备;不留宿异性;未经学校有关部门同意,不留宿校外人员。"1990年1月20日颁布的《普通高等学校学生管理规定》第五十九条规定:"学校要健全学生宿舍管理制度,指定职能部门负责管理。学生须遵守宿舍管理制度,未经学校同意,学生宿舍不得留宿外人,注意人身、财产安全。"1990年9月8日颁布的《高等学校校园秩序管理若干规定》第九条规定:"学生一般不得在学生宿舍留宿校外人员,遇有特殊情况留宿校外人员,应当报请学校有关机构许可,并且进行留宿登记,留宿人员离校应注销登记,不得在学生宿舍留宿异性。"1992年4月5日颁布的《普通高等学校学生安全教育及管理暂行规定》第十五条规定:"学生应该自觉维护宿舍的安全与卫生,提高自我管理的能力。"这些规定应该理解为:国家教委认为学生宿舍属于校园的组成部分,学生应该住在校内。

一、学生校外租房现象的形成

随着教育体制改革的不断深入,高等学校的各个方面也发生了相应的改革,高校现在已不再是完全的"官办",《中国教育和改革发展纲要》第九条指出:"90年代,高等教育要适应加快改革开放和现代化建设的需要,积极探索发展的新路子,使规模有较大的发展。"第十六条要求"改革办学体制,改革政府包揽办学的格局,逐步建立以政府办学为主体,社会各界共同办学的体制"。根据《纲要》的精神,各高校适应社会主义市场经济的需要,为求生存纷纷面对市场调整办学方向,扩大招生规模,几乎每一个高校在近几年中在校生数量都增加了30%以上。由于多年来对教育投资不足,几乎每一个高校同时也都出现学生宿舍紧张的现象。在前几年,各校一般是通过增加宿舍床位的方法来解决学生宿舍不足的问题,可现在,随着办学规模的不断扩大,用"内涵扩张"的办法已至及限,必须对学生宿舍的"外延"进行扩张。而限于教育经费,大部分的学校不可能在短时间内兴起足够的学生宿舍。为适应办学规模的要求,各校解决学生住宿问题的方法多种多样,有的是要求本地学生走读，鼓励有条件的同学借宿亲友家中；有的由学校出面集体租用外单位住房给学生居住；也有的学校对于某些学生，如进修生，明确宣布不安排住宿，由学生自行解决。

学校学生宿舍不足导致学生校外租房居住是一个客观方面的原因，从主观方面来看，随着社会经济的发展，人们对生活质量日益重视，家长对子女在教育上的投资大幅度增加，学生在住宿方面所追求的目标的多样化现象的出现，也是学生校外租房现象形成的重要原因。学生住宿方式的多样化，特别是学生在校外租房，导致的必然后果是学校对于宿舍管理的弱化，带来学生管理方面的一些新问题。

二、学生校外租房的类型分析

根据我们的调查，现阶段学生校外租房主要是由于学校学生宿舍不敷使用而致，但是，我们也看到，现在不仅仅是学校不安排住宿的学生在租房，也有一些学校已经安排住宿的学生也自行在校外租房。本书主要讨论的就是这些学校已经安排住宿的学生在校外租房的现象。学校已经安排住宿的学生在校外租房的情形大致可分为下列几种：

1. 为了住得舒服

随着经济的发展，人民生活水平的提高，学生的经济状况比以前有了较大的改善，少数学生嫌集体宿舍人多条件差，卫生不好，人际关系复杂，干脆自己到校外租房，既住得宽敞，又不受限制，爱做什么就做什么，自由自在，有时间有兴趣时还可以自己做两样小菜，改善改善生活。这些学生大都家境较好，家长往往对其子女外出租房持支持态度，至少不反对。

2. 为了工作需要

现在高校学生中的部分人已经不是传统意义的学生，他们往往在读书的同时还在工作（打工、家教），甚至做生意。有些学生打工是由于家庭经济困难，难以承担其在校期间的学习生活费用，这些学生为了减轻家庭负担，利用课余时间，发挥自己专业特长或是其他方面的能力，用打工所得在校外租房，这样有一个方便的环境，有利于其自由支配时间以及更好地工作以获得更高的报酬。当然也有一些人在外地读书，同时又是家乡工厂或家庭企业驻外地办事处的“负责人”，读书与工作是他们生活的组成部分，这些人就是媒体所宣传的“学生大款”。这些学生或是自己有能力承担租房费用，或是由家庭或是由其所代表的企业支付租房费用。

3. 为了其他需要

有的学生在校学习期间谈恋爱，虽说他人现在一般极少干预，但社会舆论并不持肯定态度，而某些学生并不满足于精神上的爱恋，不满足于“小打小闹”，于是双双在外租房居住。值得注意的是，这类租房学生的数量正在增加。

4. 出于经济上的比较

随着高校招生的市场化,学生读大学自己承担的费用越来越多。值得注意的是,部分学生外出租房的现象出现于学校对学生在校住宿实行收费制以后。现在学生在学校住宿一般每年收取的费用大致在300～500元,每月平均30～50元,大致相当于中等城市一间房子月租的一半,只要两三个人合租,即可住得既宽松自由,又减轻了家庭负担,还避免了多人共居一室的诸多不便。为此,许多同性好友便共同出资在校外租房居住。

5. 为了学习的需要

高校的课程相对高中阶段较为轻松,主要依靠学生发挥主观能动性自觉学习,但现在一些高校学习风气不是很浓,再加上宿舍住人较多,学生回到宿舍看书或是要听外语等都很不方便。出于学习上的考虑,有些有一定经济能力的学生租房在外,以获得一个相对清静的学习环境。住房在外也使得这些学生更好地接触社会,学到一些在校内学不到的知识。

三、对学生校外租房现象的几种认识

由于观察问题的角度不同,对于学生校外租房现象,各方面的认识差距较大,主要有下列几种意见:

(1) 有人认为,现阶段办学规模的增长超过学生宿舍的容量是一个事实,学校不能解决全部学生的住宿问题,有学生住在校外就是必然的现象。既然大家已经能够接受走读生住在家中的现象,就不应该对学生校外租房大惊小怪,两者之间并无实质性的区别,校外租房客观上帮助学校解决了学生宿舍不足的问题。

(2) 有人认为,学生宿舍并不仅仅是学生的住地,同时也是对学生进行教育的场所,学生集中住在学校宿舍,可以培养其集体主义思想,学会与他人相处,对于培养其完整的人格是不可或缺的,有利于他们适应未来的社会环境。而且,学生宿舍还是学校对学生进行安全教育、保护学生人身和财产安全的场所。因此,学生必须住在学生宿舍内。

(3) 也有人认为,高等学校的学生已有行为能力,他们应有权自主地决定住在什么地方,租房或是住在校内,都是其个人自由。而且,学生住宿问题终将由社会解决,学校的任务是对学生进行教育,生活上应由其自主决定。这也是教育改革的需要,《纲要》第二十四条就提出了"学校的后勤工作,应通过改革逐步实现社会化"。

上述几种认识,是由于观察问题的角度不同、所根据的认识基础不同而致,因此,很难用简单的"对"与"错"来评判。在实践中,由于一些学校不能解决全部学生的住宿问题,因而对于学生校外租房大都采取睁眼闭眼的态度,有的学校在处理学生校外租房问题上认为这是无可奈何的现象,当然理直气壮地认为学生可以在校外租房者并没有。学生校外租房的现象值得我们继续观察、深入讨论。

四、学生还是应该住在学校集体宿舍

我们认为，对于学生校外租房问题，要全方位地进行考察。首先，许多高校没有足够的学生宿舍，部分学生不能住在校内是必然的，部分学生自己在校外租房，客观上确实缓解了学生宿舍紧张的问题；其次，学生宿舍特殊的教育功能不可忽视。现有的教育行政法规应该理解为是要求学生住在校内的学生宿舍中的，将来学校后勤管理社会化究竟如何做尚待进一步研究，对于学校已经安排住宿的学生应要求其回校居住；第三，不容忽视的是，由于学生校外租房的增加，近年来与学生相关的案件呈上升趋势，再不加以注意，将给高校管理带来许多新的问题。

我们认为，综合各方面的考虑，学生还是应该住在校内，确实无法在校内解决的，也应该由学校出面在学校附近统一租房，建立校外住宿区。因为学生宿舍并不仅仅是一个住的地方，同时也是一个培养学生集体主义思想、增进同学感情、缓解学生心理负担和精神压力的生活场所，有利于培养学生的正确的人生观，有利于加强校风、学风建设，有利于学校对学生人身、财产安全的安全教育和管理，具有学校其他教育环节所无法替代的教育和管理作用。在学校后勤管理改革尚无较好的方案出台、没有新的教育行政法规颁布之前，高校有责任理直气壮地把学生宿舍管理这方面工作抓紧、抓好，这才是真正地对学生负责、对学生家长负责、对党的教育事业负责。

当然，也不是每一个高校都能在学校附近租到合适的房源供学生住宿，也确有一些学生（包括其家长）就是希望能在校外租房居住，对于这些情况，可考虑采用合同化管理的方法，来加强对这些学生的生活和安全的管理，将高等学校与学生、学生家长的权利义务条款化，详列于合同之中，要求校外租房的学生及其家长对于住在校外而发生的可能事件自负其责。

我们认为：学生还是住在学校集体宿舍好。

二级学院研究生工作秘书的角色定位

王　琴[1]　周骥平[2]

摘　要:近年来研究生教育规模不断扩大,培养模式日趋多样化,研究生管理工作日益繁重,因此多数高校在二级学院设立了"研究生工作秘书"岗位。但不同的高校对于该岗位的设置目的与职责要求相差很大,主要原因在于对于这一角色的定位模糊。以"社会角色"为视角,以研究生秘书角色现状分析为起点,以社会分工的理论为视角,可以发现研究生秘书"应当"承担的工作内容;以此为标杆,二级学院研究生工作秘书应当具备良好的业务、专业素质,一定的组织协调能力,能通过信息收集与传送主动服务,并应具有开拓创新精神。

关键词:二级学院　研究生工作秘书　角色定位　基本素质

基金项目:2008年度江苏省教育厅高校哲学社会科学研究基金项目(08SJB7100048)

中图分类号:G643.6;G647.2　**文献标识码**:A　**文章编号**:1007-8606(2012)01-0068-04

高校扩招的背景下,研究生教育规模也随之扩大,培养模式日趋多样化,高校研究生教育管理体制也在不断变化,实践中主要形成了学校—学院、学校—学院—学科、学校—学院—学科—导师等多种形式的管理机制。但无论是二级、三级还是四级管理体制,二级"学院已成为研究生教育管理的主要责任人,担负着培养模式设计和过程控制、执行国家和学校学位与研究生教育的各项政策或规章制度、工作要求,制定和实施本院研究生教育发展规划,根据学校总体要求组织本院研究生教育日常管理工作,指导学科开展研究生教育工作。"[1](P.66)研究生教育管理工作涉及到学科建设、招生、培养、学位授予、就业派遣和思想政治工作等多个方面。在这种情况下,综合性大学通常都在二级学院设立了"研究生工作秘书"(以下简称"研究生秘书")岗位。研究生秘书是二级学院研究生教育管理工作的基层执行者和组织者,全程参与研究生的招生、培养、学位以及指导就业派遣等日常管理和过程控制管理工作。"研究生秘书处于学校研究生处(院)、学生处(部)、分管院长和书记、导师、研究生和其他教学和管理单位交叉点的位置。"[2](P.38)

社会学理论认为:分工是社会进步的标志,"研究生秘书"这一角色的出现,既有其作为一般秘书的普遍性,又有其岗位的独特性,即:角色的辅助性、工作的实务性、成就的隐蔽性。充分认识并对研究生秘书角色恰当定位,提高研究生秘书基本素质,才能处理好方方面面的工作关系,将研究生教育管理工作做得恰到好处。

一、研究生秘书角色现状

社会是一个大舞台，每个社会成员都是其中的“角色”，从社会学角度看，社会对于每一个“角色”都有“角色期待”，即别人希望你是一个什么样的人。在研究生教育管理中，对于研究生秘书的要求是多重角色的组合。

任何一个新事物的产生，必然需要一定时期的探索和实践，进而科学合理。目前普通高校二级学院研究生秘书岗位工作职责涉及面广量大，琐碎繁杂，头绪众多，工作繁重，其主要有以下几方面角色：

1. 高校思想政治工作者角色

研究生秘书日常工作中常常担任着研究生政工干部责任，承担研究生基层党支部和班主任等工作。在学校、学院党委（总支）等部门的领导或指导下对研究生进行政治思想教育以及日常管理工作；根据上级机关的工作计划，实施具体的思想政治教育和管理行动；为研究生世界观、人生观、价值观的培育提供指导，引导他们建立对共产主义理想、中国特色道路、中华民族伟大复兴的坚定信念；及时、准确地把握研究生的思想政治状况，帮助他们形成良好的道德品质和心理素质，提高克服困难的能力；对于社会热点问题要有独立的评判能力和处理方法；在学习、生活、交友、择业等方面具备良好的处理能力；加强对研究生党团、学生会和社团的指导，充分调动和发挥研究生自我教育、自我管理、自我服务的积极性和主动性。[3]P. 247

2. 参谋助手角色

在执行上级部门和学校研究生教育管理部门各项规章和政策方面，在统筹考虑和制定本学院的研究生培养规划和研究生教育质量保障措施方面，在探索与专业特点相关的学院研究生特色教育管理模式等方面，研究生秘书要做有心人，提前思量，留心收集自己工作领域内一切有益的信息，并做好分类处理；认真把握，读懂吃透上级的文件、政策，及时为院领导提供有效素材和建设性意见，做好上传下达、下情上传的沟通桥梁作用，力争达到“我办事你放心”的参谋助手效果。

3. 组织协调者角色

研究生秘书作为学院领导的参谋和助手，在研究生培养和教育管理工作中，不断组织和协调培养过程中诸如教学安排、落实研究生论文开题与中期考核检查、开展研究生学术报告与论文答辩等组织工作。其角色定位在与涉及研究生教育培养相关的各职能部门的协调，对学院的分管领导负责，做好导师和研究生的服务与交流沟通工作。教育管理和培养过程中的各个环节必须遵循规范的程序组织安排和统筹兼顾，做好方方面面的协调工作。

4. 基层管理者角色

研究生秘书承担着研究生招生、各培养环节和学位申请等研究生培养教育的全过程工作任务。当研究生管理工作体系与工作机制不断完善时,其相应的工作程序也更趋规范,工作量将相应加大。研究生秘书不仅要应对日常的研究生入学注册与教学管理、通知公告的下发、成绩的系统录入、组织评奖评优和学位申请、研究生档案的收集整理与归档、毕业研究生离校、学院的科研管理等一系列的常规工作还要应对上级部门或学科专业领域对研究生教育管理工作的检查和评估等与研究生相关联的其他应急工作。所有这些工作都必须遵循具体的规范和管理要求。

5. 服务者角色

研究生工作秘书管理和服务的对象不仅包括各类在校硕士、博士研究生,还包括在职研究生和专、兼职研究生导师。这些研究生有的是直接从本科生考取的,也有的是在职考取的,有单身的,也有拖家带口的,他们间差异很大;导师也有新老之别。这是一个均已成年、思想趋于成熟或已经成熟、独立思考和动手能力都很强的高智力群体,这在某种意义上也对服务者提出了更高的要求。

6. 桥梁者角色

随着研究生教育事业的不断发展和改革,2009 年教育部推出了“全日制专业型硕士研究生”培养制度,培养工程研究能力和应用型高级人才。各高校加大了与企业的联合培养,在具有一定培养能力的相关企业建立了“校企共建”培养专业人才的“企业研究生工作站”,拓宽了全日制专业学位研究生培养平台和渠道。研究生秘书不仅是进入“企业研究生工作站”的这类研究生教学管理者,同时也是实现培养单位与企业研究生工作站联合培养研究生的重要桥梁。

二、科学定位研究生秘书角色

从研究生秘书角色现状我们可以看到,研究生秘书不仅担负二级学院研究生教学管理职责,同时还担负着研究生思想政治教育管理工作、学院内部学科建设和科研管理等工作,研究生秘书工作头绪多、任务重,往往疲于应付。正因为如此,研究生秘书“应该干什么”,亦即其定位的核心内容、准确位置是什么?在许多人心目中反而模糊起来,似乎他什么都该做。

通过对研究生秘书这一角色产生的过程的分析,我们不难发现:任何一个学校开始招收研究生之初,对于研究生培养工作的特点、内容、教学管理模式、过程控制等方面,都有一个探索的过程,并在这一过程中逐步与各学校与各专业相适应,才能形成相对科学合理的模式。即使是在具有多年研究生培养的高校,将研究生培养的部分权利与义务转交给二级学院的过程中,二级学院也有一个摸索与适应的过程,正是因为这一过程的存在,有关高校设置了“研究生秘书”这一综合性工作岗位以应付“特定”的工作要求。就这一角度而言,研究生秘书角色复杂与模糊,在研究生培养工作移交给二级学院作为负责主体之初,具有某种必然性。

随着二级学院负责研究生工作的逐步成熟，要求对研究生工作的各个阶段、各项工作内容应当科学分工、各司其职，既要避免角色交叉形成冲突，也要防止角色空白无人负责。

从角色分工的角度来看，目前研究生秘书工作担负的角色(高校政治工作者、参谋助手、组织协调者、基层管理者、服务者、桥梁者)在诸多方面都与其他角色相冲突。比如说研究生秘书工作就应当与“学工”、“政工”工作需要分流，在研究生数量较多的学院配备专职的研究生思想政治教育工作者和招生就业服务的学生工作人员，专门承担研究生的思想政治教育等“学工”工作，而对研究生数量相对较少的学院，可由学院从事本科生思想政治教育工作的辅导员兼任研究生的思想政治教育等相关学工工作，这样可以让研究生秘书从繁杂的众多的角色中解脱出来，集中精力担当起有关研究生培养过程的控制管理工作。

研究生秘书应当具有秘书工作的基本特征：即辅助决策、组织协调和信息收集与处理。从这个意义上讲，研究生秘书的核心工作内容决定了其定位应当是参谋助手者和组织协调者这个角色的综合。

三、研究生秘书基本素质要求

教育部在《关于加强和改进研究生德育工作的若干意见》中指出，研究生教育是高等教育人才培养的最高层次，是我国社会主义现代化建设高层次人才培养的重要来源。“研究生教育管理工作是高校管理工作中一项重要社会活动，管理过程中的各个环节都需要管理工作者认真研究掌握，所以管理工作者的素质对于实现研究生教育管理目标，具有决定性的作用。”[4]P.50 因此，这就要求代表着研究生教育管理队伍的研究生工作秘书，必须具备较高的思想政治素质、较强的业务专业水平、较高的组织协调能力和积极奉献、开拓创新精神等基本素质。

1. 研究生秘书要具备良好的业务、专业素质

研究生秘书“不但要熟悉自己管理的业务，还要熟悉相关学科专业的培养目标、培养要求、课程特点等；熟悉各个培养环节中相关的法规、政策、条例。”[5](P.62) 全方位了解和掌握研究生培养的全过程和规律。对上级的有关政策要认真把握，认真解读，不理解的要及时询问，千万不能模棱两可，更不能糊里糊涂。研究生秘书对研究生培养规范的正确理解、把握和运用，对导师和学生具有指导作用。因而研究生秘书需要准确地把握和定位所负责的工作，并力求充分理顺方方面面的工作，做好科学、合理的安排和调配，达到科学管理目的。

良好的业务、专业素质是担当辅助决策角色所必需的素质要求。

2. 研究生秘书要具有一定的组织协调能力

“组织能力即组织管理能力，主要包括贯彻方针、政策、法规等方面的能力，制

定规划、方案的能力,进行管理事务处理和方案最优化选择的决策能力,对教学管理工作进行有效的指挥、监督的能力。”[6](P.14) 研究生秘书作为二级学院领导的参谋和助手,在校研究生处(院)等职能部门的指导下,统筹考虑并协助制定本学院的研究生教育发展计划、研究生教育质量保证措施,探索与本学院学科专业特点相关的研究生特色教育管理模式,组织修订教学计划,组织教学,组织教务,组织安排招生复试、组织研究生中期考核和学位论文送审、答辩等工作。所有这些工作无不要求研究生工作秘书必须具备一定的组织能力。

研究生秘书的协调能力即是与研究生培养和管理工作所涉及的多个部门、多个成员相互配合的能力。这类协调辐射研究生培养与教育管理工作的各个方面和角度:纵向是为上级部门和领导服务、为校内外(或专兼职)导师和各类研究生服务;横向是要与其他职能部门和共建(合作)单位等协调与沟通。做到及时上传下达,左右沟通,联系内外。既要按照学校的要求和学院分管领导的意图和要求思考、筹划和处理问题,又要协调各方面关系,统一思想,达成共识;还要协助领导抓好工作部署、科学决策和有效落实,确保政令畅通,建立起相互理解、相互合作、相互促进的融洽关系,使教学管理系统各环节、各要素间步调一致,形成一个和谐整体,以最大限度地发挥整体效能。

3. 研究生秘书要具有通过信息收集与传送主动服务、开拓创新精神

收集与研究生培养相关的信息并进行系统处理后上传下达是研究生秘书工作的日常工作。现代管理学认为,管理过程主要是通过管理信息而实现。“研究生教育管理的过程就是研究生教育管理部门和学院(系)、学科借助各类管理信息的传递与处理,共同完成研究生教育管理任务的过程。”[1](P.68) 因此,处于关键位置的研究生秘书要熟练掌握各类管理系统的维护和运作,要具备先进的信息处理能力,能运用研究生招生、教育管理、就业派遣等信息管理系统传输信息、解决问题;通过各种现代化科技网络平台,及时传递和交换信息、了解和掌握师生需求和动态,切实做好疏导、指导等服务工作。正确运用现代化的信息处理程序能起到事半功倍的效能。

研究生秘书的日常工作的内容非常平常但也非常琐碎,这就要求研究生秘书在履行工作职责时要有爱心、热心和耐心,要体现高度的责任感和主动服务精神,做事提前思量,早做准备,不厌其烦地与导师、学生及时良性沟通,取得他们的支持与帮助,让导师或者研究生们顺利地完成培养过程中的每一道程序。[7]108

在按部就班地完成研究生教育管理工作的同时,研究生秘书还要“深入研究管理‘对象’的内涵与特点,在现代管理和教育理论指导下,不断总结、积累教学与人员管理经验,形成对工作任务、工作方法独立的看法,充分发挥自己的主观能动性,培养和提高自己的创新力,不断在工作中创新工作方法与机制,学会多方位多角度

看待问题，”[4]P.50实现科学管理工作的突破，提升管理水平。

研究生作秘书这一岗位是各校在自身研究管理工作中逐步形成的，各校对于该岗位设置的目标各异，就是同一高校不同学院其职位内容也不尽一致。但是共同选择了“研究生秘书”这一岗位名称或近似的名称，也体现了各校对该岗位的主要功能的认同。大家都认识到了具有政策、理论水平、业务能力、事业心、责任感对于研究生管理工作者队伍而言，是提高研究生培养质量的重要保障。本书从“社会角色”这一角度切入进行深入研究，提出了研究生秘书现行角色内容，在此基础上对该岗位的定位进行了论证并以此提出从事研究生秘书工作应当具备的基本素质要求。研究生秘书是一个崭新的社会角色，对她的研究刚刚起步，本书如能有助于这方面研究的深入和丰富，则笔者幸甚！

参考文献

[1] 吴宁萍等，综合性大学建立研究生教育三级管理体制与运行机制问题研究[J]，学位与研究生教育，2006(3)：66、68。

[2] 丁晓丽，谈二级学院研究生教学秘书沟通协调功能的发挥[J]，学位与研究生教育，2008(8)：38.

[3] 孙治平，研究生思想政治教育管理体制研究[J]，科技咨询导报，2007(7)，247.

[4] 钱进等，论综合性大学研究生教育三级管理模式[J]，前沿，2007(4)，50

[5] 陈晓燕，试论系级研究生管理队伍的素质培养与提高[J]，南京工程学院学报(社会科学版)，2004(1)：62.

[6] 吴立新，试论高校教学管理人员应具备的综合素质[J]，辽宁教育行政学院学报，2006(2)：14.

[7] 张焱焱等，浅谈如何做好高等院校研究生工作秘书[J]，中国科教创新导刊，2009(11)：108.

后　　记

2001年至2005年期间，我师从尊敬的陈家麟教授攻读教育学原理（学校心理健康教育方向）硕士学位，完成了《社会转型期大学生越轨问题研究》学位论文，当时我在《致谢》中写了如下的话：

30年前，我离开农村到省城的江苏省公安专科学校成为一名令少年伙伴羡慕的大学生，而且是穿警服的女大学生，在那儿我度过了难忘的三年大学生活，其后我被分配到高校工作，经历了由校机关到学院，再由学院到校机关的多岗位锻炼。虽然我不是站在讲台给学生们传授专业知识，但30多年的校园生活，尤其是在校保卫处和学院研究生秘书岗位的25年来，一直是与大学生们面对面地接触，面对和了解学生积极进取的历程，也更多地接触到了他们的另一面：越轨。我年复一年地接触大学生越轨事件，关注着他们越轨行为的特点、成因及其变化。在此期间我参加了南京大学法学院的法律专业本科教育，使得我除了从治安管理、刑事犯罪学和犯罪心理学等角度，也能从法律控制、犯罪学的角度观察、思考这方面的问题。从2001年开始，我有幸在陈家麟教授的指导下系统学习教育学原理（心理健康教育方向）专业知识，在这过程中，得到了教育科学学院的吴承红老师、蔡澄老师、薛晓阳老师、郤启阳等老师的悉心教导和帮助，得到教育学心理学战线上的众多老师和同学的鼓励。经过教育学心理学有关专业知识的学习，我进一步地对大学生越轨问题从教育学、学校心理健康教育、学校心理卫生学、学校心理咨询和教育管理学等角度进行思考。在陈老师的指导下系统地阅读了有关著作，并蒙陈老师的同意和悉心指导以《社会转型期大学生越轨问题研究》为题开展研究和论文习作。在此很难以一个"谢"字表达我的感激之情。

在写作的过程中，蔡澄、薛晓阳等老师对论文提出了建设性的意见，南京市人民检察院侦查监督处王珍祥处长提供了必需的资料并提出了精到的见解，南京大学社会学系徐连明博士对本书涉及到的社会学理论进行了专业性阅读并提供了意见，同时还对本书的统计技术给予了指导，陶竹老师和曾咏梅女士对本文英文摘要的翻译提供了帮助。最后，我还要感谢我的父母，他们一直大力支持我的学习，在我学习和论文写作期间承担了大部分繁重的家务，还应该提到爱子王周煊，他的笑声消除了我写作的疲倦。当然，如果没有我的先生和我的同事们对我的支持，我的学习和写作都将无法圆满地完成。论文的写作还得到了其他许多师友的鼓励和支持，无法一一列出他们的名字，在此一并表示感谢。

毕业十年了，虽然岗位发生了变化，但人还在高校，对于高校内发生的越轨现象，不仅仅限于大学生的越轨，仍然是我观察、分析、思考的重点所在，因为这一主题是我将此前学习的理论、方法融于一体的到目前为止最为合适的研究对象。在这十年中，我有幸主持和参与了一系列的课题，平时将研究心得写成了一些文字，应该是属于敝帚自珍的考虑，将原来的论文作了大幅度的修改和补充、整理，并附上联系较密切的文章，一并以《社会转型期大学生越轨行为研究》为名付梓，作为对陈家麟教授永远的思念。

感谢十年来给予支持、帮助的领导、同事和亲朋好友！

王　琴

2015 年，扬州